Langenscheidt
Praxiswörterbücher

D1668173

Langenscheidt

Praxiswörterbuch
Tourismus
Italienisch

Freizeit, Reisen, Touristik, Verkehr

**Italienisch–Deutsch
Deutsch–Italienisch**

von Günter Schroeder

Langenscheidt

Berlin·München·Wien·Zürich·New York

Bibliografische Information Der Deutschen Bibliothek
Die Deutsche Bibliothek verzeichnet diese Publikation in der Deutschen
Nationalbibliografie; detaillierte bibliografische Daten sind im Internet über
http://dnb.ddb.de abrufbar.

ISBN 3-86117-232-1

1. Auflage 2004
© Langenscheidt Fachverlag GmbH München, 2004
Printed in Germany
Druck: Druckhaus Langenscheidt, Berlin

Vorwort

Europa- und weltweit gehört der Tourismus zu den wichtigsten Wachstumsbereichen in der Wirtschaft.

Die Branche umfasst alle Dienstleistungen rund ums Reisen, angefangen mit der Beratung im Reisebüro über Ziel und Preis, der Buchung der Reise oder des Tickets und entsprechender Reiseversicherungen; Verkehrsmittel wie Flugzeug, Schiff, Bahn, Bus und PKW sorgen für die Beförderung. Dienstleistungen vor Ort wie Hotellerie, Handel, Gastronomie, Autovermietung, Reiseführer, Veranstaltungsmanagement u.a. runden mit ihrem Service diese Wertschöpfungskette ab.

Lange Zeit war die Tourismusindustrie von mittelständischen Strukturen geprägt, heute dominieren integrierte Touristik-Konzerne den Markt der Organisierten Reisen. Spezialisierung und Angebot in der Nische sichern dabei dem Mittelstand nach wie vor gute Entwicklungschancen. Akademische und berufliche Ausbildung im Tourismus haben ein hohes Niveau erreicht. Die Anforderungen an die multilinguale Kommunikationsfähigkeit sind gestiegen.

Nach erfolgreichem Start mit der Sprache Englisch liegt nun auch das Praxiswörterbuch Tourismus in seiner italienischen Version mit über 4000 Begriffen und Kürzeln der Tourismuswirtschaft und deren Umfeld je Sprachrichtung vor. Dieses Wörterbuch wendet sich an alle Touristiker in Ausbildung und Beruf, Reiseleiter, Reisejournalisten, Verantwortliche in Verbänden und in der Politik.

Die Tourismusbranche Italiens ist eine der größten und vielfältigsten, entsprechend groß ist der Kommunikationsbedarf der Profis. Das vorliegende Wörterbuch stellt wiederum Systematik und Eindeutigkeit in den Vordergrund; die Schönheit der Sprache und ihre Melodie bleiben dabei ebenfalls erkennbar und haben den Mitwirkenden besondere Freude bereitet.

Wissenswertes in Grafiken, Tabellen und informativen Übersichten ergänzt die umfangreichen Einträge.

Mitgewirkt haben am Zustandekommen dieses Werks:

Stefan Hintz, Leiter Travel Management New Yorker Jeans GmbH, Braunschweig und vorher bei First Travel Management (heute: TQ^3 Travel Solutions) in Hauptsache für Organisation, Technik und Business Travel;

Anne Claire Schroeder, Rechtsanwältin in Ravensburg, im Wesentlichen für Begriffe des Reiserechts und der Reiseversicherungen.

Für die Übertragung ins Italienische zuständig:

Miriam Demartis, Produktmanagerin bei der Incoming Agentur Acanthus Tours in Berlin. Diplomiert an der Universität Cagliari (Italien) in Fremdsprachen und Literaturwissenschaften. Managementorientierte Zusatzqualifikation Tourismus Management und regionale Fremdenverkehrsplanung am Willy-Scharnow-Institut für Tourismus an der Freien Universität Berlin.

Tiziana Di Domenico, Übersetzerin, Betriebssachverständige und Produktmanagerin für Reiseveranstaltungen in Berlin.

Der Autor dankt an dieser Stelle allen Experten aus Verbänden und Unternehmen für ihre wertvolle Mitarbeit. Besonderer Dank gilt dem Langenscheidt Fachverlag für die Manuskriptbearbeitung und die Betreuung bei der Gestaltung dieses Wörterbuches.

Ich hoffe, dass dieses Fachwörterbuch allen Lesern bei der Arbeit oder im Studium hilfreich und nützlich sein wird.

Autor und Verlag sind allen Benutzern für weitere Vorschläge und Ergänzungen zur weiteren Verbesserung dieses Fachwörterbuches dankbar.

Diese sind an den Langenscheidt Fachverlag GmbH, Postfach 40 11 20, D-80711 München, zu senden.

Günter Schroeder

Benutzungshinweise

1. Beispiele für die alphabetische Ordnung

buffet della prima colazione
buffet per la colazione
buono
buono acquisto
buono benzina
buono d'albergo
buono di viaggio
buono fittizio
buono offerta

Fahrradtourismus
Fährschiff
Fahrt ins Blaue
Fahrtkosten
Fahrtroute
Fährüberfahrt
Fährunternehmen
Fährversicherung
Fahrverbot

nave
nave a motore
nave ad alta velocità
nave ammiraglia
nave da escursione
nave d'appoggio e di rifornimento
nave passeggeri
nave traghetto
nave-faro

Touristenklasse
Touristikbahn
Touristiker
Touristikzug
Tourist-Information
touristische Route
touristischer Linienflug
touristisches Angebot

2. Bedeutung der Zeichen

/	Abflug/planmäßiger = planmäßiger Abflug
( )	Kursive Klammern enthalten Erklärungen
•	kennzeichnet Wendungen

3. Abkürzungen

Abk.	Abkürzung	*(abbr.)* =	abbreviazione
f	Femininum	*(aer.)* =	aeronautica
m	Maskulinum	*(arch.)* =	architettura
n	Neutrum	*(comm.)* =	commercio
pl	Plural	*(dir.)* =	diritto
s.	siehe	*(e.g.)* =	exempli gratia
v	Verb	*(geogr.)* =	geografia
		(geol.) =	geologia
		(mar.) =	marina
		(naut.) =	nautica

Italienisch−Deutsch

A

abbonamento *m* **aziendale** Firmenabonnement *n*

abbonamento *m* **ferroviario** Netzkarte *f*

abbonamento *m* **stagionale** Saisonkarte *f (entrata, biglietto)*

abc-charter *m* ABC-Charter *m (tariffa aerea)*

abitudini *fpl* **d'acquisto** Kaufgewohnheiten *fpl*

accademia *f* **del lavoro** Berufsakademie *f*

accettazione *f* Abfertigung *f*

accettazione *f* **bagagli** Gepäckabfertigung *f*

accettazione *f* **bagagli all'uscita** Gepäckaufgabe *f* am Gate

accettazione *f* **di un rischio** Risikoübernahme *f*

accettazione *f* **passeggeri** Passagierabfertigung *f*

accettazione *f* **passeggeri aerei** Fluggastabfertigung *f*

acclimatazione *f* Akklimatisation *f*

accoglienza *f* Bewirtung *f*

accoglienza *f* **clienti** Kundenbewirtung *f*

accompagnatore *m* Reisebegleiter *m*

accompagnatore *m* **turistico** Reiseleiter *m*, Rundreiseleiter *m*

accompagnatrice *f* Reisebegleiterin *f*

accompagnatrice *f* **turistica** Reiseleiterin *f*

acconto *m* Abschlagszahlung *f*, Anzahlung *f*

accordo *m* Abkommen *n*, Vereinbarung *f*, Vergleich *m*, Vertrag *m*

accordo *m* **aziendale** Betriebsvereinbarung *f*

accordo *m* **di collaborazione** Zusatzabkommen *n*

accordo *m* **di distribuzione** Vertriebsbindung *f*

accordo *m* **di marketing tra compagnie aeree** Marketingvereinbarung *f* zwischen Luftverkehrsgesellschaften

Accordo *m* **di Schengen** Schengener Abkommen *n*

accordo *m* **di trasporto di merci e passeggeri** Transportvereinbarung *f*

accordo *m* **multilaterale di transito** Transitvereinbarung *f*

accordo *m* **open sky** Offener Himmel *m (Liberalisierung im Luftverkehr)*

accordo *m* **per l'assistenza di turisti in caso di emergenza** Solidarhilfeabkommen *n (v. Fondo di Garanzia)*

accordo *m* **pro rata per voli charter** Pro Rata Charter *m*

accordo *m* **quadro** Rahmenabkommen *n*

accordo *m* **sui prezzi** Preisbindung *f*

accordo *m* **sul riconoscimento e sull'accettazione reciproca dei biglietti aerei** Abkommen *n* über Indossofreiheit

accordo *m* **sul traffico aereo** Luftverkehrsabkommen *n*

accordo *m* **sul trasporto aereo** Luftfahrtvereinbarung *f*

accordo *m* **tra compagnie** Pool *m*

accreditato *m* Schuldner *m*

accrediti *mpl* **miglia basati sulla distanza** Ein-Kupon-Meilen *fpl*

accredito *m* **di un biglietto pagato da terzi** Rufpassage *f (sponsor)*

acculturazione *f* Akkulturation *f*

accumulo *m* **miglia** Meilenerwerb *m*

ACP-paesi *mpl* **membri** AKP-Staaten *fpl*

acquabus *m* Aquabus *m*

acque *fpl* Gewässer *n*

acquedotto *m* Aquädukt *m*

acquirente *f* Kundin *f*

acquirente *m* Kunde *m*

acquisizione *f* **di un'impresa** Unternehmensübernahme *f*

acquisto *m* **di un biglietto aereo** Flugscheinkauf *m*

acquisto *m* **esente da dazio** zollfreier Einkauf *m*

acquisto *m* **in rete** Einkaufen *n* via Online-Dienste

acquisto *m* **tramite televisione digitale** Einkaufen *n* via Digitalfernsehen

adattatore *m* Adapter *m*

adatto alle famiglie familiengerecht

addetta *f* **al piano** Etagenhausdame *f (hotel)*

addetta *f* **alla biancheria** Wäscheschließerin *f*

addetta *f* **alle pulizie** Hausdame *f*

addetto *m* **alle spedizioni** Expedient *m*

adempimento *m* **del contratto** Vertragserfüllung *f*

adesione *f* Zusage *f*

aereo *m* **a propulsione** Propellerflugzeug *n*

aereo *m* **a reazione** Düsenflugzeug *n*
aereo *m* **charter** Chartermaschine *f*
aereo *m* **di linea** Linienmaschine *f*
aereo *m* **noleggiato** Chartermaschine *f*
aereo *m* **per viaggio d'affari** Geschäftsreiseflugzeug *n*
aereo *m* **supersonico** Überschallflugzeug *n*
aereo *m* **tipo jumbo** Großraumflugzeug *n*
(jumbo jet)
aerodromo *m* **principale** Großflugplatz
m
aerofobia *f* Flugangst *f*
aeromobile *m* **a basso livello di rumore** Flüsterjet *m*
aeronave *f* Luftschiff *n*, Starrluftschiff *n*
aeroporto *m* Flughafen *m*
aeroporto *m* **principale** Großflugplatz *m*
aeroporto *m* **regionale** Regionalflughafen *m*
aerostazione *f* **passeggeri** Abfertigungsgebäude *n* für Passagiere
aerovia *f* Luftstraße *f*
affiliante *m* Franchisegeber *m (franchisor)*
affiliato *m* Franchisenehmer *m (franchisee)*
affittacamere *f* **privata** Privatvermieterin *f*
affittacamere *m* **privato** Privatvermieter
m
affitto *m* Anmietung *f*, Miete *f*
affittuario *m* Vermieter *m*
affluenza *f* Frequenz *f*
agenda *f* **21** Agenda 21 *f*
agente *f* **d'ufficio** Bürokauffrau *f*
agente *m* Agent *m*, Vertreter *m*
agente *m* **commerciale** Handelsvertreter
m
agente *m* **di sicurezza** Sicherheitsbeamte *m*
agente *m* **di viaggio** Expedient *m*,
Reisemittler *m*
agente *m* **d'ufficio** Bürokaufmann *m*
agente *m* **intermediario in albergo**
Hotelagent *m*
agente *m* **marittimo** Hafenagent *m*
agente *m* **negoziale** Abschlussagent *m*
agente *m* **portuale** Hafenagent *m*
agenzia *f* Agentur *f*, Vermittlung *f*, Vertretung *f*
agenzia *f* **affittacamere** Zimmernachweis *m*, Zimmerreservierung *f*, Zimmervermittlung *f*
agenzia *f* **di accomodazioni in appartamenti condivisi** Mitwohnzentrale *f*

agenzia *f* **di autostop organizzato**
Mitfahrzentrale *f*
agenzia *f* **di noleggio** Verleih *m*
agenzia *f* **di passaggi aerei organizzati** Mitflugzentrale *f*
agenzia *f* **di servizi turistici** Vollreisebüro *n*
agenzia *f* **di viaggi** Reiseagentur *f*,
Reisebüro *n*, Reisevermittlung *f*
agenzia *f* **di viaggi con acquisizione
primaria** Haupterwerbsreisebüro
n
agenzia *f* **di viaggi d'affari** Geschäftsreisebüro *n*
agenzia *f* **di viaggi elettronica** elektronisches Reisebüro *n*
agenzia *f* **di viaggi indipendente**
Fremdreisebüro *n*
agenzia *f* **di viaggi specializzata nella
vendita di crociere** Spezialbüro *n* für
Schiffsreisenverkauf
agenzia *f* **di viaggi specializzata
nell'incoming** Zielgebietsagentur *f*,
Zielortagentur *f*, Incoming-Agentur *f*
Agenzia *f* **di Viaggi Tedesca** Deutsches Reisebüro *n (Abk.: DER)*
agenzia *f* **di viaggi ufficiale bavarese**
Amtliches Bayerisches Reisebüro *n*
(Abk.: ABR)
agenzia *f* **patentata alla vendita di
biglietti della DB** DB-Agentur *f*
agenzia *f* **specializzata in crociere**
Fachagentur *f* für Seereisen
agenzia *f* **supplementare di viaggi**
Nebenerwerbsreisebüro *n*
agenzia *f* **turistica di viaggi** touristisches Reisebüro *n*
agenzia *f* **ufficiosa di viaggi** reisebüroähnliche Stelle *f*
agevolazione *f* Vergünstigung *f*
agevolazione *f* **a favore dei giovani**
Nachwuchsförderung *f*
agevolazione *f* **fiscale** steuerlicher
Vorteil *m*
agglomerazione *f* Agglomeration *f*
agora *f* Agora *f*
agriturismo *m* Agrartourismus *m*
airbus *m* Airbus *m*
albergo *m* Hotel *n*
albergo *m* **castello** Schlosshotel *n*,
Burghotel *n*
albergo *m* **con appartamenti** Aparthotel
n

albergo *m* **congressuale** Kongresshotel *n*

albergo *m* **di lusso** Luxushotel *n*

albergo *m* **di paese** Dorfhotel *n*

albergo *m* **di transito** Passantenhotel *n*

albergo *m* **galleggiante** schwimmendes Hotel *n*

albergo *m* **garni** Hotel *n* Garni

albergo *m* **per vacanze** Urlaubshotel *n*

albergo *m* **solo per signore** Frauenhotel *n*

albergo *m* **sotto contratto** Vertragshotel *n*

albergo *m* **su rotaie** Hotel *n* auf Schienen

albergo *m* **sulla spiaggia** Strandhotel *n*

albergo *m* **termale** Kurhotel *n*

aliscafo *m* Tragflügelboot *n*

aliseo *m* Passat *m*

allacciare *v* **le cinture di sicurezza** anschnallen

alleanza *f* Allianz *f*

alleanza *f* **del traffico aereo globale** Globales Luftverkehrbündnis *f*

allegato *m* **fuori catalogo** Reisebeilage *f*

alloggiamento *m* Unterbringung *f*

alloggiamento *m* **di ospiti** Beherbergung *f* von Gästen

alloggio *m* Quartier *n*, Unterkunft *f*

alloggio *m* **alternativo** Ersatzunterkunft *f*

alloggio *m* **collettivo** Gemeinschaftsunterkunft *f*

alloggio *m* **privato** Privatquartier *n*

alta stagione *f* Hauptsaison *f*, Hochsaison *f*

altitudine *f* **di crociera** Reiseflughöhe *f*

altitudine *f* **di volo** Flughöhe *f*

alzaia *f* Treidelpfad *m*

ambasciata *f* Auslandsvertretung *f*

ambiente *m* Ambiente *n*, Umwelt *f*

ammenda *f* Verwirkung *f*

amministratore *m* **di rete** Netzwerkverwalter *m*

amministrazione *f* **centrale dei lavori** zentrale Auftragsverwaltung *f*

amministrazione *f* **dei dati generali** Stammdatenverwaltung *f*

amministrazione *f* **delle transazioni turistiche** touristische Vorgangsverwaltung *f*

amministrazione *f* **ferroviaria** Eisenbahnverwaltung *f*

amministrazione *f* **termale** Kurverwaltung *f*

amministrazione *f* **viaggi** Reiseleitung *f* (attività)

ammissione *f* **nel territorio** Einreiseerklärung *f*

ammonimento *m* Mahnung *f*

ammortamento *m* Abschreibung *f*

ampliamento *m* **dell'aeroporto** Flughafenausbau *m*

analisi *f* **comparativa** Benchmarking *n* (benchmarking)

analisi *f* **comparativa delle prestazioni di servizio** Leistungsvergleichssystem *n*

analisi *f* **dei risultati** Ergebnisermittlung *f*

analisi *f* **delle opportunità e dei rischi** Chancen- und Gefahrenanalyse *f*

analisi *f* **delle tendenze** Trendstudie *f*

analisi *f* **di mercato** Marktforschung *f*, Marktuntersuchung *f*

analisi *f* **di mercato e studio** *m* **dell'ubicazione** Markt- und Standortanalyse *f*

analisi *f* **di viaggio** Reiseanalyse *f* (Abk.: RA) ("RA" è un'indagine di mercato rappresentativa che descrive il comportamento dei turisti tedeschi, le loro attitudini di viaggio, le motivazioni e i loro interessi)

analisi *f* **statistica dei viaggi in bicicletta** Radreiseanalyse *f*

animatore *m* Animateur *m*, Unterhaltungskünstler *m*

animatrice *f* Animateurin *f*

animazione *f* Animation *f*

animazione *f* **per bambini** Kinderanimation *f*

anno *m* **del turismo** Touristikjahr *n*

anno *m* **finanziario** Geschäftsjahr *n*

anno *m* **fiscale** Geschäftsjahr *n*

anno *m* **turistico** Touristikjahr *n*

annotazione *f* Vormerkung *f*

annullamento *m* Annullierung *f*, Stornierung *f*

annullamento *m* **del contratto di viaggio** Kündigung *f* des Reisevertrags

annullamento *m* **del viaggio** Nichtdurchführung *f* der Reise

Antartico *m* Antarktis *f*

anticipo *m* Akontozahlung *f*

anticipo *m* **sulle spese di viaggio** Reisekostenvorschuss *m*

antipode *m* Antipode *f*

apertura *f* **non ufficiale graduale di un albergo** schrittweise inoffizielle Eröffnung *f* eines Hotels

apparato *m* **radar** Radaranlage *f*

appartamento *m* Apartment *n*
appartamento *m* **d'albergo** Suite *f*
appartamento *m* **per le vacanze** Ferienwohnung *f (Abk.: Fewo)*
apparthotel *m* Aparthotel *n*
apprendimento *m* **a distanza** Fernanwesenheit *f*
apprendista *m(f)* Auszubildende *m(f)*
apprendistato *m* **agli studi per il turismo** Ausbildungsweg *m* im Tourismus/Fremdenverkehr
approdo *m* Anlegeplatz *m*
approdo *m* **per navi** Schiffsanlegestelle *f*
appuntamento *m* Verabredung *f*
aranceto *m* Orangerie *f*
Arcadia *f* Arkadien
archeologia *f* Archäologie *f*
architettura *f* Baukunst *f*
architettura *f* **profana** Profanarchitektur *f*
architettura *f* **secolare** Profanarchitektur *f*
archiviare *v* archivieren
arcipelago *m* Archipel *m*
arco *m* **di trionfo** Triumphbogen *m*
area *f* Revier *n*
area *f* **circostante** Umland *n*
area *f* **conferenze** lata Konferenzgebiet *n* IATA
area *f* **di circolazione** Verkehrsgebiet *n*
area *f* **di ricreazione nelle immediate vicinanze** Naherholungsgebiet *n*
area *f* **di riposo** Ruheraum *m*
area *f* **di servizio** Raststätte *f (in autostrada)*; Rasthaus *n*
area *f* **di servizio autostradale** Autobahnraststätte *f*
area *f* **di traffico** Verkehrsgebiet *n*
area *f* **di transfer** Transferbereich *m*
area *f* **di transito aeroportuale** Transitbereich *m* des Flughafens
area *f* **di trasferimento** Transferbereich *m*
area *f* **duty-free** Zollausschlussgebiet *n*
area *f* **extradoganale** Zollausschlussgebiet *n*
area *f* **fieristica** Messegelände *n*
area *f* **fumatori** Raucherabteil *n*
area *f* **non fumatori** Nichtraucherbereich *m*
area *f* **residenziale** Wohnungsnahbereich *m*
area *f* **riservata alla conferenza sulla circolazione** Verkehrskonferenzgebiet *n*

area *f* **sciistica** Skigebiet *n*
area *f* **turistica** Zielgebiet *n*
armonizzazione *f* Harmonisierung *f*
armonizzazione *f* **delle prenotazione per classi** Buchungsklassenharmonisierung *f*
arredamento *m* Zimmerausstattung *f*
arrivi *mpl* **degli ospiti** Gästeankünfte *fpl*
arrivo *m* Ankunft *f*, Anreise *f*
arrivo *m* **del treno** Zugankunft *f*
arrivo *m* **previsto** planmäßige Ankunft *f*
arte *f* **romanza** Romanische Kunst *f*
articolo *m* **di marca** Markenartikel *m*
articolo *m* **senza marchio** markenloses Produkt *f*
Artide *f* Arktis *f*
ascensore *m* Aufzug *m*, Lift *m*
asciugacapelli *m* Haartrockner *m*
aspettativa *f* **di crescita** Wachstumserwartung *f*
assegno *m* **turistico** Reisescheck *m* *(traveller's cheque)*
assemblea *f* Versammlung *f*, Agora *f*
assemblea *f* **dei soci** Partnerausschuss *m*
assemblea *f* **del personale** Mitarbeitergespräch *n*
assicurata *f* Versicherte *f*
assicurato *m* Versicherte *m*, Versicherungsnehmer *m*, Risikoperson *f*
assicuratore *m* Versicherer *m*, Versicherungsträger *m*
assicurazione *f* **automobilistica che copre più rischi** Autoreise-Schutzbrief *m*
assicurazione *f* **autotreni e traghetti** Autozug- und Fährversicherung *f*
assicurazione *f* **autotreni-cuccette** Autoreisezug-Versicherung *f*
assicurazione *f* **bagagli** Reisegepäckversicherung *f*
assicurazione *f* **collettiva** Kollektivversicherung *f*
assicurazione *f* **commerciale** Unternehmensversicherung *f*
assicurazione *f* **complementare** Zusatzversicherung *f*
assicurazione *f* **contro gli incidenti aerei** Luftfahrt-Unfallversicherung *f*
assicurazione *f* **contro gli infortuni** Unfallversicherung *f*
assicurazione *f* **contro il furto d'auto** Autodiebstahlversicherung *f*

assicurazione *f* contro il rischio dell'infedeltà dei dipendenti Vertrauensschadenversicherung *f*

assicurazione *f* contro il rischio di annullamento viaggio per errore o imperizia dello skipper Skipper-Risiko *n (clausola vessatoria o di responsabilità civile di bordo)*

assicurazione *f* contro l'appropriazione indebita Vertrauensschadenversicherung *f*

assicurazione *f* contro le spese di annullamento del viaggio Reiserücktrittskostenversicherung *f*

assicurazione *f* contro le spese di annullamento viaggio in caso di interruzione Rückreiseversicherung *f*

assicurazione *f* contro l'insolvenza Insolvenzschutzversicherung *f*

assicurazione *f* contro tutti i rischi Vollkaskoversicherung *f*

assicurazione *f* della protezione giuridica Rechtsschutzversicherung *f*

assicurazione *f* della responsabilità civile verso terzi Haftpflichtversicherung *f*

assicurazione *f* della tutela giudiziaria Rechtsschutzversicherung *f*

assicurazione *f* di base e di protezione Basis- und Kompaktschutz *m*

assicurazione *f* di gruppo Gruppenversicherung *f*

assicurazione *f* di viaggio Reiseversicherung *f*

assicurazione *f* facoltativa fakultative Versicherung *f*

assicurazione *f* individuale Einzelversicherung *f*

assicurazione *f* internazionale di viaggio Auslandsschutzbrief *m*

assicurazione *f* internazionale per veicoli grüne Versicherungskarte *f*

assicurazione *f* parziale Unterversicherung *f*

assicurazione *f* per il rimborso delle spese di viaggio e l'indennità di trasferta Reiseausfallkosten-Versicherung *f*

assicurazione *f* per il trasporto auto sul traghetto Fährversicherung *f*

assicurazione *f* per la sicurezza di pagamenti anticipati Kundengeldabsicherung *f*

assicurazione *f* sanitaria di pronto soccorso 24 ore su 24 Soforthilfe-Versicherung *f* mit 24h-Notruf-Service

assicurazione *f* sanitaria per le malattie contratte in viaggio Reisekrankenversicherung *f*

assicurazione *f* sociale Sozialversicherung *f*

assicurazione *f* sui rapimenti Lösegeldversicherung *f*

assicurazione *f* supplementare Zusatzversicherung *f*

assicurazione *f* supplementare della responsabilità civile per auto noleggiate all'estero Zusatz-Haftpflichtversicherung *f* für Mietwagen im Ausland

assicurazione *f* turistica Versicherung *f* im Tourismus

assicurazione *f* turistica della responsabilità civile Touristikhaftpflichtversicherung *f*

assicurazione *f* turistica della responsabilità civile verso terzi Reisehaftpflichtversicherung *f*

assistente *f* congressuale Kongresshostess *f*

assistente *f* di bordo Stewardess *f*

assistente *f* di fiera Messehostess *f*

assistente *f* di gestione in albergo e nell'accoglienza Hotelkauffrau *f*

assistente *f* turistica Reiseassistentin *f*, Reisebegleiterin *f*

assistente *m* animatore Animateur-Assistent *m*

assistente *m* clienti Kundenbetreuer *m*

assistente *m* di bordo Steward *m*

assistente *m* di gestione in albergo e nell'accoglienza Hotelkaufmann *m*

assistente *m* di vendita Verkaufsassistent *m*, Verrichtungsgehilfe *m*

assistente *m* di volo Flugbegleiter *m*

assistente *m* ospiti Gästebetreuer *m*

assistente *m* turistico Reiseassistent *m*, Reisebegleiter *m*

assistenza *f* Wartung *f*

assistenza *f* a terra Bodenabfertigung *f*

assistenza *f* bambini Kinderbetreuung *f*

assistenza *f* consolare Konsularhilfe *f*

assistenza *f* sanitaria nel turismo Gesundheitsvorsorge *f* im Tourismus

associazione *f* Zusammenschluss *m* *(comm.)*; Verband *m*, Arbeitsgemeinschaft *f*

associazione *f* **aeroporti** Flughafenverband *m*

Associazione *f* **Aeroporti Commerciali tedeschi** Arbeitsgemeinschaft *f* Deutscher Verkehrsflughäfen *(Abk.: ADV)*

associazione *f* **alberghiera** Hotellerieverband *m*

Associazione *f* **Alpina Tedesca** Deutscher Alpenverein *m (Abk.: DAV)*

associazione *f* **assistenti di volo** Flugbegleitervereinigung *f*

Associazione *f* **Automobilistica della Germania** Automobilclub von Deutschland *m (Abk.: AvD)*

Associazione *f* **Autonoma Tedesca per la Verifica Tecnica della Sicurezza degli impianti** Technischer Überwachungsverein *m (Abk.: TÜV)*

associazione *f* **bagni termali** Bäderverband *m*

Associazione *f* **Città Tedesche** Deutscher Städtetag *m*

associazione *f* **conferenze e convegni** Kongress- und Tagungsvereinigung *f*

associazione *f* **degli imprenditori** Arbeitgeberverband *m*

associazione *f* **dei Caraibi** Arbeitsgemeinschaft *f* Karibik

associazione *f* **dei consumatori** Arbeitsgemeinschaft *f* der Verbraucher *(Abk.: AgV)*

associazione *f* **del trasporto** Verkehrsverbund *m*

associazione *f* **dell'Africa meridionale** Arbeitsgemeinschaft *f* Südliches Afrika *(Abk.: ASA)*

associazione *f* **dell'America latina** Arbeitsgemeinschaft *f* Lateinamerika

associazione *f* **delle città e delle località turistiche della Bassa Sassonia** Städte-Forum *n* Niedersachsen

Associazione *f* **delle Compagnie Aree Tedesche Charter** Arbeitsgemeinschaft *f* Deutscher Luftfahrtunternehmen *(Abk.: ADL)*

associazione *f* **di categoria** Fachverband *m*

associazione *f* **di categoria professionale dell'amministrazione** Verwaltungsberufsgenossenschaft *f (Abk.: VGB)*

associazione *f* **di compagnie d'autonoleggio** Mietwagenverband *m*

associazione *f* **di libero scambio** Freihandelsgemeinschaft *f*

associazione *f* **di persone** Personengesellschaft *f*

associazione *f* **distributori** Vertriebsgemeinschaft *f*

Associazione *f* **Federale dell'Industria del Turismo Tedesco** Bundesverband *m* der Deutschen Tourismuswirtschaft *(Abk.: BTW)*

associazione *f* **federale guide turistiche tedesche** Bundesverband *m* der Gästeführer

Associazione *f* **Federale Tedesca di Autonoleggio** Bundesverband *m* der Autovermieter Deutschlands *(Abk.: BAV)*

Associazione *f* **Federale Tedesca di Guide, Animatori e Guide Turistiche** Bundesverband *m* der Reiseleiter, Animateure und Gästeführer *(Abk.: BRAG)*

associazione *f* **ferroviaria** Eisenbahnverband *m*

associazione *f* **francese di agenzie di viaggio e di operatori turistici** Französischer Reisebüro- und Veranstalterverband *m*

associazione *f* **interaziendale** Tarifgemeinschaft *f*

Associazione *f* **Internazionale dei Trasporti Aerei** Internationaler Luftverkehrsverband *m (abbr.: IATA)*

associazione *f* **passeggeri ferroviari ProBahn** Fahrgastverband *m* ProBahn

Associazione *f* **per lo Sviluppo Duraturo del Turismo** Arbeitsgemeinschaft *f* für nachhaltige Tourismus-Entwicklung *(Abk. DANTE)*

associazione *f* **professionale** Fachverband *m*

Associazione *f* **Professionale per Fiere ed Esposizioni** Fachverband *m* Messen und Ausstellungen *(Abk.: Fama)*

Associazione *f* **Professionale Tedesca di Operatori Turistici Specializzati in Vacanze Studio per Imparare una Lingua Straniera** Fachverband *m* deutscher Sprachreise-Veranstalter *(Abk.: FDSV)*

associazione *f* **sconti** Rabattverein *m*

Associazione *f* **Tedesca Agenzie di Viaggio e Operatori Turistici** Deutscher Reisebüro- und Reiseveranstalter-Verband *m (Abk.: DRV)*

Associazione *f* **Tedesca Alberghi e Ristoranti** Deutscher Hotel- und Gast-stättenverband *m (Abk.: Dehoga)*

Associazione *f* **Tedesca Bagni Termali** Deutscher Heilbäderverband *m (Abk.: DHV)*

Associazione *f* **Tedesca delle Compagnie di Navigazione e di Servizi Marittimi di Trasporto Passeggeri** Verband *m* der Fährschifffahrt & Fährtouristik *(Abk.: VFF)*

Associazione *f* **Tedesca di Operatori Turistici Specializzati nel Settore di Viaggi in Autobus per la Classificazione dei Viaggi in Autobus** Gütegemeinschaft *f* Buskomfort *(Abk.: GBK)*

associazione *f* **tedesca di piccole e medie compagnie marittime di trasporto passeggeri** mittelständische Personenschifffahrt *f*

Associazione *f* **Tedesca per la Legge sul Turismo** Deutsche Gesellschaft *f* für Reiserecht *(Abk.: DGfR)*

Associazione *f* **Tedesca per la Tutela della Natura** Deutscher Naturschutzring *m (Abk.: DNR)*

Associazione *f* **Tedesca per l'Educazione Ambientale** Deutsche Gesellschaft *f* für Umwelterziehung *(Abk.: DGU)*

Associazione *f* **Turismo Tedesco** Deutscher Tourismusverband *m (Abk.: DTV)*

associazione *f* **turistica** *(privata)* Fremdenverkehrsverband *m*

associazione *f* **viaggi d'affari** Geschäftsreiseverband *m*

assortimento *m* Sortiment *n*

assortimento *m* **completo** Vollsortiment *n*

assortimento *m* **speciale** Spezialsortiment *n*

assortimento *m* **specializzato** Fachsortiment *n*

assunzione *f* **di responsabilità** Haftungsübernahme *f*

asta *f* **online** Online-Auktion *f*

atlante *m* **stradale elettronico** elektronischer Autoatlas *m*

Atlantico *m* Atlantik *m*

atmosfera *f* **di partenza** Aufbruchstimmung *f*

atrio *m* **d'ingresso** Empfangshalle *f (reception)*

attacco *m* **terroristico** Terroranschlag *m*

atterraggio *m* Landung *f (aer.)*

atterraggio *m* **di emergenza** Notlandung *f*

attestato *m* **di abilitazione alla professione di guida turistica** Reiseleiter-Zertifikat *n*

attestato *m* **di idoneità a guidare un auto da noleggio** Mietwagennachweis *m*

attività *f* **a reddito marginale** geringfügige Beschäftigung *f*

attività *f* **di gruppi di pressione** Lobbyarbeit *f*

attività *f* **di lobby** Lobbyarbeit *f*

attività *f* **di monitoraggio e di controllo sullo stato di pulizia e igiene** Sauberkeits- und Hygienekontrolle *f*

attività *f* **di traghettamento** Fährgeschäft *n*

attività *f* **suppletiva** Aushilfstätigkeit *f*

attività *f* **turistica** Tourismusbetrieb *m*

atto *m* **di candidatura di propria iniziativa** Initiativbewerbung *f*

attrazione *f* **turistica** Sehenswürdigkeit *f*

attrezzatura *f* **per il tempo libero** Freizeiteinrichtung *f*

attrezzatura *f* **per manifestazioni** Veranstaltungsausrüstung *f*

attrezzatura *f* **ricreativa** Erholungseinrichtung *f*

attrezzatura *f* **sportiva** Sportgepäck *n*

attrezzo *m* **sportivo** Sportgerät *n*

auditorio *m* Odeon *n*

aumento *m* **del capitale** Kapitalerhöhung *f*

aumento *m* **del prezzo dei viaggi "tutto compreso"** Preiserhöhung *f* bei Pauschalreisen

aurora *f* **boreale** Nordlicht *n*, Polarlicht *n*

ausiliare *m* Aushilfe *f*

ausiliario *m* Erfüllungsgehilfe *m*

autista *f* Berufskraftfahrerin *f*

autista *m* Berufskraftfahrer *m*, Chauffeur *m*

auto *m* **da noleggio** Leihwagen *m*

auto *m* **pubblica** Taxi *n*

autobus *m* Autobus *m*, Bus *m*

autobus *m* **a due piani** Doppeldecker *m*

autobus *m* **accelerato** Schnellbus *m*

autobus *m* **con cuccette** Schlafwagen *m*

autobus *m* **con un piccolo bistrot** Bistrobus *m*

autobus *m* **d'escursione** Ausflugsbus *m*
autobus *m* **destinato al traffico stagionale nelle zone di meta turistica** Zielgebietsbus *m*
autobus *m* **di città** Stadtbus *m*
autobus *m* **di linea** Linienbus *m*
autobus *m* **di linea interurbana ordinario** Standardüberlandlinienbus *m (Abk.: Stülb)*
autobus *m* **di linea ordinario** Standardlinienbus *m (Abk.: Stlb)*
autobus *m* **di lusso** Luxusbus *m*
autobus *m* **espresso** Schnellbus *m*
autobus *m* **interurbano** Überlandbus *m*
autobus *m* **navetta** Pendelbus *m*, Zubringerbus *m*
autobus *m* **navetta dell'aeroporto** Flughafenbus *m*
autobus *m* **notturno** Nachtbus *m*
autobus *m* **per i trasferimenti** Transferbus *m*
autobus *m* **per viaggi a grande distanza** Fernreisebus *m*
autobus *m* **transfer** Transferbus *m*
autobus *m* **turistico** Reisebus *m*
autodichiarazione *f* Selbstdeklarierung *f*
autogrill *m* Rasthaus *n*, Autobahnraststätte *f*
automazione *f* Automatisierung *f*
automobile *f* **da noleggio** Mietwagen *m*
automobilista *m* Selbstfahrer *m*
autonoleggio *m* Autovermietung *f*
Autoput *m* Autoput *m (nome di autostrada che collega l'Austria alla Grecia attraversando la Croazia e la Macedonia)*
Autorità *f* **Aeronautica** Zivilluftfahrtbehörde *f (Ente Nazionale per l'Aviazione Civile)*
Autorità *f* **Aeronautica Internazionale** Internationale Zivilluftfahrtbehörde *f*
autorità *f* **aeroportuale** Flughafenbehörde *f*
autorità *f* **competente in materia di immigrazione** Einwanderungsbehörde *f*
autorità *f* **doganale** Zollbehörde *f*
autorità *f* **europea per la sicurezza della navigazione aerea** Europäische Flugsicherungsbehörde *f (Eurocontrol)*
Autorità *f* **Tedesca dell'Aviazione Civile** Luftfahrtbundeamt *n (Abk.: LBA)*
autorità *f* **turistica** Tourismusbehörde *f*
autorizzazione *f* Genehmigung *f*
autosilo *m* Parkhaus *n*
autosnodato *m* Gelenkbus *m*

autostoppista *m(f)* Tramper(in) *m(f)*
autostrada *f* Autobahn *f*, Schnellstraße *f*
autotreno *m* Triebwagenzug *m*
autotreno *m* **con cuccette** Autoreisezug *m (Abk.: ARZ)*
autotreno *m* **con cuccette della DB** DB-Autozug *m*
avaria *f* Havarie *f*
aviatore *m* Verkehrsflugzeugführer *m*
aviatrice *f* Verkehrsflugzeugführerin *f*
aviazione *f* **generale** Allgemeine Luftfahrt *f*
aviogetto *m* Düsenflugzeug *n*
aviolinea *f* Luftfahrtgesellschaft *f*
aviorimessa *f* Werft *f*
avventura *f* Erlebnis *n*
avvicinamento *m* Anflug *m (aer.)*
avvicinamento *m* **per l'atterraggio** Landeanflug *m*
avviso *m* **d'assistenza** Betreuungshinweise *m*
avviso *m* **di partenza** Reisewarnung *f*
avviso *m* **radiofonico personale** Reiseruf *m*
azienda *f* Geschäftsstelle *f*
azienda *f* **alberghiera** Beherbergungsbetrieb *m*
azienda *f* **autonoma** Regiebetrieb *m*
azienda *f* **autonoma di soggiorno** Verkehrsverein *m*
azienda *f* **turistica** Reiseunternehmen *n*
azione *f* Aktie *f*
azione *f* **giudiziaria collettiva** Verbandsklage *f*
azione *f* **non tassabile** Nichtbesteuerungssachverhalt *m*
azione *f* **redibitoria** Wandlung *f* Versicherungswesen
azionista *m* Anteilseigner *m*

B

babordo *m* Backbord *n*
bacheca *f* Schwarzes Brett *n*
bacino *m* **di carenaggio** Dock *n*
bagaglio *m* Gepäck *n*, Reisegepäck *n*
bagaglio *m* **a mano** Handgepäck *n*
bagaglio *m* **consentito** Freigepäck *n*
bagaglio *m* **di cabina** Kabinengepäck *n*
bagaglio *m* **in eccedenza** Übergepäck *n*

bagaglio *m* **in franchigia** Freigepäck-menge *f*
bagaglio *m* **ingombrante** sperriges Gepäck *n*
bagaglio *m* **registrato** aufgegebenes Gepäck *n*
bagaglio *m* **spedito per corriere** Kuriergepäck *n*
bagaglio *m* **voluminoso** sperriges Gepäck *n*
bagno *m* **a vapore** Dampfbad *n*
bagno *m* **d'aria calda** Heißluftbad *n*
bagno *m* **di fango** Schlammbad *n*
bagno *m* **romano-irlandese** römisch-irisches Bad *n (bagno totale di aria riscaldata o bagno di vapore caldo a temperatura graduata)*
bagno *m* **terapeutico** Heilbad *n (attività)*
bagno *m* **turco** Dampfbad *n*
baia *f* Bai *n*, Meeresbucht *f*
balcone *m* Balkon *m*
balneologia *f* Balneologie *f*
balneoterapia *f* Bädertherapie *f*
Banca *f* **Centrale Europea** Europäische Zentralbank *f (Abk.: EZB)*
banca *f* **dati** Datenbank *f*, Informationsdatenbank *f*
banca *f* **dati con informazioni sulle destinazioni turistiche** Länderinformationsdatenbank *f*
banca *f* **dati dell'albergo** Hoteldatenbank *f*
banca *f* **dati sui prezzi e sulle offerte** Preisangebots- und Preisdatenbank *f*
banca *f* **di cambio** Reisebank *f*
banca *f* **di emissione** Notenbank *f*
Banca *f* **Mondiale** Weltbank *f*
bancarella *f* **dei rinfreschi** Trinkhalle *f*
bancarotta *f* Konkurs *m*
banchetto *m* Bankett *n (pranzo di gala)*
banchina *f* Schiffsanlegestelle *f*
banchina *f* **ferroviaria** Bahnsteig *m*
banco *m* **accettazione** Abfertigungsschalter *m*
banco *m* **check-in per le registrazioni anticipate alla sera prima della partenza** Vorabend-Check-in-Schalter *m*
banco *m* **di consulenza** Kundenberatungsschalter *m*
bandiera *f* Flagge *f*
bandiera *f* **azzurra dell'Unione Europea** Blaue Europa-Flagge *f*
bandiera *f* **dell'Unione Europea** Europa-Flagge *f*

bandiera *f* **di comodo** Billigflagge *f*
bandiera *f* **ombra** Billigflagge *f*
bar *m* Pub *m*, Kneipe *f*, Hausbar *f*
bar *m* **della piscina** Poolbar *f*
bar *m* **mobile** Hausbar *f*
barbecue *m* Barbecue *n*
barca *f* Boot *n*, Schiff *n*
barca *f* **a motore** Motorboot *n*
barca *f* **a remi** Ruderboot *n*
barca *f* **a vela** Segelboot *n*
barca *f* **da trasporto modificata a battello per escursioni turistiche in Svizzera** Naue *f*
barca *f* **di salvataggio** Rettungsboot *n*
barca *f* **per il trasferimento del pilota** Lotsenversetzschiff *n*
barcone *m* Windjammer *m*
barocco *m* Barock *n*
barometro *m* **turistico** Reisebarometer *n (analisi di mercato realizzata dall'Istituto di Scienze Turistiche Tedesco allo scopo di studiare gli sviluppi turistici della ex Germania dell'Est)*
basilica *f* Basilika *f*
bassa stagione *f* Nachsaison *f*, Nebensaison *f*, Vorsaison *f*
battello *m* **a vapore** Dampfschiff *n*
battello *m* **postale** Postschiff *n*
battesimo *m* **dell'equatore** Liniontaufe *f*
battesimo *m* **di una nave** Schiffstaufe *f*
battesimo *m* **polare** Polartaufe *f*
Belt *m* Belt *n (geog.)*
bene *m* **pubblico** öffentliches Gut *n*
beni *mpl* **di consumo** Konsumgüter *npl*
beni *mpl* **d'investimento** Investitionsgüter *npl*
benzina *f* Benzin *n*, Treibstoff *m*
bevande *fpl* Getränke *npl*
bigliettaia *f* Schaffnerin *f*
bigliettaio *m* Schaffner *m*
biglietteria *f* Fahrkartenschalter *m*, Vorverkaufsstelle *f*
biglietteria *f* **centrale** Ticketzentrale *f*
biglietto *m* Fahrkarte *f*
biglietto *m* **acquistato con moneta debole** Weichwährungsticket *n*
biglietto *m* **aereo** Flugschein *m*, Flugkarte *f*
biglietto *m* **aereo aperto** Flugschein *m* ohne Reservierung
biglietto *m* **aereo ordinario** Standardpassagierflugschein *m*
biglietto *m* **circolare** Rundreisefahrkarte *f*

biglietto *m* **collettivo** Sammelfahrschein *m*

biglietto *m* **complementare** Ergänzungsfahrschein *m*

biglietto *m* **con coincidenza aerea** Umsteigekarte *f*, Verbindungsflugschein *m*, Anschlussflugschein *m*

biglietto *m* **con prenotazione posto** Platzkarte *f*

biglietto *m* **cumulativo** Sammelfahrschein *m*

biglietto *m* **del percorso** Streckenfahrschein *m*

biglietto *m* **di andata e ritorno** Rückfahrkarte *f*

biglietto *m* **di andata e ritorno utilizzato solo in una direzione** Überkreuzflug-Ticket *m* *(cross ticket)*

biglietto *m* **di connessione** Anschlussfahrschein *m*

biglietto *m* **di trasferimento** Umsteigekarte *f*, Verbindungsflugschein *m*

biglietto *m* **d'imbarco** Schiffsfahrschein *m* *(nave)*

biglietto *m* **d'ingresso** Eintrittskarte *f*

biglietto *m* **elettronico** elektronisches Ticketing *n*

biglietto *m* **giornaliero** Tageskarte *f*

biglietto *m* **giornaliero di ritorno** Tagesrückfahrkarte *f*

biglietto *m* **integrato** Verbundfahrausweis *m*

biglietto *m* **magnetico** Magnetstreifenticket *n*

biglietto *m* **per bambini** Kinderfahrkarte *f*

biglietto *m* **per il mercato grigio** Graumarktticket *n*

biglietto *m* **per il personale d'agenzia** Agenturfahrschein *m*

biglietto *m* **premio** Prämienticket *n*

biglietto *m* **settimanale** Wochenkarte *f*

biglietto *m* **stagionale** Zeitkarte *f*

biglietto *m* **valido per più giorni** Mehrtageskarte *f*

bilancia *f* **commerciale** Handelsbilanz *f*

bilancia *f* **dei movimenti di capitale** Kapitalbilanz *f*

bilancia *f* **dei pagamenti** Zahlungsbilanz *f*

bilancia *f* **dei servizi** Dienstleistungsbilanz *f*

bilancio *m* Bilanz *f*

bilancio *m* **consolidato** Konzernbilanz *f*

bilancio *m* **del traffico turistico** Reiseverkehrsbilanz *f*

bilancio *m* **mobile** Mobilitätsbilanz *f*

bilancio *m* **netto del flusso dei capitali relativo alle transazioni tra le compagnie aeree e le agenzie di viaggio** provisionsbereinigter Airline-Nettoumsatz *m*

bilancio *m* **preventivo** Budget *n*, Haushaltsplan *m*

bimetallismo *m* Doppelwährung *f*

bingo *m* Bingo

bioclima *m* Bioklima *n*

biografia *f* **di viaggio** Reisebiographie *f* *(progetto di ricerca turistica)*

biometria *f* **facciale** Gesichtsbiometrie *f*

biotopo *m* Biotop *n*

biplano *m* Doppeldecker *m* *(aeroplano)*

bisogno *m* **di vacanza** Urlaubsbedürfnis *n*

bocca *f* **dell'estuario** Mündungsgebiet *n* von Flüssen

bolletta *f* Rechnung *f*

bonus *m* **miglia** Meilenbonus *m*

bonus *mpl* **miglia per passeggeri abituali** Vielfliegermeilen *fpl*

borsa *f* Börse *f*

borsa *f* **dei voli last-minute** Restplatzbörse *f*

borsa *f* **di viaggio** Reisetasche *f*

Borsa *f* **Internazionale del Turismo** *(abbr.: BIT)* Internationale Tourismusbörse *f* *(Abk.: ITB)*

borsa *f* **sportiva** Sportgepäck *n*

borsa *f* **turistica** Tourismusfachmesse *f*

botteghino *m* Vorverkaufsstelle *f*

braccio *m* Faden *m* *(nautica)*

branca *f* **d'affari** Branchenbezeichnung *f*

breve riunione *f* **nella quale vengono fornite informazioni ed istruzioni** Einsatzbesprechung *(briefing)*

breve riunione *f* **nella quale vengono fornite istruzioni sul volo** Flugbesprechung *f*

briefing *m* **di volo** Flugbesprechung *f*

budget *m* **di viaggio** Reisemittel *n*

budget *m* **pubblicitario** Werbeetat *m*

bufera *f* **di neve** Blizzard *m*

buffet *m* **della prima colazione** Frühstücksbuffet *n*

buffet *m* **per la colazione** Büfett-Frühstück *n*

buono *m* Gutschein *m*

buono *m* **acquisto** Geschenkgutschein *m*
buono *m* **benzina** Benzingutschein *m*
buono *m* **d'albergo** Hotelgutschein *m*
buono *m* **di viaggio** Reisegutschein *m*
buono *m* **fittizio** Scheinvoucher *m*
buono *m* **offerta** Couponheftangebot *n*
burrasca *f* Bö *f*

C

cabina *f* Kabine *f*, Kajüte *f*
cabina *f* **con due letti singoli** Zweibett-kabine *f*
cabina *f* **con letto doppio** Doppelbett-kabine *f*
cabina *f* **esterna** Außenkabine *f*
cabina *f* **interna** Innenkabine *f*
cabina *f* **interpreti** Dolmetscherkabine *f*
cabina *f* **multipla** Mehrbettkabine *f*
cabine *fpl* **da crociera disponibili** Glückskabinen *fpl*
cabotaggio *m* Anschlusskabotage *f*
caccia *f* **alla carta** *(autore del gergo turistico, Braunschweig)* Schnitzeljagd *f*
caffè *m* Café *n*
caffetteria *f* Cafeteria *f*
calcolo *m* Kalkulation *f*
calcolo *m* **composto** Mischkalkulation *f*
calcolo *m* **dei ricavi e delle prestazio-ni** Erlös- und Leistungsrechnung *f*
calcolo *m* **del prezzo** Preisberechnung *f*
calcolo *m* **del prezzo del biglietto aereo** Flugpreisberechnung *f*
calo *m* **dei prezzi** Preissenkung *f*
cambiamento *m* Umschreibung *f (dir.)*
cambiamento *m* **del piano di volo** Flugplanänderung *f*
cambiamento *m* **di bandiera** Ausflag-gen *n*
cambiamento *m* **di impiego** Arbeitsplatz-wechsel *m*
cambiamento *m* **di percorso** Reiseweg-änderung *f*
cambiamento *m* **d'orario** Fahrplan-wechsel *m*, Zeitverschiebung *f*
cambio *m* Wechselstube *f*, Reisebank *f*
cambio *m* **di generazione** Generations-wechsel *m*
cambio *m* **di prenotazione** Umbuchung *f*

cambio *m* **di proprietario** Eigentümer-wechsel *m*
cambio *m* **forzato** Zwangsumtausch *m*
cambio *m* **in valuta** Wertewandel *m*
cambusa *f* Küche *f (Flugzeug)*
camera *f* Zimmer *n*
camera *f* **a tre letti** Dreibettzimmer *n*
camera *f* **arbitrale competenza giudi-ziaria** Gerichtsstand *m*
camera *f* **comfort** Komfortzimmer *n*
camera *f* **con due letti singoli** Zweibett-zimmer *n*
camera *f* **dei congressi** Tagungsraum *m*
Camera *f* **dell'Industria e del Com-mercio** Industrie- und Handelskammer *f (Abk.: IHK)*
Camera *f* **principale di Commercio e Industria Tedesca** Deutscher Indu-strie- und Handelskammertag *m (Abk.: DIHK)*
camera *f* **di lusso** Luxuszimmer *n*
camera *f* **doppia** Doppelzimmer *n (con letto matrimoniale)*
camera *f* **doppia con due letti separati** Doppelzimmer *n* mit zwei getrennten Betten
camera *f* **singola** Einzelzimmer *n*
camera *f* **tripla** Dreibettzimmer *n*
cameriera *f* Zimmermädchen *n*
cameriera *f* **di bordo** Zimmerkellnerin *f* auf Kreuzfahrtschiffen
cameriere *m* Kellner *m*
cameriere *m* **di bordo** Zimmerkellner *m* auf Kreuzfahrtschiffen *(steward)*
campagna *f* **d'immagine** Imagekam-pagne *f*
campagna *f* **per la salvaguardia e la protezione dell'eredità culturale** Aktion *f* zur Rettung des Kulturerbes *(Abk.: ARK)*
campagna *f* **pubblicitaria** Werbefeldzug *m*
campeggio *m* Camping *n*, Campingplatz *m*
campeggio *m* **di fine settimana** Wochen-endcamping *n*
campeggio *m* **per le vacanze** Ferien-camping *n*
campeggio *m* **per turisti** Tourismus-camping *n*
campeggio *m* **turistico** Tourismuscam-ping *n*
camper *m* Wohnmobil *n*

camperista m Wohnwagentourist m
campo m **da golf** Golfplatz m
campo m **di villeggiatura** Ferienlager n
canale m Gracht f, Sund m
canale m **della Manica** Ärmelkanal m
canale m **di distribuzione** Vertriebsweg m
Canale m **di Kiel** Nord-Ostsee-Kanal m
canale m **di vendita** Vertriebsweg m
cancellazione f Stornierung f, Abmeldung f (annullamento di una iscrizione)
cancellazione f **del viaggio** Nichtdurchführung f der Reise
cancellazione f **della prenotazione del viaggio** Rücktritt m von Reisebuchung
cancellazione f **di massa** Stornowelle f
cancellazione f **parziale** Teilstornierung f
cantiere m **navale** Werft f
cantina f **vini** Weinkeller m
capacità f Kapazität f
capacità f **dei posti a sedere** Sitzplatzkapazität f
capacità f **di scambio** Vermittlungsleistung f
capacità f **posti letto** Bettenkapazität f
capacità f **ricettiva** Fassungsvermögen n
capacità f **totale** Gesamtkapazität f
capanna f Hütte f
capanno m **da spiaggia** Strandkorb m
capitale f **europea della cultura** Kulturhauptstadt f Europas
capitale m **di prestito** Fremdkapital n
capitale m **di terzi** Fremdkapital n
capitale m **massimo assicurato** Höchstversicherungssumme f
capitano m Kapitän m
capitano m **di porto** Hafenkapitän m
capo hostess f Chefstewardess f
capo m Kap n (geog.)
capo m **commissario** Hauptzahlmeister m
capo m **ricezione in hotel** Empfangschef m im Hotel
capo m **steward** Chefsteward m
capocameriera f Chefkellnerin f
capocameriere m Chefkellner m, Oberkellner m
capocuoco m Küchenmeister m
capolinea m Endstation f (autobus)
capostazione m Bahnhofsvorsteher m
capotreno m(f) Zugbegleiter(in) m(f)
caratteristica f **comportamentale** Verhaltensmerkmal n

caratteristica f **socio demografica del gruppo target** soziodemographisches Zielgruppenmerkmal n
caravan m Wohnmobil n, Mobilheim n, Reisemobil n
caravanserraglio m Karawanserei f
carburante m Treibstoff m
carnet m **di coupons** Airpass m
carrello m **portabagagli** Gepäckwagen m, Kofferkuli m
carrozza f **a scompartimento unico** Großraumwagen m
carrozza f **cuccette** Liegewagen m
carrozza f **diretta** Kurswagen m
carrozza f **letto** Schlafwagen m
carrozza f **ristorante** Bistrowagen m
carta f **chip** Einwegschlüssel m
carta f **clienti nel settore turistico** Kundenkarte f in der Reisebranche
Carta f **dei Diritti del Passeggero** Passagiercharta f (traffico aereo)
carta f **di credito** Kreditkarte f, Plastikgeld n
carta f **di sbarco** Landungskarte f
carta f **d'identità** Ausweis m, Personalausweis m
carta f **d'identità non falsificabile** fälschungssicherer Ausweis m
carta f **d'imbarco** Bordkarte f
carta f **EC** EC-Karte f (banca)
carta f **magnetica** Magnetstreifenkarte f, Einwegschlüssel m
carta f **sconto per i viaggi in treno** BahnCard f
carta f **smart** Speicherkarte f (memory card)
carta f **verde** grüne Versicherungskarte f
cartello m **indicatore di posizione vetture** Wagenstandsanzeiger m
cartello m **stradale** Wegweiser m
cartina f **stradale** Straßenkarte f
casa f **container** Wohncontainer m
casa f **degli ospiti** Haus n des Gastes
casa f **di cura** Kurheim n
casa f **di riposo** Erholungsheim n
casa f **di riposo con accoglienza diurna** Tageserholungsstätte f
casa f **di villeggiatura** Ferienheim n
casa f **galleggiante** Hausboot n
casco m **parziale** Teilkasko n (assicurazione)
casco m **totale** Vollkaskoversicherung f
casella f **postale elettronica** elektronischer Briefkasten m

casinò *m* Spielkasino *n*
caso *m* **di forza maggiore** Elementarereignis *n*
cassaforte *f* **in albergo** Hotelsafe *m*
cassetta *f* **di pronto soccorso** Reiseapotheke *f*
cassetta *f* **di pronto soccorso naturale** Naturreiseapotheke *f*
catacomba *f* Katakombe *f*
catalogo *m* Katalog *m*, Prospekt *m*
catalogo *m* **annuale** Ganzjahreskatalog *m*
catalogo *m* **di viaggi** Reisekatalog *m*
catalogo *m* **in prestito** Leihkatalog *m*
catamarano *m* Katamaran *m*
categoria *f* Kategorie *f*
categoria *f* **d'albergo** Hotelkategorie *f*
categoria *f* **di alloggiamento** Unterbringungsklasse *f*
categoria *f* **di prezzo** Preiskategorie *f*
categoria *f* **di treno** Zuggattung *f*
catena *f* **alberghiera** Hotelkette *f*
catena *f* **del valore aggiunto del turismo** touristische Wertschöpfungskette *f*
catena *f* **di agenzie di viaggi** Reisebürokette *f*
catena *f* **montuosa** Bergkette *f*, Gebirge *n*
catene *fpl* **da neve** Schneeketten *fpl*
cauzione *f* Kaution *f*
cena *f* Abendessen *n*
cena *f* **di gala** Festbankett *n*
censimento *m* **delle agenzie di viaggio e di operatori turistici** Arbeitsstättenzählung *f*
censimento *m* **per campione** Mikrozensus *m*
centrale *f* Zentrale *f*
centrale *f* **di controllo del turismo** Tourismuszentrale *f*
centrale *f* **di fatturazione della ferrovia tedesca** Abrechnungszentrale *f* Personenverkehr *(Abk.: AZP)*
centrale *f* **per le prenotazioni di camere in Germania** Allgemeine Deutsche Zimmerreservierung *f (Abk.: ADZ)*
centralino *m* Zentrale *f*
centro *m* Ortszentrum *n*
centro *m* **balneare** Badezentrum *n*
centro *m* **città** Ortszentrum *n*, Stadtzentrum *n*
centro *m* **del computer** Rechenzentrum *n*

centro *m* **di competenze** Kompetenzzentrum *n*
centro *m* **di formazione professionale delle aziende autotranviarie** Bildungswerk *n* der Omnibusunternehmer
Centro *m* **di Ricerche Alpine** Alpenforschungsinstitut *n (Abk.: AFI)*
centro *m* **di salute e centro ginnico** Gesundheits- und Fitnesszentrum *n*
centro *m* **ospiti** Haus *n* des Gastes
centro *m* **ricreativo in un campeggio** Camping-Freizeitzentrum *n*
centro *m* **scientifico ITB** ITB-Wissenschaftszentrum *n*
centro *m* **storico** Stadtzentrum *n*
centro *m* **termale** Kurmittelhaus *n*, zentrales Kurmittelhaus *n*
centro *m* **urbano** Innenstadt *f*
centro *m* **vacanze** Ferienzentrum *n*
centro *m* **viaggi d'avventura della "World of TUI" di Berlino** Reise-Erlebniscenter *n*
cerimonia *f* **del passaggio dell'Equatore** Äquatortaufe *f*
certificato *m* **di assistenza malattia all'estero** Auslandskrankenschein *m*
certificato *m* **di competenza professionale** Fachkundenachweis *m*
certificato *m* **di garanzia standard** einheitlicher Garantieschein *m*
certificato *m* **digitale** digitales Zertifikat *n*
certificato *m* **d'impiego** Beschäftigungsnachweis *m*
certificato *m* **IATA** Iata-Diplom *n*
certificato *m* **internazionale di vaccinazione** internationaler Impfpass *m*
certificato *m* **turistico con specializzazione nella gestione del turismo e nella pianificazione turistica regionale** Zertifikat *n* in Tourismus mit den Schwerpunkten Management und regionale Fremdenverkehrsplanung
certificazione *f* Zertifizierung *f*
certificazione *f* **alberghiera** Hotelzertifizierung *f*
cessione *f* **di contratto** Vertragsübertragung *f*
ceto *m* **medio** Mittelstand *m*
charter *m* **per lavoratori stranieri** Gastarbeitercharter *m*
check in *m* Abfertigung *f (traffico aereo)*
cherosene *m* Kerosin *n*

chiamata *f* **a numero verde** gebührenfreies Telefonieren *n*
chiamata *f* **d'emergenza in autostrada**
Autobahnnotruf *m*
chiamata *f* **d'emergenza internazionale** Auslandsnotruf *m*
chiamata *f* **di soccorso in mare** Notruf
m bei der Schifffahrt *(SOS)*
chiamata *f* **di taxi collettivo** Anruf-
Sammeltaxi *n (Abk.: AST)*
chiamata *f* **internazionale** telefonische
Auslandsverbindung *f*
chiamata *f* **radiofonica personale**
Reiseruf *m*
chiamata *f* **radiofonica personale
dall'automobile** Auto-Reiseruf *m*
chiamata *f* **senza addebito** gebührenfreies Telefonieren *n*
chiatta *f* **da rimorchio** Schlepper *m*
chiave *f* **primaria** Hauptschlüssel *m*
(passe-partout)
chinetosi *f* Reisekrankheit *f*
chiosco *m* **di ristoro** Erfrischungskiosk
m
chiostro *m* **di ristoro** Trinkhalle *f*
chiusa *f* Schleuse *f*
chiusura *f* **del conto** Kontoabschluss *m*
chiusura *f* **d'iscrizione** Anmeldeschluss
m
choc *m* **culturale** Kulturschock *m*
cicerone *m* Cicerone *m*
ciclone *m* Wirbelsturm *m*
cintura *f* **di sicurezza** Sicherheitsgurt *m*,
Anschnallgurt *m*
circo *m* **sugli sci** Skizirkus *m*
circolazione *f* Umlauf *m (monetaria)*
circolazione *f* **rotatoria** Kreisverkehr *m*
circolo *m* **escursionistico** Wanderverein *m*
circolo *m* **polare** Polarkreis *m*
circolo *m* **turistico** Verkehrsclub *m*
(touring club)
circuito *m* **d'attesa** Warteschleife *f (in
volo)*
circuito *m* **sciistico** Skizirkus *m*
citazione *f* **per risarcimento danni**
Schadenersatzklage *f*
città *f* **anseatica** Hansestadt *f*
città *f* **militarmente neutrale** offene
Stadt *f (Accordo di Haager)*
cittadinanza *f* Staatsangehörigkeit *f*,
Staatsbürgerschaft *f*
classe *f* **business** Business-Klasse *f*
classe *f* **di lusso** Luxusklasse *f*

classe *f* **di prenotazione** Buchungsklasse *f*
classe *f* **di trasporto** Beförderungsklasse *f*
classe *f* **economica** Economyklasse *f*
classe *f* **intermedia** Business-Klasse *f*
classe *f* **media** Mittelstand *m*
classe *f* **turistica** Touristenklasse *f*
classicismo *m* Klassizismus *m*
classificazione *f* **alberghiera** Hotelklassifizierung *f*
classificazione *f* **alberghiera tedesca**
Deutsche Hotelklassifizierung *f*
classificazione *f* **degli alberghi** Klassifizierung *f* der Hotels
classificazione *f* **degli appartamenti
per le vacanze, delle residenze estive e delle stanze ad uso privato**
Klassifizierung *f* für Ferienwohnungen,
-häuser und Privatzimmer
classificazione *f* **degli autobus turistici** Klassifizierung *f* der Reisebusse
classificazione *f* **dei campeggi** Klassifizierung *f* der Campingplätze
classificazione *f* **dei voli** Flugartengliederung *f*
classificazione *f* **delle navi da crociera** Klassifizierung *f* der Kreuzfahrtschiffe
clausola *f* **di annullamento** Stornobedingung *f*
clausola *f* **di revisione** Preisänderungsvorbehalt *m*
cliente *f* Kundin *f*
cliente *m* Kunde *m*, Nachfrager *m*
cliente *m* **abituale** Wiederholungskunde
m
cliente *m* **recidivo** Wiederholungskunde
m
clientela *f* **di passaggio** Laufkundschaft
f
clima *m* **d'affari** Konsumklima *n*
climatoterapia *f* Klimatherapie *f*
clinica *f* **termale** Kurklinik *f*
Club *m* **Automobilistico Tedesco**
Allgemeiner Deutscher Automobil-Club *m*
(Abk.: ADAC)
Club *m* **Ciclistico Nazionale Tedesco**
Allgemeiner Deutscher Fahrrad-Club *m*
(Abk.: ADFC)
club *m* **di coloro che vanno in crociera** Kreuzfahrerclub *m*
club *m* **per bambini** Kinderclub *m*
club *m* **vacanze** Ferienclub *m*
coda *f* Heck *n (aer.)*

codice *m* agente Agent-Code *m*
codice *m* civile Bürgerliches Gesetzbuch
n (Abk.: BGB)
codice *m* del commercio Handelsgesetzbuch *n (Abk.: HGB)*
codice *m* delle attività lucrative indipendenti Gewerbeordnung *f (Abk.:
GewO)*
codice *m* di comportamento Verhaltenscodex *m*
codice *m* di condotta Richtungscode *m*
codice *m* di identificazione a due
sigle per le compagnie aeree Zweibuchstabenkürzel *n* für Fluggesellschaften
codice *m* di identificazione a tre sigle
Drei-Buchstaben-Kürzel *n (aeroporti/
città)*
coercitivo obligatorisch
coincidenza *f* aerea Umsteigeflug *m*,
Weiterflug *m*
colazione *f* americana Amerikanisches
Frühstück *n*
colazione *f* continentale Kontinentales
Frühstück *n*
collaboratore *m* Mitarbeiter *m*
collaboratrice *f* Mitarbeiterin *f*
collegamento *m* a grande distanza
Fernverkehrsanbindung *f*
collegamento *m* a lunga distanza in
autobus Fernbusverbindung *f*
collegamento *m* aereo d'inizio o fine
giornata Tagesrandverbindung *f*
collegamento *m* combinato tra Puttgarden e Rödby Vogelfluglinie *f (ferroviario e marittimo)*
collegamento *m* errato Fehlanschlussverbindung *f*
collegamento *m* ferroviario a lungo
percorso Fernzugverbindung *f*
collegamento *m* giornaliero Tagesverbindung *f*
collegamento *m* stradale Verkehrsverbindung *f*
collegio *m* arbitrale per la determinazione delle tariffe Schlichtungsrunde *f*
bei Tarifauseinandersetzungen
colonnina *f* di emergenza Notrufsäule *f*
colonnina *f* telefonica per la chiamata
taxi Taxirufsäule *f*
colpa *f* grave grobe Fahrlässigkeit *f*
colpo *m* di sonno Sekundenschlaf *m*
combinazione *f* terra-mare Land-Schiff-
Kombination *f*

comitato *m* consultivo delle agenzie
di viaggi Reisebürobeirat *m*
comitato *m* consultivo delle agenzie
di viaggi e dei servizi ferroviari delle
Agenzie delle Ferrovie Tedesche
Reisebüro-Bahn-Beirat *m* der DB-
Agenturen *(Abk.: RBB)*
comitato *m* consultivo di esperti
Sachverständigenbeirat *m*
comitato *m* consultivo sul turismo
Tourismusbeirat *m*, Beirat *m* für Tourismusfragen
comitato *m* dei rappresentanti Vertreterausschuss *m*
comitato *m* dei soci Partnerausschuss
m
Comitato *m* del Turismo Bund–Länder
Bund–Länder-Ausschuss *m* Tourismus
comitato *m* di conciliazione Vermittlungsausschuss *m*
comitato *m* di coordinamento Lenkungsausschuss *m*
comitato *m* di lavoro Arbeitsgemeinschaft *f*
comitato *m* di lavoro degli operatori
turistici touristische Arbeitsgemeinschaft *f*
comitato *m* di lavoro delle regioni
dell'arco alpino Arbeitsgemeinschaft *f*
der Alpenländer *(Abk.: Arge ALP)*
comitato *m* direttivo Lenkungsausschuss *m*
comitato *m* lavorativo "Casse Attive"
Arbeitskreis *m* Aktiver Counter *(agenti di
viaggio)*
Comitato *m* Lavorativo del Turismo
Trekking e di Spedizione Arbeitskreis
m Trekking- und Expeditionstourismus
(Abk.: ATE)
Comitato *m* Lavorativo dell'Associazione Affiliati DER con Licenza delle Ferrovie Tedesche Arbeitsausschuss *m* der Gesamtgemeinschaft deutscher DER-Vertretungen mit DB-Lizenz
(Abk.: AAGG/DB)
Comitato *m* Lavorativo di Agenzie di
Viaggio Indipendenti Arbeitskreis *m*
selbstständiger Reisebüros *(Abk.: ASR)*
comitato *m* lavorativo di cooperazione europea Arbeitskreis *m* Europäischer Kooperationen
comitato *m* per il turismo Ausschuss *m*
für Tourismus

comitato

26

comitato *m* **turistico** Tourismuspräsidium *n*

comitiva *f* **di viaggio** Reisegruppe *f*

commercialista *m* Diplomkaufmann FH *m*

commercializzazione *f* Marketing *n*

commercializzazione *f* **delle manifestazioni** Event-Marketing *n*

commercializzazione *f* **esterna** Außenmarketing *n*

commercializzazione *f* **interna** Innenmarketing *n*

commerciante *m* Vermarktungsunternehmen *n*

commerciante *m* **a tutti gli effetti** Vollkaufmann *m*

commercio *m* Handel *m*

commercio *m* **al dettaglio** Einzelhandel *m*

commercio *m* **all'ingrosso** Großhandel *m*

commercio *m* **del turismo** Tourismusbranche *f*

commercio *m* **estero** Außenhandel *m*

commesso *m* Verrichtungsgehilfe *m*

commissario *m* **di bordo** Zahlmeister *m*

commissione *f* Vermittlungsgebühr *f* *(finanza)*; Provision *f*

commissione *f* **d'inchiesta** Enquetekommission *f*

Commissione *f* **Parlamentare per il Turismo** Vollausschuss *m*

commissione *f* **zero** Nullprovision *f*

compagna *f* **di viaggio** Reisebegleiterin *f*, Mitreisende *f*

compagnia *f* **aerea** Fluggesellschaft *f*, Luftverkehrsgesellschaft *f*, Luftfahrtgesellschaft *f*, Luftverkehrsunternehmen *n*

compagnia *f* **aerea a basso costo** Billigfluggesellschaft *f*

compagnia *f* **aerea charter** Ferienfluggesellschaft *f*

compagnia *f* **aerea di voli charter** Charterfluggesellschaft *f*, Bedarfsfluggesellschaft *f*

compagnia *f* **aerea principale** Großfluggesellschaft *f*

compagnia *f* **aerea regionale** Regionalfluggesellschaft *f*

compagnia *f* **affiliata** Tochtergesellschaft *f*

compagnia *f* **di assicurazioni** Versicherungsunternehmen *n*

compagnia *f* **di bandiera** Linienfluggesellschaft *f*, Netzcarrier *m*

compagnia *f* **di crociera** Kreuzfahrtgesellschaft *f*

compagnia *f* **di navigazione di crociere fluviali** Flusskreuzfahrtenreederei *f*

compagnia *f* **di navigazione di linea** Linienreederei *f*

compagnia *f* **marittima** Reederei *f*, Schifffahrtsgesellschaft *f*

compagnia *f* **navale** Reederei *f*, Schifffahrtsgesellschaft *f*

compagnia *f* **sussidiaria** Tochtergesellschaft *f*

compagno *m* **di viaggio** Reisebegleiter *m*, Mitreisende *m*

comparazione *f* **interaziendale** Betriebsvergleich *m*

compatibilità *f* Kompatibilität *f*, Austauschbarkeit *f*

compenso *m* Vergütung *f*

compenso *m* **per il lavoro straordinario nei giorni festivi e di domenica** Sonn- und Feiertagsvergütung *f*

competenza *f* **principale** Kernkompetenz *f*

competitività *f* Wettbewerbsfähigkeit *f*

complesso *m* **industriale** Konzern *m*

complesso *m* **alberghiero subacqueo** Unterwasser-Hotelsiedlung *f*

complesso *m* **sauna** Sauna-Landschaft *f*

comportamento *m* **di fiducia reciproca semicontrattuale** vertragsähnliches Vertrauensverhältnis *n*

comportamento *m* **durante i viaggi-vacanza** Urlaubsreiseverhalten *n*

composizione *f* **dell'assortimento** Sortimentsgestaltung *f*

comprimere *v* komprimieren

compromesso *m* Vergleich *m*

computer *m* **centrale** Hauptcomputer *m*, Zentralrechner *m*

computer *m* **principale** Großrechner *m*

computisteria *f* Nachkalkulation *f*

comunicazione *f* **radiomobile** Mobilfunk *m*

Comunità *f* **Europea** Europäische Gemeinschaft *f*

concessione *f* **di licenza** Lizenzierung *f*

concessione *f* **di slots** Slotvergabe *f*

concetto *m* **aziendale** Unternehmenskonzept *n*

concetto *m* **di risanamento** Sanierungskonzept *n*

concetto *m* **nicchia** Marktnischenkonzept *n* *(strategia di mercato)*

concetto *m* **pubblicitario** Werbekonzept *n*

concezione *f* **complessiva** Gesamtkonzeption *f*

concezione *f* **turistica** Tourismuskonzeption *f*

concorrenza *f* Konkurrenz *f*, Wettbewerb *m*

concorrenza *f* **polipolistica** polypolistische Konkurrenz *f* *(tra diversi poli)*

concorso *m* Wettbewerb *m*

condizionatore *m* **d'aria** Klimaanlage *f*

condizioni *fpl* **di trasporto** Beförderungsbedingungen *fpl*

condizioni *fpl* **di trasporto della IATA** Iata-Beförderungsbedingungen *fpl*

condizioni *fpl* **di viaggio** Reisebedingungen *fpl*

condizioni *fpl* **generali d'assicurazione bagagli** Allgemeine Bedingungen *fpl* für die Versicherung von Reisegepäck *(Abk.: AVR)*

condizioni *fpl* **generali d'assicurazione contro le spese di annullamento viaggio** Allgemeine Bedingungen *fpl* für die Reiserücktrittskosten-Versicherung *(in caso di non partenza, di cambiamento, di prenotazione o di interruzione di un viaggio)*

condizioni *fpl* **generali d'assicurazione per l'assistenza di viaggio e il rimpatrio in caso d'emergenza** Allgemeine Bedingungen *fpl* für die Versicherung von touristischen Beistandleistungen und Rücktransportkosten *(Abk.: ABtBR)*

condizioni *fpl* **generali di contratto** Allgemeine Geschäftsbedingungen *fpl* *(Abk.: AGB)*

condizioni *fpl* **generali di contratto per autobus da noleggio** Allgemeine Geschäftsbedingungen *fpl* für den Mietomnibus

condizioni *fpl* **generali di trasporto** Allgemeine Beförderungsbedingungen *fpl* *(Abk.: ABB)*

condizioni *fpl* **generali di viaggio** Allgemeine Reisebedingungen *fpl (Abk.: ARB)*

condizioni *fpl* **quadro** Rahmenbedingungen *fpl*

condotta *f* **di viaggio** Reiseverhalten *n*

conducente *m* Chauffeur *m*

conducente *m* **della propria auto o di un auto noleggiata senza autista** Selbstfahrer *m*

conducente *m* **di autobus turistici** Reisebusfahrer *m*

confederazione *f* Verband *m*

conferenza *f* Konferenz *f*, Tagung *f*, Sitzung *f*, Besprechung *f*

conferenza *f* **dell'Aviazione Civile** Zivilluftfahrtkonferenz *f*

conferenza *f* **delle Nazioni Unite sul diritto marittimo** UN-Seerechtskonferenz *f*

conferenza *f* **nautica** Schifffahrt-Konferenz *f*

conferenza *f* **specializzata** Fachvortrag *m*

conferenza *f* **sugli orari ferroviari** Reisezug-Fahrplankonferenz *f*

conferenza *f* **sul diritto marittimo** Seerechtskonferenz *f*

conferenza *f* **sulle crociere** Kreuzfahrtkonferenz *f*

conferenziere *m* Conférencier *m*

conferma *f* **del viaggio** Reisebestätigung *f*

conferma *f* **del volo di ritorno** Rückflugbestätigung *f*

conferma *f* **di danneggiamento ad un bagaglio** Bestätigung *f* einer Gepäckbeschädigung

conferma *f* **di iscrizione** Anmeldebestätigung *f*

conferma *f* **di prenotazione** Buchungsbestätigung *f*, Reservierungsbestätigung *f*

confronto *m* **competitivo** Wettbewerbsvergleich *m*

congestione *f* Stauung *f*

congestione *f* **aeroportuale** Kapazitätsengpass *m* beim Flugverkehr

congestione *f* **ferroviaria** Stauung *f* von Zügen im Bahnhof

congestione *f* **portuale** Stauung *f* von Schiffen im Hafen

congiuntura *f* Konjunktur *f* *(economica)*

congiuntura *f* **di prosperità** Hochkonjunktur *f*

congresso *m* Kongress *m*, Tagung *f*

connessione *f* Anschluss *m*

connessione *f* **del modulatore** Modemanschluss *m*

consapevolezza *f* **turistica** Tourismusbewusstsein *n*

consegna *f* **bagagli** Gepäckausgabe *f*

consegna *f* **del biglietto alla partenza** Tickethinterlegung *f*

consiglio *m* **per la conservazione dei monumenti storici** Rat *m* für Denkmalpflege

consolato *m* Konsulat *n*, Auslandsvertretung *f*

consolato *m* **generale** Generalkonsulat *n*

console *m* Konsul *m*

console *m* **onorario** Honorarkonsul *m*

consolidatore *m* Consolidator *m*, Ticketgroßhändler *m*

consorella *f* Schwestergesellschaft *f*

consorzio *m* Arbeitsgemeinschaft *f*, Genossenschaft *f*

consorzio *m* **di acquisto posti voli** Arbeitsgemeinschaft *f* Flugeinkauf

consorzio *m* **turistico** Verkehrsverband *m*, Tourismusverband *m*

consuetudine *f* **di un paese** Landesüblichkeit *f*

consulente *m(f)* **del tempo libero** Freizeitberater(in) *m(f)*

consulente *m(f)* **di viaggio** Reiseberater(in) *m(f)*

consulenza *f* **per l'aiuto all'insediamento** Existenzaufbauberatung *f*, Existenzgründungsberatung *f*

consumatore *m* Verbraucher *m*

contabilità *f* Rechnungswesen *n*

contabilità *f* **del salario** Gehaltsbuchhaltung *f*

contabilità *f* **generale** Finanzbuchhaltung *f*

conteggio *m* **finale** Abrechnung *f*

conteggio *m* **finale delle spese di viaggio** Reisekostenabrechnung *f (Abk.: RKA)*

contesto *m* **residenziale** Wohnumfeld *n*

contingente *m* Kontingent *n*

conto *m* Rechnung *f*

conto *m* **bancario** Bankkonto *n*

conto *m* **economico** Gewinn- und Verlustrechnung *f*

conto *m* **economico nazionale** volkswirtschaftliche Gesamtrechnung *f*

conto *m* **miglia accumulate** Meilenkonto *n*

conto *m* **profitti e perdite** Gewinn- und Verlustrechnung *f*

conto *m* **provvisorio** Zwischenrechung *f*

contraente *m* Vertragspartner *m*

contrassegnare *v* profilieren

contrassegno *m* **nazionale** Nationalitätskennzeichen *n*

contratto *m* Vertrag *m*

contratto *m* **collettivo sui salari** Tarifvertrag *m*

contratto *m* **d'affitto** Mietvertrag *m*

contratto *m* **d'agente commerciale** Handelsvertretervertrag *m*

contratto *m* **d'agenzia** Agenturvertrag *m*, Vermittlungsvertrag *m*

contratto *m* **d'albergo** Beherbergungsvertrag *m*, Gastaufnahmevertrag *m*

contratto *m* **d'area** Flächentarifvertrag *m*

contratto *m* **di annullamento** Aufhebungsvertrag *m*

contratto *m* **di approvvigionamento** Bewirtungsvertrag *m*

contratto *m* **di assicurazione aerea** Luftversicherungsvertrag *m*

contratto *m* **di campeggio** Campingvertrag *m*

contratto *m* **di compravendita** Kaufvertrag *m*

contratto *m* **di esclusività** Ausschließlichkeitsbindung *f*

contratto *m* **di fornitura della birra** Bierlieferungsvertrag *m*

contratto *m* **di franchigia** Franchisevertrag *m*

contratto *m* **di franchising** Franchisevertrag *m*

contratto *m* **di gestione d'affari** Geschäftsbesorgungsvertrag *m*

contratto *m* **di lavoro** Arbeitsvertrag *m*, Dienstvertrag *m*

contratto *m* **di locazione** Mietvertrag *m*, Pachtvertrag *m*

contratto *m* **di opzione** Optionsvertrag *m*

contratto *m* **di passaggio** Passagevertrag *m*

contratto *m* **di prenotazione d'albergo** Hotelreservierungsvertrag *m*

contratto *m* **di prestazioni di servizi** Vermittlungsvertrag *m*

contratto *m* **di rappresentanza** Vertretervertrag *m*

contratto *m* **di revoca** Aufhebungsvertrag *m*

contratto *m* di servizio Dienstvertrag *m*
contratto *m* di trasporto Beförderungsvertrag *m*
contratto *m* di vendita Kaufvertrag *m*
contratto *m* di viaggio Reisevertrag *m*
contratto *m* d'opera Werkvertrag *m*
contratto *m* per il pernottamento
Übernachtungsvertrag *m*
contratto *m* preliminare Vorvertrag *m*
contratto *m* quadro per prestazione di
servizi Rahmendienstleistungsvertrag *m*
contributo *m* della previdenza sociale
Sozialversicherungsbeitrag *m*
contributo *m* di coperture Deckungsbeitrag *m*
contributo *m* per le spese di viaggio
Reisekostenzuschuss *m*
controllo *m* dei biglietti Fahrkartenkontrolle *f*
controllo *m* del mercato Marktbeherrschung *f*
controllo *m* del traffico aereo tedesco
Deutsche Flugsicherung *f (Abk.: DFS)*
controllo *m* del traffico aeroportuale
Vorfeldkontrolle *f* auf Flughäfen
controllo *m* delle spese di viaggio
Reisekostenkontrolle *f*
controllo *m* delle vendite Verkaufssteuerung *f*
controllo *m* di sicurezza Sicherheitskontrolle *f*, Sicherheitscheck *m*
controllo *m* d'identità Identitätsprüfung *f*
controllo *m* doganale Zollkontrolle *f*
controllo *m* in uscita Auschecken *n*
(check out)
controllo *m* passaporti Passkontrolle *f*
controllo *m* radar Radarkontrolle *f*
controllore *m* Schaffner *m*
controllore *m* del vagone letto Schlafwagenschaffner *m*
conurbazione *f* Ballungsraum *m*
convalescenza *f* Erholung *f*
convegno *m* Kongress *m*
convenzione *f* Abkommen *n*
Convenzione *f* di Atene Athener Abkommen *n*
Convenzione *f* di Bruxelles sul contratto di viaggio Brüsseler Übereinkommen *m* über den Reisevertrag
Convenzione *f* di Chicago Abkommen *n*
von Chicago, Chicagoer Abkommen *n*
Convenzione *f* di Parigi sulla navigazione aerea Pariser Luftverkehrsabkommen *n*

Convenzione *f* di Varsavia Warschauer
Abkommen *n (Abk.: WA)*
convenzione *f* internazionale ferroviaria Eisenbahnstaatsvertrag *m*
convenzione *f* sull'Aviazione Civile
internazionale Abkommen *n* über die
internationale Zivilluftfahrt
convenzioni *fpl* Konventionen *fpl*
convergenza *f* Konvergenz *f*
convergenza *f* dei media Medienkonvergenz *f*
conversazione *f* Unterhaltung *f*
conversazione *f* multipla Fernsprechkonferenz *f*
convertibilità *f* Konvertibilität *f*
cooperativa *f* Genossenschaft *f*
cooperativa *f* di credito Kreditgenossenschaft *f*
cooperativa *f* di mercato Werbegemeinschaft *f*
cooperativa *f* di mercato della regione
del Reno Rhein-Werbegemeinschaft *f*
cooperativa *f* di professionisti Berufsgenossenschaft *f*
cooperativa *f* di trasporto Verkehrsgemeinschaft *f*
cooperativa *f* di uffici Bürogemeinschaft
f
cooperativa *f* tedesca di eco-banche
Ökobank *f (banche etiche)*
cooperazione *f* Kooperation *f*
cooperazione *f* del marketing di città
storiche della Germania Historische
Städte *fpl* Deutschlands
cooperazione *f* di marketing Marketingzusammenarbeit *f*
cooperazione *f* di marketing dei paesi
della riviera tedesca Küstenland-Werbegemeinschaft *f*
cooperazione *f* orizzontale horizontale
Kooperation *f*
cooperazione *f* regionale Gebietsgemeinschaft *f*
cooperazione *f* tra città Städtekooperation *f*
cooperazione *f* tra le agenzie di viaggi
Reisebürokooperation *f*
cooperazione *f* verticale vertikale
Kooperation *f*
coordinazione *f* dei visitatori Besucherlenkung *f*
coperta *f* Deck *n*
coperto *m* Bedienungsgeld *n*, Kuvert *n*

copertura *f* **assicurativa** Versicherungsschutz *m*

copertura *f* **delle spese addizionali** Mehrkosten-Schutz *m*

copertura *f* **delle spese di annullamento** Stornokosten-Schutz *m (polizza di annullamento viaggio in caso di impossibilità di partenza, di modifica o interruzione del viaggio)*

copertura *f* **di viaggio annuale per viaggi di piacere e d'affari** Jahres-Reiseschutz *m* für Freizeit-und Geschäftsreisen

copertura *f* **di viaggio complementare** Ersatzreise-Schutz *m (polizza assicurativa a copertura dei costi aggiuntivi)*

copertura *f* **di viaggio completa** Ferien-Kompaktschutz *m (polizza assicurativa speciale che copre tutti i rischi durante le vacanze)*

copilota *m* Copilot *m*

coprileto *m* Oberdeck *n*

cordone *m* **litoraneo** Nehrung *f*

corkage *m* Korkengeld *n (somma che il cliente di un ristorante paga per farsi stappare bottiglie di vino comprate altrove)*

corrente *f* **del Golfo** Golfstrom *m*

correnti *fpl* **a getto molto forti** Starkwindbänder *npl*

correttezza *f* **delle informazioni contenute in un catalogo** Prospektwahrheit *f*

corridoio *m* Gang *m (corridoio)*

corridoio *m* **aereo** Luftkorridor *m*

corriera *f* **interurbana** Überlandbus *m*

corriere *m* Verkehrsträger *m*

corsi *mpl* **per il passatempo durante le vacanze** Hobby-Ferienkurs *m*

corso *m* Kurs *m (lezione)*

corso *m* **a distanza sul turismo** Fernlehrangebot *n* im Tourismus

corso *m* **d'acqua** Gewässer *n*

corso *m* **del cambio** Devisenkurs *m*

corso *m* **di addestramento alla sicurezza** Sicherheitstraining *n*

corso *m* **di aggiornamento** Weiterbildungslehrgang *m*

corso *m* **di formazione di indirizzo turistico** tourismusorientierter Studiengang *m*

corso *m* **di formazione e di aggiornamento** Aus- und Weiterbildung *f*

corso *m* **di formazione e di aggiornamento professionale** berufliche Aus- und Weiterbildung *f*

corso *m* **di formazione sul prodotto e sulla tecnica di vendita** Produkt- und Verkaufsschulung *f*

corso *m* **di perfezionamento in turismo** Fortbildungsangebot *n* im Tourismus

corso *m* **di salvataggio** Sicherheitstraining *n*

corte *f* **arbitrale** Schiedsgericht *n*

costa *f* Küste *f*

costi *mpl* **alternativi** alternative Kosten *pl*

costi *mpl* **aziendali** Betriebskosten *pl*

costi *mpl* **di rimpatrio** Rücktransportkosten *pl*

costi *mpl* **di storno** Stornokosten *pl*

costi *mpl* **di viaggio** Reiseausgaben *fpl*, Reisekosten *pl*, Spesen *pl*

costi *mpl* **di viaggio indiretti** indirekte Reisekosten *pl*

costi *mpl* **fissi** fixe Kosten *pl*

costi *mpl* **opportunità** Opportunitätskosten

costi *mpl* **variabili** variable Kosten *pl*

costo *m* Preis *m*

costo *m* **del viaggio** Reisepreis *m*

costume *m* Brauchtum *n*

coupon *m* Gutschein *m*

coupon *m* **di viaggio** Reisegutschein *m*

credito *m* Kredit *m*, Gutschrift *f*

credito *m* **di avallo** Avalkredit *m*

credito *m* **d'investimento** Investitionskredit *m*

credito *m* **miglia accumulate** Meilenguthaben *n*

creditore *m* Kreditor *m*, Gläubiger *m*

crescita *f* Wachstum *n*

crescita *f* **economica** Wirtschaftswachstum *n*

crescita *f* **qualitativa** qualitatives Wachstum *n*

criteri *mpl* **di convergenza** Konvergenzkriterien *fpl*

criteri *mpl* **di Maastricht** Maastricht-Kriterien *npl*

criterio *m* **della classificazione alberghiera** Kriterium *n* der Hotelklassifizierung

criterio *m* **di valutazione** Bewertungsmaßstab *m*

crociera *f* Kreuzfahrt *f*, Schiffsreise *f*, Seereise *f*

crociera *f* a tema Themenkreuzfahrt *f*,
Erlebniskreuzfahrt *f*
crociera *f* aerea Flugrundreise *f*
crociera *f* breve Kurzkreuzfahrt *f*
crociera *f* circolare Turnuskreuzfahrt *f*
crociera *f* classica klassische Kreuzfahrt
f
crociera *f* con l'aereo Kreuzfahrt *f* mit
dem Flugzeug *(Kreuzflug)*
crociera *f* costiera Küstenkreuzfahrt *f*
crociera *f* d'avventura Erlebniskreuzfahrt *f*
crociera *f* di spedizione Expeditionskreuzfahrt *f*
crociera *f* fluviale Flusskreuzfahrt *f*
crociera *f* in barcone Windjammerkreuzfahrt *f*
crociera *f* in treno Schienenkreuzfahrt *f*
crociera *f* tra le isole Inselkreuzfahrt *f*
crociera *f* tradizionale klassische Kreuzfahrt *f*
crollo *m* Absturz *m*
cuccetta *f* Liegeplatz *m*
cultura *f* aziendale Unternehmenskultur *f*
cultura *f* industriale Industriekultur *f*
cuoca *f* Köchin *f*
cuoco *m* Koch *m*
cura *f* Kur *f*
cura *f* di riabilitazione Rehabilitationskur
f
curiosità *f* sul mondo Weltneugierde *f*

D

danno *m* Verlust *m*
danno *m* alle persone Personenschaden
m
danno *m* materiale Sachschaden *m*
data *f* di chiusura Ausschlusszeit *f*
data *f* di partenza Abflugdatum *n*
date *fpl* di vacanza Ferientermine *mpl*
dati *mpl* generali Stammdaten *pl*
dati *mpl* ordinari Stammdaten *pl*
dati *mpl* sulla criminalità emersi da
investigazioni poliziesche polizeiliche
Fahndungsdaten *pl*
datore *m* di lavoro Arbeitgeber *m*
dazio *m* Zoll *m*
debitore *m* Debitor *m*, Schuldner *m*
debitore *m* principale Hauptschuldner *m*
decadenza *f* Verwirkung *f*

decisione *f* di fare un viaggio Reiseentscheidung *f*
declino *m* Talfahrt *f* *(economia)*
decollo *m* Abflug *m*
decollo *m* previsto planmäßiger Abflug
m
decreto *m* Verordnung *f*
deficienza *f* Mangel *m*
deficit *m* di bilancio Haushaltsdefizit *n*
definizione *f* di classe delle compagnie aeree Klassendefinition *f* der Fluggesellschaften
deflazione *f* Deflation *f*
deliberazione *f* Verhandlung *f*
demolizione *f* Abwracken *n*
denaro *m* corrotto Schmiergeld *n*
denaro *m* in contanti Bargeld *n*
denominazione *f* monetaria Währungsangabe *f*
denuncia *f* di inizio attività Gewerbeanmeldung *f*
denuncia *f* di smarrimento Verlustanzeige *f*
deposito *m* Deposit *n*
deposito *m* bagagli Gepäckaufbewahrung *f*
deposito *m* bagagli automatico Gepäckschließfach *n*
deposito *m* biglietti Tickethinterlegung
f
deposito *m* cauzionale Kaution *f*
deposito *m* di biglietto aereo Flugscheinhinterlegung *f*
depressione *f* Depression *f*
deprezzamento *m* Minderung *f*
deprezzamento *m* valutario Geldentwertung *f*
deregolamentazione *f* Deregulation *f*,
offener Himmel *m*
descrizione *f* del territorio Ortsbeschreibung *f*
destinatari *mpl* Zielgruppe *f*
destinazione *f* Destination *f*, Zielgebiet *n*
destinazione *f* della vacanza Urlaubsziel *n*
destinazione *f* dell'escursione Ausflugsziel *n*
destinazione *f* finale Zielort *m* *(turistica)*
destinazione *f* turistica Touristikziel *n*
destinazioni *fpl* turistiche Reiseländer
npl
detrazione *f* Abschreibung *f*
deviazione *f* Umleitung *f*
diagramma *m* Diagramm *n*

diario *m* **di bordo** Schiffstagebuch *n*
dichiarazione *f* **dei redditi** Einkommen-steuererklärung *f*
dichiarazione *f* **di esonero da responsabilità** Enthaftungserklärung *f*
dichiarazione *f* **di responsabilità** Haftungserklärung *f*
dichiarazione *f* **d'immigrazione** Einreiseerklärung *f*
difetto *m* Mangel *m*
differenziazione *f* Differenzierung *f*
differenziazione *f* **del prodotto** Produktdifferenzierung *f*
difformità *f* **dei servizi turistici** Reisefehler *m*
digitale digital
digitalizzazione *f* Digitalisierung *f*
dilazione *f* Moratorium *n*
dilazione *f* **di pagamento** Zahlungsaufschub *m*
diminuzione *f* **dell'emissione di agenti inquinanti** Rückgang *m* des Schadstoffausstoßes
dimissione *f* **del personale** Kündigung *f* von Mitarbeitern
dintorni *mpl* Umland *n*
dipartimento *m* **di viaggio in un'impresa** Firmenreisestelle *f*, Reisestelle *f*, Implant *n*
dipartimento *m* **immigrazione** Einwanderungsbehörde *f*
diploma *m* **di maturità** allgemeine Hochschulreife *f*
direttiva *f* Richtlinie *f (Abk.: RL)*
direttiva *f* **comunitaria sui viaggi tutto compreso** EU-Richtlinie *f* über Pauschalreisen
direttiva *f* **europea sul commercio a distanza** Distanzhandelsrichtlinie *f* der EU
direttiva *f* **sulla metodologia statistica del turismo** Tourismusstatistikrichtlinie *f*
direttiva *f* **ufficiale** hoheitliche Anordnung *f (ritiro o restrizione delle leggi sul diritto di atterraggio, sulla chiusura delle frontiere, sui disastri naturali, le avarie e sulla distruzione degli alloggi)*
direttore *m* **d'albergo** Hoteldirektor *m*, Hotelmanager *m*
direttore *m* **di sala** Restaurantdirektor *m*
direttore *m* **generale nel settore alberghiero** Generaldirektor *m* im Hotelbereich

direzione *f* **aziendale** Betriebsleitung *f*
direzione *f* **della qualità** Qualitätsmanagement *n*
direzione *f* **della vemdite** Verkaufssteuerung *f*
direzione *f* **turistica dell'Unione Europea** Direktorat *n* D für Tourismus der EU
dirigibile *m* Starrluftschiff *n*
diritti *mpl* **portuali** Hafengeld *n*
diritto *m* **ad un periodo annuale di ferie retribuite** Urlaubsanspruch *m*
diritto *m* **alla provvigione** Provisionsanspruch *m*
diritto *m* **all'indennizzo** Schadenersatzanspruch *m*
diritto *m* **amministrativo** Bearbeitungsgebühr *f*
diritto *m* **d'autore** Urheberrecht *n (copyright)*
diritto *m* **dei passeggeri** Fluggastrecht *n (aer.)*
diritto *m* **del passeggero** Passagierrecht *n*, Fahrgastrecht *n*
diritto *m* **del traffico aereo** Flugstreckenrecht *n*
diritto *m* **del trasporto** Beförderungsrecht *n*
diritto *m* **del viaggio individuale** Individualreiserecht *n*
diritto *m* **di ognuno** Jedermannsrecht *n*
diritto *m* **di pegno** Pfandrecht *n*
diritto *m* **di recesso** Verfallsoption *f*
diritto *m* **di responsabilità** Haftungsrecht *n*
diritto *m* **di riduzione** Minderungsanspruch *m*
diritto *m* **di rimborso** Minderungsanspruch *m*
diritto *m* **di stabilimento e di libera prestazione di servizi** Niederlassungsfreiheit *f*
diritto *m* **d'usufrutto e di godimento di beni immobili nazionali e stranieri** Wohn- und Nutzungsrecht *n* an in- und ausländischen Immobilien *(multiproprietà)*
diritto *m* **legale** Rechtsanspruch *m*
disavanzo *m* Zahlungsverzug *m*
disavanzo *m* **pubblico** Haushaltsfehlbetrag *m*
discesa *f* Talfahrt *f*, Abfahrt *f (sci)*
disco *m* **orario** Parkscheibe *f*
discussione *f* **accademica** Symposium *n*

display *m* **della disponibilità ricettiva** Verfügbarkeitsanzeige *f*

disponibilità *f* Verfügbarkeit *f*

disponibilità *f* **di posto in aereo** Flugplatzverfügbarkeit *f*

disposizione *f* Bestimmung *f*

disposizione *f* **di legge** gesetzliche Bestimmung *f*

disposizione *f* **doganale** Zollbestimmung *f*

disposizione *f* **legislativa** Gesetzliche Bestimmung *f*

disposizione *f* **posti** Bestuhlungsvariante *f*

disposizione *f* **sull'ammissione al traffico aereo** Luftverkehrszulassungsordnung *f (Abk.: LZO)*

disposizioni *fpl* **sull'esportazione** Ausfuhrbestimmungen *fpl*

distanza *f* Wegstrecke *f*

distanza *f* **dalla spiaggia** Strandentfernung *f*

distanza *f* **in linea d'aria** Flugstrecke *f*

distanza *f* **massima in miglia** Maximalentfernung *f* in Meilen *(navigazione aerea)*

distanza *f* **tra i sedili** Sitzabstand *m*

distintivo *m* **portanome** Namensschild *m*

distretto *m* Revier *n*

distributore *m* Vertretung *f*, Vetriebsgesellschaft *f*

distributore *m* **automatico di banconote** EC-Geldautomat *m (sportello automatico)*

distributore *m* **automatico di biglietti** Fahrkartenautomat *m*

distribuzione *f* **del materiale pubblicitario** Werbemittelvertrieb *m*

distribuzione *f* **diretta** Direktvertrieb *m*, direkter Vertrieb *m*

distribuzione *f* **diretta attraverso le proprie filiali** Eigenvertrieb *m*, Konzernvertrieb *m*

distribuzione *f* **elettronica** elektronischer Vertrieb *m*

distribuzione *f* **esterna alla categoria** branchenfremder Vertrieb *m*

disturbo *m* **del servizio** Leistungsstörung *f*

diversificazione *f* Diversifikation *f*

divertimento *m* Unterhaltung *f*

divertimento *m* **della vacanza** Urlaubsfreude *f (diritto al risarcimento del danno da vacanza rovinata)*

dividendo *m* Gewinnbeteiligung *f*

divieto *m* **di balneazione** Badeverbot *n*

divieto *m* **di circolazione** Fahrverbot *n*

divieto *m* **di praticare sconti sulle vendite di viaggi "tutto compreso"** Rabattverbot *n* beim Verkauf von Pauschalreisen

divieto *m* **di viaggiare** Reiseverbot *n*

divieto *m* **di volo notturno** Nachtflugverbot *n*

divisione *f* **antitrust** Kartellbehörde *f*

doccia *f* Dusche *f*

documento *m* Dokument *n*, Beleg *m*

documento *m* **d'espatrio** Ausreiseformular *n*

documento *m* **di circolazione ordinario** Standardverkehrsdokument *n*

documento *m* **di credito** Wertpapier *n*

documento *m* **di riconoscimento aziendale** Firmenausweis *m*

documento *m* **di trasporto** Transportdokument *n*

documento *m* **di viaggio** Reisedokument *n*, Reiseunterlage *f*

documento *m* **d'identità** Ausweis *m*

dogana *f* Zoll *m*

domanda *f* Anfrage *f*

domanda *f* **di servizi turistici** touristische Nachfrage *f*

domenica *f* **senz'auto** autofreier Sonntag *m*

domeniche *fpl* **profumate** Duftsonntage *mpl*

domicilio *m* **di vacanza** Urlaubsdomizil *n*

dominio *m* **del mercato** Marktbeherrschung *f*

dominio *m* **economico** Wirtschaftsstandort *m*

dormitorio *m* Schlafsaal *m*

dovere *m* Obliegenheit *f*

dovere *m* **di discrezione** Verschwiegenheitspflicht *f*

durante gli anni zwischen den Jahren

durata *f* **del soggiorno** Aufenthaltsdauer *f*

durata *f* **del viaggio** Reisedauer *f*

durata *f* **di formazione** Ausbildungsdauer *f*

E

eccesso *m* di capacità ricettiva Überkapazität *f*

ecobilancio *m* Ökobilanz *f*

ecologia *f* Ökologie *f*

economa *f* delle fiere, delle conferen-
ze e dei congressi commerciali
Fachwirtin *f* für die Messe, Tagungs- und
Kongresswirtschaft

economia *f* assistenziale pubblica
Wohlfahrtsökonomie *f*

economia *f* clandestina Schattenwirtschaft *f*

economia *f* di mercato Marktwirtschaft
f

economia *f* dirigistica Kommandowirtschaft *f*

economia *f* nazionale Volkswirtschaft *f*

economia *f* occulta Schattenwirtschaft *f*

economia *f* pianificata Planwirtschaft *f*

economia *f* pianificata centrale zentrale Planwirtschaft *f*

economia *f* politica Volkswirtschaftslehre
f

economia *f* turistica Tourismuswirtschaft
f, Tourismusökonomie *f*

economicità *f* Wirtschaftlichkeit *f*

economo *m* aziendale Diplombetriebswirt BA *m* *(laurea breve)*, Diplombetriebswirt FH *m* *(laurea)*

economo *m* dei trasporti Verkehrsfachwirt *m*

economo *m* del turismo Tourismusfachwirt *m*, Betriebswirt *m* Reise-
verkehr/Touristik *(qualifica professionale
certificata dalla Camera dell'Industria
dell'Artigianato e del Commercio corrispondente ad una laurea breve in
Economia del Turismo e delle Risorse)*

economo *m* delle fiere, delle confe-
renze e dei congressi commerciali
Fachwirt *m* für die Messe, Tagungs- und
Kongresswirtschaft

ecotassa *f* turistica Ökosteuer *f* für
Touristen

ecoturismo *m* Ökotourismus *m*, sanfter
Tourismus *m*, umweltorientierter Tourismus *m*

edificio *m* annesso all'albergo Dependance *f* Hotel *(dépendance d'hotel)*

effetto *m* esterno externer Effekt *m*

efficienza *f* del personale Mitarbeitereffizienz *f*

elaboratore *m* principale Zentralrechner
m

elaborazione *f* di testi Textverarbeitung *f*
(word processing)

elenco *m* Verzeichnis *n*

elenco *m* dei passeggeri a bordo
Schiffsmanifest *n*

elenco *m* della disponibilità ricettività
Vakanzliste *f*

elettrotreno *m* Triebwagenzug *m*

elicottero *m* Hubschrauber *m*

eliporto *m* Heliport *m*, Hubschrauberbasis
f

emendamento *m* secondo del diritto
marittimo Zweites Seerechtsänderungsgesetz *n*

emigrante *m* Auswanderer *m*

emissione *f* di biglietto aereo Flugscheinausstellung *f*

ente *m* del turismo Verkehrsamt *n*

Ente *m* Nazionale del Turismo *(E.N.I.T)*
Staatliches Italienisches Fremdenverkehrsamt *n*

Ente *m* Nazionale Germanico per il
Turismo Deutsche Zentrale *f* für Tourismus *(Abk.: DZT)*

ente *m* turistico Fremdenverkehrsverband *m* *(statale)*

entità *f* di risarcimento per rischi non
sostenibili Risikoaufschlag *m*

entrata *f* in un paese Einreise *f*

entrate *fpl* Einnahmen *fpl*

entrate *fpl* di valuta estera Deviseneinnahmen *fpl*

equatore *m* Äquator *m*

equipaggio *m* dell'aereo Flugzeugbesatzung *f*

equipaggio *m* di bordo Besatzung *f* an
Bord

eremita *m* Eremitage *f*

esame *m* della camera di commercio
IHK-Prüfung *f*

esame *m* dell'impatto sull'ambiente
Umweltverträglichkeitsprüfung *f* *(Abk.:
UVP)*

esame *m* di plausibilità Plausibilitätsprüfung *f*

esame *m* di stato per amministratori
d'albergo Hotelmeister *m*

escursione *f* Ausflug *m*, Wanderung *f*,
Tour *f*

escursione *f* a terra Landausflug *m* (durante una crociera)

escursione *f* aziendale Betriebsausflug *m*

escursione *f* fluviale Floßfahrt *f*

escursione *f* giornaliera Tagesausflug *m*

escursione *f* in bicicletta Radwanderung *f*

escursione *f* in montagna Bergwandern *n* (trekking)

escursionista *m* Ausflügler *m*

esercitazione *f* alla sicurezza Sicherheitsübung *f*

esercitazione *f* di salvataggio in mare Seenotrettungsübung *f*

esercizio *m* terapeutico Bewegungstherapie *f*

esibizione *f* aerea Luftfahrtausstellung *f*

esibizione *f* interna Hausmesse *f*

esitazione *f* a prenotare Buchungszurückhaltung *f*

esonero *m* Freizeichnung *f*

esonero *m* di responsabilità Haftungsfreizeichnung *f*

espatrio *m* Ausreise *f*

esperienza *f* Erlebnis *n*

esperienza *f* gastronomica Erlebnisgastronomie *f*

esperta *f* d'albergo Hotelfachfrau *f*

esperta *f* dei servizi di ristorazione Restaurantfachfrau *f*

esperta *f* del settore congressuale Tagungsfachfrau *f*

esperta *f* del settore trasporti Verkehrsfachwirtin *f*

esperta *f* del sistema gastronomico Fachfrau *f* für Systemgastronomie

esperto *m* congressuale Kongressfachkraft *f*

esperto *m* d'albergo Hotelfachmann *m*

esperto *m* dei servizi di ristorazione Restaurantfachmann *m*

esperto *m* del settore congressuale Tagungsfachmann *m*

esperto *m* del turismo Touristikfachkraft *f*

esperto *m* IATA Iata-Fachkraft *f*

esperto *m* in conferenze ed eventi tecnologici Fachkraft *f* für Veranstaltungstechnik

esperto *m* nel settore alberghiero e di ristorazione Fachkraft *f* im Gastgewerbe

esperto *m* nel settore alberghiero e gastronomico Fachkraft *f* im Hotel- und Gaststättengewerbe

esperto *m* nel sistema gastronomico Fachmann *m* für Systemgastronomie

esperto *m* nell'ufficio del turismo Fachkraft *f* im Fremdenverkehrsamt

esperto *m* del settore trasporti Verkehrsfachwirt *m*

espletamento *m* delle formalità di accettazione Einchecken *n* (fare il check in)

esportazione *f* Ausfuhr *f*, Export *m*

esposizione *f* Ausstellung *f*

esposizione *f* in albergo Hotelausstellung *f*

esposizione *f* mondiale Weltausstellung *f*

esposizione *f* pubblica allgemeine Ausstellung *f*

esposizione *f* specializzata Fachausstellung *f*

estero *m* Ausland *n* • all'estero im Ausland, ins Ausland

etichetta *f* bagagli Gepäckaufkleber *m*, Kofferanhänger *m*

etichetta *f* ecologica Umweltzeichen *n*

etrusco *m* Etrusker *m*

euregio *m* Euregio *f* (treno regionale)

euro *m* Euro *m*

evento *m* Veranstaltung *f*

evento *m* formativo e di aggiornamento Weiterbildungsveranstaltung *f*

evento *m* legato alla comunicazione di massa e al turismo Medien- und Tourismusereignis *n*

evento *m* sportivo Sportveranstaltung *f*

extracosti *mpl* Nebenkosten *pl*

F

fabbisogno *m* finanziario Kapitalbedarf *m*

fabbricato *m* ad uso abitazione Wohncontainer *m*

facchino *m* Gepäckträger *m*

facilitazione *f* Vergünstigung *f*

facoltà *f* concorrenziale Wettbewerbsfähigkeit *f*

facoltà *f* percettiva Wahrnehmungsvermögen *n*

facoltativo fakultativ
fallimento *m* Konkurs *m*
faraglione *m* Schäre *f*
fare *v* **il corso** flanieren
farmacia *f* **portatile** Reiseapotheke *f*
faro *m* Leuchtfeuer *n*
fattore *m* **di localizzazione** Standortfaktor *m*
fattore *m* **di portata dei posti a sedere** Sitzladefaktor *m*
fattore *m* **di prognosi** Prognosefaktor *m*
fattore *m* **di saturazione** Auslastungsgrad *m*
fattore *m* **economico del turismo** Wirtschaftsfaktor *m* Tourismus
fattore *m* **economico-aziendale** betriebswirtschaftliche Größe *f*
fattoria *f* Bauernhof *m*
fattura *f* Rechnung *f*
fattura *f* **intermedia** Zwischenrechung *f*
fatturato *m* Umsatz *m*
fatturato *m* **nazionale** volkswirtschaftliche Gesamtrechnung *f* *(Abk.: VGR)*
fatturazione *f* Fakturierung *f*
fatturazione *f* **da parte del prestatore di servizi** Leistungsträgerabrechnung *f*
fatturazione *f* **integrale** Vollkostenrechnung *f*
fatturazione *f* **senza emissione di biglietto cartaceo** ticketlose Abrechnung *f*
fax *m* **su richiesta** Abruf-Fax *n*, Fax *n* on Demand, Fax Polling *n*
febbre *f* **della partenza** Reisefieber *n*
Federazione *f* **Italiana Agenzie di Viaggio e Turismo** *(F.I.A.V.E.T.)* italienischer Verband *m* der Reisebüros
Federazione *f* **Tedesca per la Protezione dell'Ambiente e della Natura** Bund *m* für Umwelt- und Naturschutz Deutschland *(Abk.: BUND)*
ferie *fpl* Ferien *pl*, Urlaub *m*
fermata *f* Haltestelle *f*
fermata *f* **di sosta** Unterwegsaufenthalt *m*
ferrovia *f* **a cremagliera** Zahnradbahn *f*
ferrovia *f* **a scartamento ridotto** Schmalspurbahn *f*
ferrovia *f* **delle Alpi** Alpenbahn *f*
ferrovia *f* **di montagna** Bergbahn *f*, Gebirgsbahn *f*
ferrovia *f* **regionale** Regionalbahn *f*
ferrovia *f* **storica** Museumsbahn *f*
ferrovia *f* **tedesca viaggi e turismo** DB-Reise & Touristik *f*

ferrovia *m* **turistica** Touristikbahn *f*
Ferrovie *fpl* **Tedesche** Deutsche Bahn *f* *(Abk.: DB)*
ferroviera *f* Eisenbahnerin *f*
ferroviere *m* Eisenbahner *m*
festa *f* **civile** gesetzlicher Feiertag *m*
festa *f* **della musica** Musikfest *n*
festa *f* **popolare** Volksfest *n*
festa *f* **religiosa** kirchlicher Feiertag *m*
festa *f* **ufficiale** staatlich geschützter Feiertag *m*, geschützter Feiertag *m*
festival *m* **del vino** Winzerfest *n*
fideiussione *f* **bancaria** Bankbürgschaft *f*
fiera *f* **campionaria** Fachmesse *f*
fiera *f* **campionaria per l'industria turistica** Entscheider-Messe *f* der Reisebranche
fiera *f* **campionaria turistica** Tourismusfachmesse *f*
fiera *f* **del turismo** Tourismusmesse *f*, Touristikmesse *f*
fiera *f* **del turista** Tourismusmesse *f*
fiera *f* **generale** Universalmesse *f*
fiera *f* **mondiale** Weltausstellung *f*
fiera *f* **pubblica** Publikumsmesse *f*
fiera *f* **regionale per operatori turistici** Regionalmesse *f* für Touristiker
fiera *f* **turistica** Reisemesse *f*
fiera *f* **universale** Universalmesse *f*
filiale *f* Filialunternehmen *n*
filiale *f* **all'estero** Auslandsvertretung *f*
filiale *f* **di una catena di negozi** Ladeneinheit *f* *(shop-in-shop)*
filobus *m* O-Bus, Trolleybus *m*
finanziamento *m* **anticipato del viaggio** Reisevorfinanzierung *f*
finanziamento *m* **di un progetto** Projektfinanzierung *f*
fine *f* **del viaggio** Reiseende *n*
fiordo *m* Fjord *m*, Förde *f*
firma *f* **autografa** handgeschriebene Unterschrift *f*
firma *f* **digitale** digitale Signatur *f*
firma *f* **elettronica** elektronische Signatur *f*
firmatario *m* Versicherungsträger *m*
flessibilizzazione *f* **del mercato del lavoro** Flexibilisierung *f* des Arbeitsmarktes
flotta *f* Flotte *f*
flotta *f* **bianca** Weiße Flotte *f* *(navi da crociera fluviale e barche escursionisti-*

che di una regione fluviale o di una compagnia navale)
flusso *m* **turistico** Fremdenverkehr *m* (traffico turistico)
fluttuazione *f* **monetaria** Wechselkursschwankung *f*
foce *f* **del fiume** Mündungsgebiet *n* von Flüssen
foglio *m* **d'esame** Prüfungsbogen *m*
fon *m* Haartrockner *m*
Fondazione *f* **per la Protezione della Natura** Stiftung *f* Naturschutz
Fondazione *f* **Willy Scharnow** Willy-Scharnow-Stiftung *f*
fondo *m* **di garanzia** Garantiefonds *m*
Fondo *m* **di Garanzia per il rimpatrio di turisti in caso di insolvenza o di fallimento di una compagnia aerea o di un operatore turistico** Organisationshilfe *f*
fondo *m* **di riserva** Rücklage *f*
Fondo *m* **Monetario Internazionale** Internationaler Währungsfonds *m* (Abk.: IWS)
fondo *m* **monetario per gli scambi internazionali** Reisedevisenfonds *m*
forma *f* **di finanziamento finalizzata** Objektfinanzierungsform *f*
forma *f* **di organizzazione del lavoro** Arbeitsgestaltungsform *f*
forma *f* **speciale del traffico di linea** Sonderform *f* des Linienverkehrs
formalità *f* **di sdoganamento** Abfertigungsverfahren *n*
formazione *f* **alberghiera** Schulungshotel *m*
formazione *f* **di un treno blocco** Blockzugbildung *f*
formazione *f* **post universitaria nel turismo** Aufbaustudium *n* im Tourismus
formazione *f* **professionale alberghiera e di ristorazione** Berufsausbildung *f* im Hotel- und Gaststättengewerbe
formazione *f* **professionale aziendale** betriebliche Ausbildung *f*
formazione *f* **professionale nei trasporti** Berufsausbildung *f* im Verkehrswesen
formazione *f* **professionale scolastica** schulische Berufsausbildung *f*
fornitore *m* Anbieter *m*
fornitore *m* **di servizi** Leistungsträger *m*
fornitore *m* **di servizi turistici indipendente** Eigenveranstalter *m*

foro *m* Forum *n*
foro *m* **competente** Gerichtsstand *m*
forum *m* Forum *n*
forum *m* **di discussione** Podiumsdiskussion *f*
forum *m* **di discussione della ITB per fondatori di imprese** Gründerforum *n* ITB
forum *m* **di discussione sul turismo** Tourismusforum *n*
forza *f* **maggiore** Höhere Gewalt *f*
fotografie *fpl* **della vacanza** Urlaubsbilder *npl*
frammentazione *f* **delle vacanze** Urlaubssplitting *n*
franchigia *f* Selbstbehalt *m*, Franchise *n*
freccia *f* **di colore verde con svolta a destra** Grüner Pfeil *m* (norme di circolazione)
freno *m* **di emergenza** Notbremse *f*
frequenza *f* Frequenz *f*
frequenza *f* **dei viaggi** Reisehäufigkeit *f*
frequenza *f* **delle partenze** Abfahrtsfrequenz *f*
frequenza *f* **delle visite** Besuchshäufigkeit *f*
frontiera *f* Zoll *m*
fumatore *m* Raucher *m*
funicolare *f* Seilbahn *f*, Standseilbahn *f*
funivia *f* Seilbahn *f*, Bergbahn *f*, Seilschwebebahn *f*, Standseilbahn *f*, Gondelbahn *f*, Kabinenseilbahn *f*
funzione *f* **ausiliare** Hilfsfunktion *f*
funzione *f* **della sicurezza stradale** Wegsicherungsfunktion *f*
funzione *f* **di trasporto** Beförderungsfunktion *f*
fusione *f* Zusammenschluss *m*, Fusion *f* (comm.)
fusione *f* **aziendale** Unternehmensfusion *f*
fusione *f* **tra uguali** Fusion *f* unter Gleichberechtigten
fuso *m* **orario** Zeitzone *f*

G

gamma *f* **di prodotti** Sortiment *n*
gara *f* Wettbewerb *m*
gara *f* **d'appalto** Verkaufswettbewerb *m*
gara *f* **d'appalto per le prenotazioni** Buchungswettbewerb *m*

garage *m* Parkhaus *n*
garanzia *f* Bürgschaft *f*, Obligo *n*, Gewährleistung *f*
garanzia *f* **bancaria** Bankgarantie *f*
garanzia *f* **di qualità** Qualitätssicherung *f*
garanzia *f* **di responsabilità** Haftungsgarantie *f*
garanzia *f* **di rimborso** Geldzurückgarantie *f*
garanzia *f* **sulla carta assegni** Scheckkartengarantie *f*
gastronomia *f* Gastronomie *f*
gastronomia *f* **abusiva** Schwarzgastronomie *f*
gastronomia *f* **in centri commerciali**
Handelsgastronomie *f*
Gelbes Lager: campo *m* **giallo** Gelbes
Lager *n* *(recente cambiamento del pro-*
cesso di concentrazione e di riorganizza-
zione nell'industria turistica tedesca, nel
quale il cosidetto "campo rosso" é costi-
tuito da Hapag Lloyd, Thomson Travel ed
il gruppo TUI ed il "campo giallo" dal
gruppo Karstadt, Lufthansa e Thomas
Cook)
gemellaggio *m* **di città** Städtepartnerschaft *f*
generalista *m* Generalist *m*
genuinità *f* Unverfälschbarkeit *f*
geografia *f* Geographie *f*
Germania *f* Deutschland *n*
gestione *f* **amministrativa dei servizi**
turistici Reisemanagement *n*
gestione *f* **aziendale** Unternehmensführung *f*
gestione *f* **centrale degli ordini** zentrale Auftragsverwaltung *f*
gestione *f* **dei contingenti** Kontingentverwaltung *f*
gestione *f* **dei dati** Datenmanagement *n*
gestione *f* **dei reclami** Beschwerdemanagement *n*
gestione *f* **dei viaggi** Reisemanagement *n*
gestione *f* **della qualità** Qualitätsmanagement *n*
gestione *f* **delle crisi** Krisenmanagement
n
gestione *f* **delle destinazioni** Destinationsmanagement *n*
gestione *f* **delle mete turistiche** Zielgebietsmanagement *n*
gestione *f* **delle prenotazioni** Buchungssteuerung *f*
gestore *m* **turistico** Reisebetreiber *m*

gettone *m* **doccia** Duschmünze *f*
ghiacciaio *m* Gletscher *m*
giochi *mpl* **olimpici** Olympische Spiele *npl*
gioco *m* **del golf** Golfspiel *n*
gioia *f* **di andare in vacanze** Ferienglück *n*
giornale *m* **di bordo** Logbuch *n*, Schiffstagebuch *n*
giornalismo *m* **turistico** Reisejournalismus *m*
giornalista *m(f)* **apprendista** Nachwuchs-
journalist(in) *m(f)*
giornata *f* **delle porte aperte** Tag *m* des
offenen Denkmals
giorno *m* **d'arrivo** Ankunftstag *m*, Anreisetag *m*
giorno *m* **di visita alla fiera per il**
pubblico specializzato Fachbesuchertag *m* bei Messen
giorno *m* **festivo** Feiertag *m*
giorno *m* **festivo legale** gesetzlicher
Feiertag *m*
giorno *m* **festivo ufficiale** staatlich
geschützter Feiertag *m*, geschützter
Feiertag *m*
giorno *m* **per i reclami** Beschwerdetag *m*
giramondo *m* Globetrotter *m*, Weltenbummler *m*
girata *f* Sichtvermerk *m* *(comm.)*
giro *m* Tour *f*, Reise *f*, Umlauf *m* *(monetaria)*
giro *m* **a piedi** Rundgang *m*
giro *m* **del mondo in aereo** Weltreise *f*
mit dem Flugzeug
giro *m* **del mondo in nave** Weltreise *f*
mit dem Kreuzfahrtschiff
giro *m* **del mondo in treno** Weltreise *f*
mit der Bahn
giro *m* **della città** Städtereise *f*
giro *m* **di piacere** Spazierfahrt *f*, Vergnügungsfahrt *f*
giro *m* **in aereo** Rundflug *m*
giro *m* **in bicicletta** Radtour *f*
giro *m* **in canotto pneumatico** Schlauchbootfahrt *f*
giro *m* **particolare** Sonderfahrt *f*
giro *m* **turistico** Rundfahrt *f*, Rundreise *f*
giro *m* **turistico a porte chiuse** Rundfahrt *f* mit geschlossenen Türen
giro *m* **turistico del porto** Hafenrundfahrt *f*
giro *m* **turistico della città** Stadtrundfahrt *f*
giro *m* **turistico di due città** Doppelstädtereise *f*

human

giro *m* **turistico guidato** geführte Stadtrundfahrt *f*
giro *m* **turistico in autobus** Busrundreise *f*
gita *f* Ausflug *m*, Wanderung *f*, Spazierfahrt
f, Rundreise *f*, Tour *f*, Reise *f*
gita *f* **di classe** Klassenfahrt *f*
gita *f* **di piacere** Vergnügungsfahrt *f*
gita *f* **domenicale** Sonntagsausflug *m*
gita *f* **giornaliera** Tagesausflug *m*
gita *f* **in campagna** Landausflug *m*
(scampagnata)
gita *f* **in città** Städtereise *f*
gita *f* **panoramica** Rundfahrt *f*
gita *f* **scolastica** Schulfahrt *f*
gita *f* **senza una meta precisa** Fahrt *f*
ins Blaue
gita *f* **speciale** Sonderfahrt *f*
gite *fpl* **in alta montagna** Hochtouren
fpl
giubbetto *m* **di salvataggio** Schwimmweste *f*
globalizzazione *f* Globalisierung *f*
globetrotter *m* Globetrotter *m*, Weltenbummler *m*
gondola *f* Gondel *f*
goniometro *m* Winkelmessgerät *m*
gotico *m* Gotik *f*
grafico *m* Diagramm *n*
grand hotel *m* Grandhotel *n*
gratifica *f* Bonus *m*
grossista *m* **di biglietti turistici** Ticketgroßhändler *m*
gruppo *m* **abc del traffico aereo** ABC-
Gemeinschaft *f*
gruppo *m* **affine** Affinitätsgruppe *f*
gruppo *m* **dei sette più Russia (G8)**
G7-Gruppe *f* plus Russland (G8)
gruppo *m* **di discussione dell'indu-**
stria turistica Gesprächskreis *m* Tourismusindustrie
gruppo *m* **di lavoro** Arbeitsgruppe *f*
gruppo *m* **di lavoro dell'area turistica**
Zielgebietsarbeitsgemeinschaft *f*
gruppo *m* **di studio sul turismo e**
sullo sviluppo sostenibile Studienkreis *m* für Tourismus und Entwicklung
gruppo *m* **di tutela del consumatore**
Verbraucherschutzgruppe *f*
gruppo *m* **di viaggio** Reisegruppe *f*
gruppo *m* **industriale** Konzern *m*
gruppo *m* **industriale integrato** integrierter Konzern *m* (orizzontale e verticale)

gruppo *m* **target** Zielgruppe *f*
guadagno *m* Gewinn *m*
guardarobiera *f* Wäschebeschließerin *f*
guardia *f* **federale di frontiera** Bundesgrenzschutz *m*
guasto *m* Panne *f*
guida *f* **al campeggio** Campingführer
m
guida *f* **al tempo libero** Freizeitbetreuer
m
guida *f* **al turismo** Tourismusführer *m*
guida *f* **alberghiera** Hotelführer *m*
guida *f* **della città** Stadtführer *m* (libro)
guida *f* **di montagna** Bergführer *m*
guida *f* **stradale** Wegweiser *m*
guida *f* **turistica** 1. Reiseleiter(in) *m(f)*,
Reiseführer *m*, Reiseleitung *f*, Fremdenführer *m* (persona); 2. Reiseführer *m*,
Reisehandbuch *n*, Tourismusführer *m*,
Fremdenführer *m* (libro); 3. Stadtbilderklärer *m* (termine usato nell'ex Germania dell' Est)
guida *f* **turistica a bordo** Bordreiseleitung *f*
guida *f* **turistica autorizzata** Gästeführer *m*
guida *f* **turistica locale** Reiseleiter *m* am
Aufenthaltsort
guida *m* **turistica per viaggi di studio**
Studienreiseleiter *m*

H

Hallig *f* Hallig *f* (piccola isola al largo della
costa occidentale dello Schleswig Holstein)
hangar *m* Werft *f* (per aerei)
Hansa *f* **tedesca** Deutsche Hanse *f*
hostess *f* Stewardess *f*, Hostess *f*, Flug-
begleiterin *f*
hostess *f* **congressuale** Kongresshostess *f*
hostess *f* **di bordo** Zimmerkellnerin *f* auf
Kreuzfahrtschiffen
hostess *f* **di fiera** Messehostess *f*
hotel *m* Hotel *n*
hotel *m* **galleggiante** Hotelschiff *m*
hovercraft *m* Luftkissenboot *n*
human gone Hugo (deceduto inatteso
durante un viaggio)

I

I.V.A. f **a dedurre** Vorsteuer f *(Imposta sul Valore Aggiunto)*
iceberg m Eisberg m
icona f Piktogramm m
ideale m Leitbild n
ideale m **turistico** touristisches Leitbild n
identità f **aziendale** Unternehmensidentität f, Unternehmensleitbild n
idoneità f **al viaggio aereo** Flugreisetauglichkeit f
idrovolante m Wasserflugzeug n
imbarcare v einschiffen
imbarcazione f **a motore** bordeigenes Motorboot n
imbarco m **e sbarco** m Ein- und Ausschiffung f
imitazione f **di grandi hotels da parte dei transatlantici** Hotelismus m
immagine f **dell'azienda** Erscheinungsbild n *(corporate identity)*
immissione f Immission f *(di sostanze inquinanti)*
immobile m **turistico** Tourismusimmobilie f
impegno m **volontario** Selbstverpflichtung f
impermeabile m Regenmantel m
impianto m **congressuale** Tagungsstätte f
impianto m **di approvvigionamento** Versorgungseinrichtung f
impianto m **radio-microfono** Funkmikrophonanlage f
impianto m **sportivo** Sporteinrichtung f
impianto m **stagionale** Saisonbetrieb m
impianto m **turistico** Tourismusbetrieb m
impiegata f Angestellte f
impiegato m Angestellte m
impiego m **part-time** geringfügige Beschäftigung f
importazione f Einfuhr f
importo m Import m
importo m **forfetario** Pauschale f
importo m **globale** Pauschale f
imposta f Gebühr f, Steuer f
imposta f **a monte** Vorsteuer f
imposta f **sul valore aggiunto** *(abbr.: IVA)* Mehrwertsteuer f
imposta f **sulle esportazioni** Ausfuhrzoll m

imposta f **sulle vendite** Umsatzsteuer f
imposte fpl Abgaben fpl
imprenditore m Unternehmer m
impresa f **amministrativa** Regiebetrieb m
impresa f **composta da un solo individuo** Ich-AG f
impresa f **comune** Gemeinschaftsunternehmen n
impresa f **di commercializzazione** Vermarktungsunternehmen n
impresa f **di navigazione** Fährunternehmen n
impresa f **di servizi** Dienstleistungsunternehmen n
impresa f **di trasporti aerei** Luftfahrtunternehmen n, Luftverkehrsunternehmen n
impresa f **di trasporto** Beförderungsunternehmen n
impresa f **individuale** Einzelunternehmen n
impresa f **operante nel settore trasporti** Straßenverkehrsunternehmen n
impresa f **principale** Dachunternehmen n *(holding)*
impresa f **turistica** Reiseunternehmen n, Touristikunternehmen n
inadempienza f Nichterfüllung f
inadempimento m **delle prestazioni oggetto del pacchetto turistico** Reisemangel m
incapacità f **di viaggiare** Reiseunfähigkeit f
incassi mpl Einnahmen fpl
incasso m Inkasso n
incasso m **assoluto** Vollinkasso n
incasso m **diretto** Direktinkasso n
incentivo m **statale all'investimento** öffentliche Investitionsförderung f
incontro m Tagung f, Zusammenkunft f
incontro m **di settore** Branchentreff m
incremento m Wachstum n
incremento m **degli utili** Ertragszuwachs m
incremento m **della domanda** Nachfragesteigerung f
incremento m **della produttività** Produktivitätssteigerung f
incremento m **qualitativo** qualitatives Wachstum n
indagine f **demoscopica** Meinungsforschung f

indagine *f* **mensile sulle agenzie di viaggi tedesche** Reisebürospiegel *m*
indagine *f* **sul turismo** Tourismuserhebung *f*
indagine *f* **sulle agenzie di viaggi** Reisebürostudie *f*
indagine *f* **turistica** Tourismuserhebung *f*
indennità *f* **chilometrica** Kilometerpauschale *f*
indennizzo *m* **adeguato** angemessene Entschädigung *f*
indicatore *m* **del mercato turistico** Reiseklima-Indikator *m*
indicatore *m* **di direzione** Richtungscode *m*
indicazione *f* **delle informazioni e delle offerte contenute in un catalogo** Prospektangabe *f*
indicazione *f* **tariffaria** Tarifbezeichnung *f*
indice *m* Verzeichnis *n*
indice *m* **dei prezzi al consumo** Verbraucherpreisindex *m*
indice *m* **dei prezzi al consumo dei viaggi** Preisindex *m* Reisen
indice *m* **delle azioni** Aktienindex *m*
indice *m* **di bilancio** Bilanz-Messzahl *f*
industria *f* **alberghiera** Beherbergungsgewerbe *n*, Gastgewerbe *n*
industria *f* **dei trasporti** Verkehrsgewerbe *n*
industria *f* **del tempo libero** Freizeitindustrie *f*
industria *f* **del turismo** Tourismusbranche *f*, Touristikindustrie *f*, Weiße Industrie *f*
industria *f* **gastronomica** Gastronomiegewerbe *n*
industria *f* **turistica** Reisebranche *f*, Touristikindustrie *f*, Verkehrsgewerbe *n*
inflazione *f* Geldentwertung *f*
informazione *f* Auskunft *f*
informazione *f* **al turista** Tourist-Information *f*
informazione *f* **anticipata** Vorausmeldung *f*
informazione *f* **di ritorno** Rückinformation *f* *(feedback)*
informazione *f* **di volo** Fluginformation *f*
informazione *f* **ferroviaria** Zugauskunft *f*
informazione *f* **generale sulle destinazioni turistiche** Reiseländerinformation *f*

informazione *f* **per gli ospiti** Gästeinformation
informazione *f* **sulle crisi da parte del ministero degli affari esteri** Kriseninformation *f* durch das Auswärtige Amt
informazione *f* **tariffaria** Tarifinformation *f*
infrastruttura *f* Infrastruktur *f*
infrastruttura *f* **congressuale** Tagungsstätte *f*
infrastruttura *f* **di previdenza sociale** Versorgungseinrichtung *f*
infrastruttura *f* **gastronomica** gastronomische Einrichtung *f*
infrastruttura *f* **sportiva** Sporteinrichtung *f*
infrastruttura *f* **sportiva per vacanze invernali** Sportstation *f* für Winterferien
infrastruttura *f* **turistica** Tourismusbetrieb *m*
ingorgo *m* Stauung *f*
ingresso *m* **in borsa** Börsengang *m*
ingresso *m* **nel sistema** Einloggen *n* *(log-in)*
iniziativa *f* **Alpi** Alpen-Initiative *f*
inizio *m* **del viaggio** Reisebeginn *m*
innevatore *m* Schneekanone *f*
insetto *m* **nocivo** Ungeziefer *n*
insolvenza *f* Insolvenz *f*, Zahlungsunfähigkeit *f*
installazione *f* **di un distributore automatico** Automatenaufstellung *f*
integrazione *f* Integration *f*
integrazione *f* **aziendale** Unternehmensfusion *f*
integrazione *f* **verticale** vertikale Integration *f*
intenditore *m* **di vini** Weinkellner *m*
intensità *f* **del viaggio** Reiseintensität *f*
intenzione *f* Vorsatz *m*
intenzione *f* **di andare in vacanza** Urlaubsreiseabsicht *f*
interfaccia *f* **di utente** Benutzeroberfläche *f*
interfaccia *f* **grafica dell'utente** grafische Benutzeroberfläche *f*
interfaccia *f* **seriale** serielle Schnittstelle *f*
intermediazione *f* **di viaggi per donne** Frauen-Reisebörse *f*
interponte *m* Zwischendeck *n*
interprete *m(f)* Dolmetscher(in) *m(f)*
interruzione *f* **di un viaggio** Reiseabbruch *m*, Reiseunterbrechung *f*

intersezione *f* **stradale** Knotenpunkt *m*
intervista *f* **agli ospiti** Gästebefragung *f*
intrattenimento *m* **a bordo** Bordunterhaltung *f*
intrattenitore *m* Unterhaltungskünstler *m*
inventario *m* **patrimoniale** Vermögensaufstellung *f*
inversione *f* Inversion *f*
investimento *m* Investition *f*
investimento *m* **di capitale in azioni** Kapitalanlage *f* in Wertpapieren
investimento *m* **di capitale in titoli** Kapitalbindung *f*
iscrizione *f* Anmeldung *f*
isola *f* **privata** Privatinsel *f*
isole *fpl* **ABC** ABC-Inseln *fpl (Aruba, Bonaire, Curaçao)*
ispettorato *m* **del lavoro** Gewerbeaufsicht *f*
Ispettorato *m* **Federale delle Assicurazioni** Bundesaufsichtsamt *n* für das Versicherungswesen *(Abk.: BAV)*
istituto *m* **d'amministrazione fiduciaria** Treuhandanstalt *f (per la privatizzazione industriale)*
istituto *m* **di bellezza** Schönheitsfarm *f*
istituto *m* **di perfezionamento** Fortbildungsstätte *f*
istituto *m* **di ricerche di mercato, di comunicazione di massa e d'indagine demoscopica** Markt-, Media- und Meinungsforschungsinstitut *n*
Istituto *m* **Federale per la Sicurezza aerea** Bundesanstalt *f* für Flugsicherung *(Abk.: BFS)*
istituto *m* **professionale per il turismo** Fachschule *f* für Touristik
istituto *m* **tedesco per la formazione professionale nel turismo** Deutsches Seminar *n* für Tourismus *(Abk.: DSFT)*
istituto *m* **Willy Scharnow per il turismo, università Freie di Berlino** Willy-Scharnow Institut *m* für Tourismus, Freie Universität Berlin
istituzione *f* **di trasporti** Verkehrsinstitution *f*
istmo *m* Landenge *f*
istruzione *f* **del personale** Mitarbeiterunterrichtung *f (briefing)*
istruzioni *fpl* **per l'uso** Bedienungshinweise *mpl*
itinerario *m* Leitweg *m*
itinerario *m* **di viaggio** Fahrtroute *f*

itinerario *m* **fisso** festgelegte Streckenführung *f*
itinerario *m* **prestabilito** festgelegte Streckenführung *f*
itinerario *m* **turistico** touristische Route *f*, Reiseroute *f*, Reiseplan *m*, Reiseverlauf *m*, Reiseweg *m*

K

kibbutz *m* Kibbuz *m*

L

laguna *f* Haff *n*, Lagune *f*
lancio *m* Stapellauf *m*
lasciapassare *m* **doganale** Zollpassierschein *m*
lavagna *f* Schwarzes Brett *n*
lavoratore *m* Arbeitnehmer *m*
lavoratore *m* **stagionale** Saisonarbeitskraft *f*
lavoro *m* **a chiamata** Abrufarbeit *f*
lavoro *m* **a domicilio** Heimarbeit *f*
lavoro *m* **a tempo parziale** Teilzeitbeschäftigung *f*
lavoro *m* **di elaborazione di un progetto** Projektarbeit *f*
lavoro *m* **in affitto** Leiharbeit *f*
lavoro *m* **interinale** Zeitarbeit
lavoro *m* **part-time** Teilzeitbeschäftigung *f*
lavoro *m* **temporaneo** Leiharbeit *f*
leasing *m* Mietkauf *m*
lega *f* **anseatica** Hanse *f*
legalità *f* **nel turismo** Recht *n* im Tourismus
legge *f* **contro la concorrenza sleale** Gesetz *n* gegen unlauteren Wettbewerb
legge *f* **contro le limitazioni della concorrenza** Gesetz *n* gegen Wettbewerbsbeschränkungen *(Abk.: GWB)*
legge *f* **ferroviaria tedesca** *(abbr.: AEG)* Allgemeines Eisenbahngesetz *n (Abk.: AEG)*
legge *f* **fiduciaria** Treuhandgesetz *n*
legge *f* **per la regolamentazione del diritto delle condizioni generali di**

transazione Gesetz *n* zur Regelung des Rechts der Allgemeinen Geschäftsbedingungen *(Abk.: AGBG)*

legge *f* **sugli sconti** Rabattgesetz *n*

legge *f* **sui trasporti aerei** Luftverkehrsgesetz *n*

legge *f* **sul traffico commerciale elettronico** elektronisches Geschäftsverkehrsgesetz *n (Abk.: EGG)*

legge *f* **sul trasporto** Verkehrsrecht *n*

legge *f* **sul trasporto aereo** Luftbeförderungsrecht *n*

legge *f* **sul trasporto in autobus** Busbeförderungsrecht *n*

legge *f* **sul trasporto passeggeri** Personenbeförderungsgesetz *m (Abk.: PBefG)*

legge *f* **sulla circolazione** Verkehrsrecht *n*

legge *f* **sulla firma** Signaturgesetz *n*

legge *f* **sulla navigazione aerea** Streckenrecht *n*

legge *f* **sulla promozione dell'impiego** Beschäftigungsförderungsgesetz *n (Abk.: BeschFG)*

legge *f* **sulla regolamentazione dei viaggi** Reiserecht *n*

legge *f* **sulla regolamentazione del trasporto marittimo di passeggeri** Schiffsbeförderungsrecht *m*

legge *f* **sull'immigrazione** Zuwanderungsgesetz *n*

legge *f* **sull'ordinamento aziendale** Betriebsverfassungsgesetz *n (Abk.: BetrVG)*

legge *f* **tedesca sul trasporto ferroviario** Bahnbeförderungsrecht *n*

legislazione *f* **sul lavoro part-time** Teilzeitgesetz *n*

lettera *f* **di cambio** Umtauschdokument *n*

lettera *f* **di copertura** Deckungszusage *f*

lettera *f* **di credito** Akkreditiv *n*

lettera *f* **di credito a bordo** Bord-Akkreditiv *n*

lettera *f* **di patronage** Patronatserklärung *f*

lettera *f* **di pegno** Pfandbrief *m*

lettera *f* **di procura** Vollmacht *f*

lettera *f* **di reclamo** Mängelanzeige *f*

lettera *f* **di risposta** Rückantwortkarte *f*

letteratura *f* **sui luoghi di vacanza** Reiselektüre *f*

lettino *m* Kinderbett *n*

letto *m* **aggiunto** Zustellbett *n*

letto *m* **per bambino** Kinderbett *n*

lettura *f* **per la vacanza** Reiselektüre *f*

levante *m* Levante *f*

levitazione *f* Aufschwimmen *n*

libera prestazione *f* **di servizi** Dienstleistungsfreiheit *f*

liberalizzazione *f* Liberalisierung *f*

liberalizzazione *f* **del traffico aereo** Liberalisierung *f* im Luftverkehr

liberalizzazione *f* **della distribuzione** Vertriebsliberalisierung *f*

libero accordo *m* **di marketing tra città** Städtewerbegemeinschaft *f*

libertà *f* **di circolazione dei lavoratori** Arbeitnehmerfreizügigkeit *f*

libertà *f* **di domicilio** Niederlassungsfreiheit *f*

libertà *f* **professionale** Gewerbefreiheit *f*

libertà *fpl* **dei mari** Freiheiten *fpl* der Meere

libertà *fpl* **dell'aria** Freiheiten *fpl* der Luft

libri *mpl* **specializzati** Fachbücher *npl*

Libro *m* **Bianco sul turismo** Weißbuch *n*

libro *m* **degli ospiti** Gästebuch *n*

licenza *f* Genehmigung *f*, Lizenz *f*

licenza *f* **comunitaria** Gemeinschaftslizenz *f*

licenza *f* **di spedizioniere** Verkehrsträgerlizenz *f*

licenza *f* **di vendita** Verkaufslizenz *f*

licenza *f* **per il servizio di autonoleggio** Mietwagennachweis *m*

licenza *f* **per la vendita e la somministrazione di alcolici** Schankerlaubnis *f*

lido *m* Strandbad *n*

limitazione *f* **della concorrenza** Wettbewerbsbeschränkung *f*

limitazione *f* **di responsabilità** Haftungsbeschränkung *f*

limite *m* **del deficit** Defizitgrenze *f*

limite *m* **del disavanzo** Defizitgrenze *f*

limite *m* **dello spazio aereo** Luftraumgrenze *f*

limite *m* **d'età** Altersgrenze *f*

limite *m* **di chilometraggio** Kilometerbegrenzung *f*

limite *m* **di responsabilità** Haftungsgrenze *f*

limite *m* **di rimborso** Erstattungsgrenze *f*

limite *m* **di velocità** Geschwindigkeitsbegrenzung *f*, Tempolimit *n*

limite *m* **miglia da accumulare** Meilenlimit *n*

limousine *f* **con autista** Limousine *f* mit Chauffeur
linea *f* **aerea** Fluglinie *f*
linea *f* **di galleggiamento** Wasserlinie *f*
linea *f* **di guida** Leitbild *n*
linea *f* **di guida per il turismo** touristisches Leitbild *n*
linea *f* **di longitudine** Meridian *m*
linea *f* **internazionale del cambiamento di data** Datumsgrenze *f*
lingua *f* **di terra** Nehrung *f*
lingua *f* **nazionale** Landessprache *f*
liquidazione *f* Liquidation *f*, Abrechnung *f*
liquidazione *f* **dei danni** Schadensregulierung *f*
liquidità *f* Liquidität *f*
lista *f* **d'attesa** Warteliste *f*
lista *f* **dei delegati** Teilnehmerliste *f*
lista *f* **dei partecipanti** Teilnehmerliste *f*
lista *f* **di prenotazione** Belegungsliste *f*
lista *f* **passeggeri** Passagiermanifest *n*
listino *m* **prezzi** Preisliste *f*
località *f* **balneare** Badeort *m*, Bad *n* *(stabilimento balneare)*
località *f* **climatica** Heilklimatischer Kurort *m*
località *f* **di notevole interesse** Sehenswürdigkeit *f*
località *f* **di villeggiatura per famiglie** Familienferienort *m*
località *f* **nelle vicinanze della spiaggia** Strandnähe *f*
località *f* **turistica certificata** prädikatisierter Tourismusort *m*
locanda *f* Gasthof *n*
locanda *f* **di campagna** Landgasthof *m*
locatore *m* Vermieter *m*
locatore *m* **privato** Privatvermieter *m*
locatrice *f* **privata** Privatvermieterin *f*
locomotiva *f* Lokomotive *f*
locomotiva *f* **a vapore** Dampflok *f*
logistica *f* Logistik *f*
Lontano Oriente *m* Ferner Osten *m*
luce *f* **polare** Nordlicht *n*, Polarlicht *n*
Lufthansa *f* **tedesca** Deutsche Lufthansa *f*
lungomare *m* Strandpromenade *f*, Promenade *f*
luoghi *mpl* **della Riforma** Stätten *fpl* der Reformation
luogo *m* Schauplatz *m*
luogo *m* **d'arrivo** Ankunftsort *m*
luogo *m* **del festival** Festspielort *m*
luogo *m* **di consegna** Abgabeort *m*

luogo *m* **di cura** Kurort *m*
luogo *m* **di cura che offre un trattamento idroterapico** Kneippkurort *m*
luogo *m* **di cura climatico** Luftkurort *m*
luogo *m* **di cura riconosciuto** anerkannter Kurort *m*
luogo *m* **di destinazione** Bestimmungsort *m*
luogo *m* **di riposo** Erholungsort *m*
luogo *m* **di vacanza** Urlaubsort *m*
luogo *m* **di villeggiatura estivo** Sommerfrische *f*
luogo *m* **economico** Wirtschaftsstandort *m*
luogo *m* **vicino alla spiaggia** Strandnähe *f*

M

macchina *f* Maschine *f*
macchinario *m* Maschine *f*
maglev *m* Magnetschwebebahn *f (teleferica magnetica giapponese)*
mal *m* **di mare** Seekrankheit *f*
malattia *f* **contratta in viaggio** Reisekrankheit *f*
malattia *f* **dei tropici** Tropenkrankheit *f*
malattia *f* **preesistente** Vorerkrankung *f*
manager *m* **d'albergo** Hotelmanager *m*
mancanza *f* Mangel *m*
mancia *f* Trinkgeld *n*
manifestazione *f* Veranstaltung *f*
manifestazione *f* **sportiva invernale** Wintersportveranstaltung *f*
manifesto *m* **di carico** Schiffsmanifest *n*
manipolazione *f* Manipulation *f*
manuale *m* **delle compagnie aeree** Handbuch *n* der Luftverkehrsgesellschaften
manuale *m* **di conversazione** Sprachführer *m*
manuale *m* **di vendita** Verkaufshandbuch *n*
manuale *m* **turistico** Reisehandbuch *n (libro)*
manutenzione *f* Wartung *f*
mappa *f* **dei posti a sedere** Sitzplan *m*
mappa *f* **stradale** Straßenkarte *f*
Mar *m* **dei Caraibi** Karibisches Meer *n*
marca *f* Marke *f*
marchio *m* **commerciale** Handelsmarke *f*

marchio *m* **dell'operatore** Veranstalter-marke *f*

marchio *m* **di fabbrica** Handelsmarke *f*, Marke *f*

marchio *m* **di fabbrica depositato** Markenzeichen *n*

marchio *m* **di qualità** Gütesiegel *n*

marchio *m* **di vendita diretta** Direktvertriebsmarke *f*

marchio *m* **principale di qualità ambientale nel turismo tedesco** Umweltdachmarke *f* im Deutschland-Tourismus *(Viabono)*

mare *m* Meer *n*

marea *f* Tide *f*

margine *m* Spanne *f*

margine *m* **di guadagno** Rentabilität *f*

marketing *m* Marketing *n*

marketing *m* **delle destinazioni** Destinationsmarketing *n*

marketing *m* **diretto** Direktvermarktung *f*

marketing *m* **esterno** Außenmarketing *n*

marketing *m* **interno** Innenmarketing *n*

marketing *m* **turistico** Tourismusmarketing *n*

maschera *f* **di prenotazione** Buchungsmaske *f*

materasso *m* Matratze *f*

materia *f* **di studio** Studienfach *n*

mazza *f* **da golf** Golfschläger *m*

mediatore *m* **di commercio** Handelsmakler *m (broker)*

mediazione *f* Vermittlung *f*

medico *m* **termale** Badearzt *m*

Medio Oriente *m* Mittlerer Osten *m*

Mediterraneo *m* Mittelmeerraum *m (area)*; Mittelmeer *n (mare)*

medusa *f* Qualle *f*

memoria *f* **centrale** Arbeitsspeicher *m*

menu *m* Menü *n*

menu *m* **del giorno** Tageskarte *f (in ristorante)*

menu *m* **stagionale** Saisonkarte *f (carta)*

mercatino *m* **delle pulci** Flohmarkt *m*

mercato *m* Markt *m*

mercato *m* **degli operatori** Veranstaltermarkt *m*

mercato *m* **degli operatori turistici** Reiseveranstaltermarkt *m*

mercato *m* **dei capitali** Kapitalmarkt *m*

mercato *m* **dei venditori** Verkäufermarkt *m*

mercato *m* **dei viaggi-vacanza** Urlaubsreisemarkt *m*

mercato *m* **del lavoro** Stellenmarkt *m*

mercato *m* **del paese di residenza** Quellmarkt *m*

mercato *m* **del traffico aereo** Luftverkehrsmarkt *m*

mercato *m* **dell'acquirente** Käufermarkt *m*

mercato *m* **dell'utenza** Zielmarkt *m*

mercato *m* **d'origine** Quellmarkt *m*

mercato *m* **elettronico** elektronischer Marktplatz *m*

mercato *m* **finanziario** Kapitalmarkt *m*

mercato *m* **grigio** Graumarkt *m*

mercato *m* **interno** Binnenmarkt *m*

mercato *m* **monetario** Geldmarkt *m*

mercato *m* **turistico** Reisemarkt *m*, Reisebranche *f*

Mercato *m* **Unico** Gemeinsamer Markt *m*

meridiano *m* Meridian *m*, Längenkreis *m*

meritocrazia *f* Leistungsgesellschaft *f*

mese *m* **culturale** Kulturmonat *m*

meta *f* Zielort *m (turistica)*

meta *f* **d'acquisto** Einkaufsziel *n*

meta *f* **dell'escursione** Ausflugsziel *n*

meta *f* **turistica** Reiseziel *n*, Touristikziel *n*, Zielgebiet *n*

metropoli *f* Metropole *f*

metropolitana *f* U-Bahn *f*, Untergrundbahn *f*

metropolitana *f* **scoperta** S-Bahn *f*

metropolitana *f* **suburbana** Stadt-Schnellbahn *f*

mezza pensione *f* Halbpension *f*

mezzi *mpl* **di circolazione** Verkehrsmittel *npl*

mezzi *mpl* **di comunicazione** Kommunikationsmittel *npl*

mezzi *mpl* **di pagamento** Zahlungsmittel *npl*

mezzi *mpl* **di pagamento del viaggio** Reisezahlungsmittel *npl*

mezzi *mpl* **di pubblicità** Werbemittel *npl*

mezzi *mpl* **di trasporto** Beförderungsmittel *npl*, Transportmittel *npl*, Verkehrsmittel *npl*

mezzi *mpl* **di trasporto a terra** Bodentransportmittel *npl*

mezzo *m* **di trasporto pubblico** öffentliches Verkehrsmittel *n*

Mezzogiorno *m (Italia meridionale: squilibrio economico-sociale tra il Nord*

fortemente industrializzato e l'ancora rurale Sud) Mittag *m (Süditalien: Entwicklungsgefälle zwischen stark industrialisiertem Norden und dem immer noch landwirtschaftlich geprägten Süden Italiens)*
mezzogiorno *m* Mittag *m*
microcensimento *m* Mikrozensus *m*
microfono *m* **a mano** Handmikrofon *n*
miglia *fpl* **restanti** Restmeilen *fpl*
miglio *m* Meile *f*
miglio *m* **aereo** Flugmeile *f*
miglio *m* **marino** Seemeile *f*
migrazione *f* Wanderung *f*
minibar *m* Minibar *f*
Ministero *m* **degli Affari Esteri** Auswärtiges Amt *n (Abk.: AA)*
miscela *f* **delle tecniche di commercializzazione** Marketing-Mix *m*
misura *f* **d'emergenza** Sofortmaßnahme *f*
misura *f* **di precauzione** Prophylaxemaßnahme *f*
misura *f* **di prevenzione clinica stazionaria** stationäre Vorsorge *f*
misura *f* **di profilassi** Prophylaxemaßnahme *f*
misura *f* **di provvedimento scolastica** Schulungsmaßnahme *f*
misura *f* **preventiva di sicurezza** Sicherheitsvorkehrung *f*
modalità *f* **di pagamento** Zahlungsverfahren *n*
modello *m* Leitbild *n*
modello *m* **d'affari** Geschäftsmodell *n*
modello *m* **della DRV basato su quattro pilastri** Vier-Säulen-Modell *n (nel frattempo ampliato ad un quinto pilastro per i membri associati; Federazione Tedesca delle Agenzie di Viaggio)*
modello *m* **di retribuzione** Vergütungsmodell *n*
modello *m* **turistico** touristisches Leitbild *n*
moderatore *m* Moderator *m*
modifica *f* **del nominativo del passeggero** Reisendenwechsel *m*
modifica *f* **di prenotazione** Umbuchung *f*
modulo *m* **di domanda** Antragsformular *n*
modulo *m* **di iscrizione** Anmeldeformular *n*
modulo *m* **di registrazione** Buchungsformular *n*

modulo *m* **di registrazione alberghiera** Meldezettel *m* Hotel
modulo *m* **di sostituzione per un documento aereo** Freischreiberklärung *f*
molo *m* Schiffsanlegestelle *f*
moltiplicatore *m* Multiplikator *m*
moneta *f* Währung *f*
moneta *f* **corrotta** Schmiergeld *n*
mongolfiera *f* Montgolfiere *f*
monitoraggio *m* **di viaggio europeo** Euromonitor *m*
monitoraggio *m* **viaggi tedesco** Deutscher Reisemonitor *m*
monsone *m* Monsun *m*
montagna *f* **di ghiaccio** Eisberg *m*
montagne *fpl* Gebirge *n*
monumento *m* **naturale** Naturdenkmal *n*
moratoria *f* Moratorium *n*
morosità *f* Zahlungsverzug *m*
mostra *f* Ausstellung *f*
mostra *f* **itinerante** Wanderausstellung *f*
mostra *f* **mobile** Wanderausstellung *f*
mostra *f* **ortofrutticola** Gartenschau *f*
mostra *f* **ortofrutticola mondiale** Weltgartenschau *f*
mostra *f* **ortofrutticola nazionale** Bundesgartenschau *f*
mostra *f* **ortofrutticola regionale** Landesgartenschau *f*
mostra *f* **pubblica** allgemeine Ausstellung *f*
motel *m* Motel *n*
motel *m* **sull'autostrada** Autobahnhotel *n*
motivazione *f* Motivation *f*
motivi *mpl* **di assunzione di prove a futura memoria** Beweissicherungsgründe *mpl*
motivo *m* **della vacanza** Urlaubsmotiv *n*
moto *m* **ondoso** Seegang *m*
motore *m* **a prua** Bugstrahlruder *n*
motore *m* **di ricerca alberghiero** Hotelsuchmaschine *f*
motovedetta *f* Zollkreuzer *m*
multimedia Multimedia
multiproprietà *f* Timesharing *n*
municipio *m* Rathaus *m*
muro *m* **del suono** Schallmauer *f*
museo *m* **all'aperto** Freilichtmuseum *n*
museo *m* **del turismo merano** Tourismuseum *n (das erste umfassende Museum für Tourismus in Meran)*
muso *m* Bug *m (aer.)*

N

nastro *m* **blue** Blaues Band *n*
nave *f* Schiff *n*
nave *f* **a motore** Motorschiff *n*
nave *f* **a vela** Segelschiff *n*
nave *f* **ad alta velocità** Hochgeschwindigkeitsschiff *n*
nave *f* **ammiraglia** Flaggschiff *n*
nave *f* **club** Clubschiff *n*
nave *f* **con un solo scafo** Einrumpfschiff *n*
nave *f* **da crociera** Kreuzfahrtschiff *n*,
Passagierschiff *n*
nave *f* **da escursione** Ausflugsschiff *n*
nave *f* **d'appoggio e di rifornimento**
Tenderboot *n*
nave *f* **passeggeri** Passagierschiff *n*,
Fahrgastschiff *f*
nave *f* **passeggeri e merci** Kombi-Fährschiff *m*
nave *f* **passeggeri noleggiata** Vollcharter *m*
nave *f* **postale** Paketboot *n*, Postschiff *n*
nave *f* **rompighiaccio** Eisbrecher *m*
nave *f* **traghetto** Fährschiff *n*
nave *f* **veloce** Schnellschiff *n*
nave-faro *m* Feuerschiff *n*
navigazione *f* Schifffahrt *f*
navigazione *f* **a valle** Talfahrt *f*
navigazione *f* **controcorrente** Bergfahrt
f (mar.)
navigazione *f* **di linea** Linienschifffahrt *f*
navigazione *f* **di trasferimento** Überführungsfahrt *f*, Positionierungsfahrt *f*
navigazione *f* **interna** Binnenschifffahrt *f*
navigazione *f* **non di linea** Trampschifffahrt *f*
navigazione *f* **tradizionale** Traditionsschifffahrt *f*
nazionalità *f* Staatsangehörigkeit *f*,
Nationalität *f*, Staatsbürgerschaft *f*
negligenza *f* **grave** grobe Fahrlässigkeit *f*
negoziazione *f* Verhandlung *f*, Akquisitionsgespräch *n*
negozio *m* **a bordo** Bordshop *m*
negozio *m* **duty-free** zollfreier Laden *m*
negozio *m* **esente da dazio** zollfreier
Laden *m*
nodo *m* Knoten *m*
nodo *m* **aeroportuale** Drehkreuz *n*
Flughafen, Drehkreuz *n* im Luftverkehr
nodo *m* **per turismo a distanza** Drehkreuz *n* für Ferntouristik

noleggiatore *m* Vermieter *m*
noleggio *m* Verleih *m*, Vermietung *f*,
Charter *m*
noleggio *m* **a carico parziale** Blockcharter *m*
noleggio *m* **autobus** Busanmietung *f*
noleggio *m* **di sdraia e ombrellone**
Liegen- und Schirmverleih *m*
nome *m* **a dominio** Domain-Name *m*
non fumatore *m* Nichtraucher *m*
non passeggera *f* Nichtreisende *f*
non passeggero *m* Nichtreisende *m*
non viaggiatore *m* Nichtreisende *m*
non viaggiatrice *f* Nichtreisende *f*
norma *f* Richtlinie *f*, Bestimmung *f*
norma *f* **di legge** gesetzliche Bestimmung *f*
norma *f* **sanitaria** Gesundheitsbestimmung *f*
norma *f* **sugli standard qualitativi per**
l'informazione turistica touristische
Informationsnorm *f (Abk.: TIN)*
norma *f* **sulla tutela del lavoro** Arbeitsschutzbestimmung *f*
normativa *f* **di riferimento dei contratti**
turistici Reiserichtlinie *f*
normativa *f* **sui contratti di viaggio**
Reisevertragsrecht *n*
normativa *f* **sulla vendita di pacchetti**
turistici Pauschalreiserecht *n*
normativa *f* **tedesca sulla determina-**
zione del totale dell'equipaggio a
bordo e sulla regolamentazione
dell'apprendistato Schiffsbesetzungs-
und Ausbildungsordnung *f (Abk.: SBAO)*
normative *fpl* **sui trasporti delle im-**
prese vettrici Beförderungsbestimmungen *fpl* der Verkehrsunternehmen
nostalgia *f* Fernweh *n*, Heimweh *n*
nota *f* **di credito** Gutschrift *f*
nota *f* **informativa sulle destinazioni**
turistiche per le agenzie Länderbrief
m
notifica *f* **dei difetti** Mängelanzeige *f*
notifica *f* **d'errore** Fehlermeldung *f*
notifica *f* **di cambiamento di residen-**
za *f* Abmeldung *f (polizia)*
notifica *f* **di profitto** Gewinnwarnung *f*
notificazione *f* **di danno** Schadensanzeige *f*
notizie *fpl* **radio** Radionachrichten *fpl*
notte *f* **extra** Verlängerungsnacht *f*
notte *f* **supplementare** Verlängerungsnacht *f*

numero *m* dei partecipanti Teilnehmerzahl *f* bei Gruppen
numero *m* dei pernottamenti Zähleinheit *f* für Übernachtung
numero *m* dei posti Platzzahl *f (a sedere)*
numero *m* dei viaggi "tutto compreso"
Pauschalreiseanzahl *f*
numero *m* del biglietto Ticketnummer *f*
numero *m* di passaporto Reisepassnummer *f*
numero *m* di posto Sitzplatznummer *f*
numero *m* minimo di partecipanti
Mindestteilnehmerzahl *f*
nuova partizione *f* dei mari Neuaufteilung *f* der Meere
nuova prenotazione *f* Neubuchung *f*
nuovi media *mpl* Neue Medien *npl*

O

oasi *f* Oase *f*
obbligatorietà *f* delle tariffe Tarifpflicht *f*
obbligatorio obligatorisch
obbligazione *f* Obligation *f*, Pfandbrief *m*
obblighi *mpl* fondamentali Grundpflichten *fpl*
obbligo *m* Obliegenheit *f*, Obligo *n*
obbligo *m* d'assicurazione contro
l'insolvenza Insolvenzversicherungspflicht *f*
obbligo *m* d'avviso Hinweispflicht *f*
obbligo *m* dell'anticipo Vorschusspflicht
f
obbligo *m* dell'operatore turistico di
informare Hinweispflicht *f*
obbligo *m* di assistenza Fürsorgepflicht
f
obbligo *m* di attenersi agli orari degli
arrivi e delle partenze Fahrplanpflicht *f*
obbligo *m* di cooperazione Mitwirkungspflicht *f*
obbligo *m* di fornire informazioni.
Informationspflicht *f*
obbligo *m* di informare Unterrichtungspflicht *f*
obbligo *m* di informare sul contenuto
di un catalogo Prospekthaftung *f*
obbligo *m* di notifica dei difetti Rügeobliegenheit *f*

obbligo *m* di partecipazione Mitwirkungspflicht *f*
obbligo *m* di risarcimento Schadenshaftung *f*
obbligo *m* di segretezza Verschwiegenheitspflicht *f*
obbligo *m* di servizio Betriebspflicht *f*
obbligo *m* di trasporto Beförderungspflicht *f*
obbligo *m* di visto Visumzwang *m*
obbligo *m* legale Rechtsverbindlichkeit *f*
obelisco *m* Obelisk *m*
obliterare *v* entwerten
oblò *m* Bullauge *n*
occhiali *mpl* da sole Sonnenbrille *f*
occidente *m* Okzident *m*
occorrente *m* di viaggio Reisebedarf *m*
(beni di necessità per il viaggio)
occupazione *f* Belegung *f (tasso di
utilizzazione)*
oceano *m* Ozean *m*, Meer *n*
offerta *f* Angebot *n*
offerta *f* a prezzo imposto Festpreisangebot *n*
offerta *f* dei corsi di formazione Schulungsangebot *n*
offerta *f* di attrezzature per congressi
e convegni negli aeroporti Kongress-
und Tagungsangebot *n* auf Flughäfen
offerta *f* di posti disponibili sull'aereo
Flugplatzangebot *n*
offerta *f* di servizi turistici touristisches
Angebot *n*
offerta *f* forfetaria Pauschalangebot *n*
offerta *f* globale Pauschalangebot *n*
offerta *f* speciale per agenti di viaggio
Expedientenangebot *n*
oggetti *mpl* di antiquariato Antiquitäten
fpl
oggetto *m* di circolazione Verkehrsobjekt *n (persone, beni, notizie)*
oligopolio *m* Oligopol *n*
olimpiadi *fpl* Olympische Spiele *npl*
omaggio *m* pubblicitario Werbegeschenk *n*
ombrellino *m* parasole Sonnenschirm *m*
ombrellone *m* Sonnenschirm *m*
onda *f* di benessere Gesundheitswelle *f*
oneri *mpl* complementari Lohnnebenkosten *pl*
operatore *m* Veranstalter *m*
operatore *m* abilitato ai servizi di
trasporto Kaufmann *m* für den Verkehrsservice

operatore *m* **abilitato al traffico ferroviario e stradale** Kaufmann *m* im
Eisenbahn- und Straßenverkehr
operatore *m* **abilitato al turismo e al
tempo libero** Kaufmann *m* für Freizeit
und Touristik
operatore *m* **abilitato alla comunicazione d'ufficio** Kaufmann *m* für Bürokommunikation
operatore *m* **alberghiero** Hotelkaufmann
m
operatore *m* **commerciale turistico**
Reiseverkehrskaufmann *m*
operatore *m* **di eventi** Veranstaltungskaufmann *m*
operatore *m* **di volo** Luftverkehrskaufmann *m*
operatore *m* **marittimo qualificato**
Schifffahrtskaufmann *m*
operatore *m* **turistico** Reiseveranstalter
m
operatore *m* **turistico abilitato e qualificato** Kaufmann *m* für Reiseverkehr und
Touristik
operatore *m* **turistico occasionale**
Gelegenheitsreiseveranstalter *m*
operatrice *f* **abilitata ai servizi di
trasporto** Kauffrau *f* für den Verkehrsservice
operatrice *f* **abilitata al traffico ferroviario e stradale** Kauffrau *f* im Eisen-
bahn- und Straßenverkehr
operatrice *f* **abilitata al turismo e al
tempo libero** Kauffrau *f* für Freizeit und
Touristik
operatrice *f* **abilitata alla comunicazione d'ufficio** Kauffrau *f* für Bürokommunikation
operatrice *f* **alberghiera** Hotelkauffrau *f*
operatrice *f* **commerciale turistica**
Reiseverkehrskauffrau *f*
operatrice *f* **di eventi** Veranstaltungskauffrau *f*
operatrice *f* **di volo** Luftverkehrskauffrau
f
operatrice *f* **marittima qualificata**
Schifffahrtskauffrau *f*
operatrice *f* **turistica abilitata e qualificata** Kauffrau *f* für Reiseverkehr und
Touristik
operazione *f* **di buy-out** Unternehmensübernahme *f*
operazione *f* **di pagamento** Zahlungsverkehr *m*

operazione *f* **doganale** Zollabfertigung *f*
operazioni *fpl* **di perfezionamento**
Abfertigung *f (dogana)*
opuscolo *m* Prospekt *m*
opzione *f* Option *f*, Vormerkung *f*
opzione *f* **fissa** Festoption *f*
ora *f* **dell'Europa centrale** Mitteleuropäische Zeit *f (Abk.: MEZ)*
ora *f* **di Greenwich** Westeuropäische Zeit
f (Abk.: WEZ)
ora *f* **di partenza** Abfahrtszeit *f*
ora *f* **estiva** Sommerzeit *f*
ora *f* **legale** Sommerzeit *f*
orari *mpl* **di visita** Besichtigungszeiten *fpl*
orario *m* **d'arrivo** Ankunftszeit *f*
orario *m* **d'arrivo previsto** voraussichtliche Ankunftszeit *f*
orario *m* **degli arrivi e delle partenze**
Fahrplan *m*
orario *m* **del volo** Flugzeit *f*
orario *m* **di atterraggio** Landezeit *f*
orario *m* **di chiusura notturna** Nachtbetriebsbeschränkung *f*
orario *m* **di decollo** Startzeit *f*
orario *m* **di lavoro** Arbeitszeit *f (ore
lavorative)*
orario *m* **di partenza** Abfahrtsplan *m*,
Startzeit *f*
orario *m* **di partenza previsto** voraussichtliche Abflugzeit *f*
orario *m* **d'imbarco** Einsteigezeit *f*
orario *m* **effettivo di sorvolo o di
passaggio** Überflugzeit *f*
orario *m* **estivo** Sommerfahrplan *m*
orario *m* **ferroviario** Kursbuch *n*
orario *m* **invernale** Winterfahrplan *m*
ordinanza *f* **disciplinare delle attività
delle agenzie di viaggi** Reisebüroverordnung *f*
ordinanza *f* **ufficiale** hoheitliche Anordnung *f (ritiro o restrizione delle leggi sul
diritto di atterraggio, sulla chiusura delle
frontiere, sui disastri naturali, le avarie e
sulla distruzione degli alloggi) (Entzug
der Landerechte, Grenzschließungen,
Naturkatastrophen, Havarien, Zerstörung
von Unterkünften)*
ordinazione *f* Bestellung *f*
ordine *m* **del giorno** Tagesordnung *f*
ordine *m* **di annullamento gratuito**
Gratisstorno *n*
ordine *m* **di spedizione postale** Postversandauftrag *m*

ore *fpl* **di lavoro straordinario** Überstunden *fpl*

organizzatore *m* Veranstalter *m*

organizzatore *m* **di crociere** Seereisenveranstalter *m*

organizzatore *m* **di eventi** Veranstaltungskaufmann *m*

organizzatore *m* **di pacchetti turistici** Paketreiseveranstalter *m*

organizzatore *m* **di viaggi di studio** Studienreiseveranstalter *m*

organizzatore *m* **di viaggi specializzato** Spezialreiseveranstalter *m*

organizzatore *m* **diretto** Direktveranstalter *m*

organizzatore *m* **turistico** Reiseveranstalter *m*

organizzatore *m* **turistico dirigente** Leitveranstalter *m*

organizzatore *m* **turistico principale** Hauptveranstalter *m*

organizzatore *m* **turistico specializzato** Spezialveranstalter *m*

organizzatore *m* **turistico specializzato in vacanze sportive** Sport-Spezialreisen-Veranstalter *m*

organizzatrice *f* **di eventi** Veranstaltungskauffrau *f*

organizzazione *f* **centrale del turismo** Dachverband *m* Tourismus

organizzazione *f* **centrale delle associazioni dei dipartimenti viaggio** Dachverband *m* der Reisestellenvereinigungen

organizzazione *f* **del turismo** Fremdenverkehrsorganisation *f*, Tourismusorganisation *f*

organizzazione *f* **della navigazione marittima** Seeschifffahrtsorganisation *f*

organizzazione *f* **delle vacanze** Feriengestaltung *f*

organizzazione *f* **enti fieristici tedeschi** Ausstellungs- und Messe-Ausschuss *m* der Deutschen Wirtschaft *(abbr.: Auma)*

Organizzazione *f* **Mondiale del Commercio** Welthandelsorganisation *f (abbr.: WTO)*

Organizzazione *f* **Mondiale del Turismo** Welttourismusorganisation *f (abbr.: WTO)*

organizzazione *f* **subordinata** Unterorganisation *f*

organizzazione *f* **turistica** Tourismusorganisation *f*

Organo *m* **Tecnico di Ispezione** Technischer Überwachungsverein *m (Abk. TÜV)*

oriente *m* Orient *m*

oscillazione *f* **di temperatura** Temperaturschwankung *f*

ospitalità *f* Gastfreundschaft *f*

ospite *m* **a lunga permanenza** Langzeitgast *m*

ospite *m* **con pernottamento** Übernachtungsgast *m*

ospite *m* **di un luogo di cura** Kurgast *m*

ospite *m* **pagante** Zahlgast *m*

ospizio *m* Hospiz *n*

ostello *m* **della gioventù** Jugendherberge *f*

osteria *f* Wirtshaus *n*

ottimizzazione *f* **del processo** Prozessoptimierung *f*

P

pacchetti *mpl* **vacanze** Pauschalreisen *fpl*

pacchetto *m* **assicurativo** Versicherungspaket *n*

pacchetto *m* **assicurativo composto** Versicherungsbündel *n*

pacchetto *m* **di viaggio tutto compreso** Alles-inklusive-Pauschalreise *f*

pacchetto *m* **postale** Postgepäck *n*

pacchetto *m* **pranzo** Lunchpaket *n*

pacchetto *m* **turistico** Paketreise *f*, Veranstalterreise *f*

pacchetto *m* **turistico completo** Vollpauschalreise *f*

pacchetto *m* **turistico con auto privata** Auto-Package-Tour *f*

pacchetto *m* **turistico individuale** Bausteintouristik *f (su misura)*

pacchetto *m* **turistico organizzato** Veranstalterreisepaket *n*

pacchetto *m* **turistico parziale** Teilpauschalreise *f*

pacchetto *m* **turistico speciale per i lettori di quotidiani e riviste** Leserreise *f*

pacchetto *m* **viaggio** Pauschalreise *f*

pacchetto *m* **viaggio individuale** dynamische Bausteinreise *f (su misura)*

paesaggio *m* **europeo dell'anno**
Europäische Landschaft *f* des Jahres
paesaggio *m* **trasformato dall'intervento dell'uomo** Kulturlandschaft
f
paese *m* Land *n*
paese *m* **di residenza** Quellenland *n*
paese *m* **d'origine** Quellenland *n*
paese *m* **principale** Hauptland *n*
pagamento *m* Bezahlung *f*
pagamento *m* **anticipato** Vorauszahlung
f
pagamento *m* **di compensazione**
Kompensationszahlung *f*
pagamento *m* **in acconto** Akontozahlung *f*
pagamento *m* **in contanti** Barzahlung *f*
pagamento *m* **parziale** Teilzahlung *f*
pagamento *m* **rateale** Teilzahlung *f*
panfilo *m* Yacht *f*
panfilo *m* **a vela** Segelyacht *f*
panna *f* Panne *f (auto)*
panorama *m* Rundblick *m*, Sehenswürdigkeit *f*
panteon *m* Pantheon *n*
parassita *m* Ungeziefer *n*
parcheggio *m* Parkplatz *m*
parcheggio *m* **di breve durata** Kurzzeitparkplatz *m*
parcheggio *m* **per autoveicoli** Parkhaus
n
parchimetro *m* Parkuhr *f*, Parkautomat *m*
parco *m* **a tema** Themenpark *m*
parco *m* **dei divertimenti** Freizeitpark *m*,
Vergnügungspark *m*
parco *m* **marino** Wasserpark *m*
parco *m* **naturale** Naturpark *m*
parco *m* **nazionale** Nationalpark *m*
parco *m* **per vacanze** Ferienpark *m*
parco *m* **ricreativo** Freizeitpark *m*
parco *m* **tematico** Themenpark *m*
Parlamento *m* **dei Villeggianti** Urlauberparlament *n*
parte *f* **contraente** Vertragspartei *f*
parte *f* **del viaggio "tutto compreso"**
Pauschalreiseanteil *m*
parte *f* **posteriore** Heck *n (auto)*
partecipazione *f* Beteiligung *f*
partecipazione *f* **agli utili** Gewinnbeteiligung *f*, Ertragsbeteiligung *f*
partecipazione *f* **alle eccedenze** Überschussbeteiligung *f*
partecipazione *f* **dell'iscritto alle
spese** Selbstbehalt *m*

Partenope *f* Parthenope *f (Napoli: antico
nome della città)*
partenopeo *m* Parthenopeier *m (napoletano)*
partenza *f* Abreise *f*, Abflug *m*
partenza *f* **del treno** Zugabfahrt *f*
partenza *f* **prevista** planmäßiger Abflug
m
partire *v* **per un viaggio** verreisen
passaggio *m* Überfahrt *f*
passaggio *m* **a Nord-Est** Nord-Ost-
Passage *f*
passaggio *m* **a Nord-Ovest** Nord-West-
Passage *f*
passaggio *m* **di frontiera** Grenzübergang *m*
passaggio *m* **oceanico** Seepassage *f*
passaporto *m* Reisepass *m*
passatempo *m* Unterhaltung *f*
passeggero *m* Passagier *m*
passeggero *m* **abituale** Vielflieger *m*
passeggero *m* **aereo** Fluggast *m*
passeggero *m* **bambino** Kinderpassagier *m*
passeggero *m* **clandestino** Blinder
Passagier *m*
passeggero *m* **con biglietto aereo
pagato interamente** vollzahlender
Fluggast *m*
passeggero *m* **con sistemazione
posto ponte** Deckspassagier *m*
passeggero *m* **dell'ultimo minuto**
Spontanreisender *m*
passeggero *m* **in transito con scalo
tecnico intermedio** Tangentialreisende
m
passeggero *m* **non pagante** Freigast *m*
passeggero *m* **pagante** Zahlpax *m*
passeggero-chilometro *m* Personenkilometer *m (Abk.: Pkm)*
passeggiata *f* **pubblica** Promenade *f*
passerella *f* **di sbarco** Landungssteg *m*
passo *m* **alpino** Alpenpass *m*
pasto *m* Mahlzeit *f*
pasto *m* **che sostituisce la colazione
e il pranzo** *(brunch)* Brunch *n*
pasto *m* **self-service** Selbstverpflegung *f*
patente *f* **di guida** Führerschein *m*
patio *m* Terrasse *f*
patrimoni *mpl* **artistici** Kunstschätze *mpl*
patrimonio *m* **culturale mondiale**
Weltkulturerbe *n*
patrimonio *m* **ferroviario federale**
Bundeseisenbahnvermögen *n*

patrimonio *m* **mondiale** Welterbe *n*
patrocinio *m* Schirmherrschaft *f*
paura *f* **di volare** Flugangst *f*
pausa *f* **intermedia** Unterwegsaufenthalt *m*
pedaggio *m* Mautgebühr *f*
pedaggio *m* **autostradale** Autobahngebühr *f*
pedaggio *m* **chilometrico ferroviario** Trassenpreis *m*
pedaggio *m* **stradale** Straßenbenutzungsgebühr *f*
pedaggio *m* **stradale e autostradale** Straßen- und Autobahngebühr *f*
pedagogia *f* **del tempo libero** Freizeitpädagogik *f*
pellegrinaggio *m* Pilgerfahrt *f*, Wallfahrt *f*
penale *f* **di modifica prenotazione** Umbuchungsgebühr *f*
penalità *fpl* **di annullamento** Rücktrittskosten *pl*
pendolare *m* Berufspendler *m*
pendolino *m* Neigezug *m*
penny *m* **ambientale** Umweltgroschen *m* *(programma premio promosso dall"Assicurazione Europea Co. per progetti di protezione ambientale nella sfera turistica)*
pensionamento *m* **parziale** Altersteilzeit *f*
pensione *f* Pension *f*, Gästehaus *n*, Hotelpension *f*, Fremdenheim *n*
pensione *f* **completa** Vollpension *f*
percentuale *f* **di provvigione** prozentuale Provision *f*
percentuale *f* **per il servizio** Bedienungsgeld *n*
percorso *m* Leitweg *m*
percorso *m* **a lunga distanza** Langstrecke *f*, Fernstrecke *f*
percorso *m* **fisso** festgelegte Streckenführung *f*
percorso *m* **in draisina** Draisinenfahrtstrecke *f*
percorso *m* **medio** Mittelstrecke *f (sport)*
percorso *m* **turistico** Reiseweg *m*
perdita *f* Verlust *m*
perenzione *f* Verwirkung *f*
pericolo *m* **di contagio** Ansteckungsgefahr *f*
periferia *f* Ortsrand *m*
periodicità *f* **dei viaggi** Reisehäufigkeit *f*
periodo *m* **di conteggio** Abrechnungsperiode *f*

periodo *m* **di fatturazione** Abrechnungsperiode *f*
periodo *m* **di guasto** Mangelzeitraum *m*
periodo *m* **di prova** Probezeit *f*
periodo *m* **di rimedio** Abhilfefrist *f*
periodo *m* **di ritenzione** Aufbewahrungsfrist *f*
periodo *m* **di trasporto** Beförderungszeitraum *m*
periodo *m* **di vacanza** Urlaubszeit *f*
periodo *m* **minimo di soggiorno** Mindestaufenthalt *m*
permesso *m* **di decollo** Starterlaubnis *f* eines Flugzeuges
permesso *m* **di soggiorno** Aufenthaltserlaubnis *f*
pernottamenti *mpl* **nel gergo turistico** Übernachtungszahlen *fpl*
pernottamento *m* Übernachtung *f*
pernottamento *m* **degli ospiti** Beherbergung *f* von Gästen
pernottamento *m* **e colazione** *f* Übernachtung *f* mit Frühstück
pernottamento *m* **gratuito** Gratisübernachtung *f*
persona *f* **a rischio** Risikoperson *f*
persona *f* **singola** Einzelperson *f*
personale *m* Personal *n (staff)*
personale *m* **d'assistenza** Betreuungsperson *f*
personale *m* **dell'aeroporto** Flughafenpersonal *n*
personale *m* **di bordo** Bordpersonal *n*, Besatzung *f* an Bord
personale *m* **di cucina** Küchenpersonal *n*
personale *m* **di sala** Restaurantpersonal *n*
personale *m* **di servizio** Bedienungspersonal *n (staff)*
personale *m* **di volo** Flugpersonal *n*, Servicepersonal *n* auf Passagierflugzeugen, fliegendes Personal *n*
personale *m* **qualificato d'agenzia di viaggi** Reisebürofachkraft *f*
personalità *f* **guida** Führungspersönlichkeit *f*
peschereccio *m* **della zona costiera della regione del Mecklenburg-Vorpommern** Zeesenboot *n*
pianificatore *m* **di viaggio** Reiseplaner *m*
pianificazione *f* **del territorio** Raumplanung *f*

pianificazione *f* **delle misure di provvedimento** Maßnahmenplanung *f*
pianificazione *f* **nazionale delle vie di
comunicazione** Bundesverkehrswegeplanung *f*
pianificazione *f* **operativa** operative
Planung *f*
piano *m* Etage *f*
piano *m* **d'azione comunitario a favore del turismo** Aktionsplan *m* der EU
zur Förderung des Tourismus
piano *m* **d'azione personale** persönlicher Einsatzplan *m*
piano *m* **degli arrivi** Ankunftsebene *f*
piano *m* **dei posti a sedere** Sitzplan *m*
piano *m* **delle partenze** Abflugebene *f*
piano *m* **di volo** Flugplan *m*
piano *m* **regolatore** Raumplanung *f*
piattaforma *f* **d'affari** Geschäftsplattform
f
piattaforma *f* **di comunicazione** Kommunikationsplattform *f*
piatto *m* Gang *m* *(cucina)*
piatto *m* **del giorno** Tagesgericht *n*
piazza *f* Platz *m*
piccole e medie imprese *fpl* mittelständische Unternehmen *npl*
piccolo traffico *m* **di confine** Kleiner
Grenzverkehr *m*
pigione *f* Miete *f*
pilota *m* Pilot *m*, Lotse *m*, Verkehrsflug-
zeugführer(in) *m(f)*
pioggia *f* **acida** saurer Regen *m*
pioggia *f* **monsonica** Zenitalregen *m*
piroscafo *m* **a pale** Schaufelraddampfer
m
piroscafo *m* **a ruote** Raddampfer *m*,
Schaufelraddampfer *m*
piscina *f* Schwimmbad *n*
pista *f* Piste *f* *(di aeroporto, sciistica)*;
Rollfeld *n*, Rollbahn *f* *(di decollo, di atterraggio, di scivolo o di rullaggio)*
pista *f* **di atterraggio** Landebahn *f*,
Rollbahn *f*
pista *f* **di decollo** Startbahn *f*, Rollbahn *f*
pittogramma *m* Piktogramm *m*
planata *f* Gleitflug *m*
platea *f* Sitzreihenanordnung *f*
podio *m* **di discussione** Podiumsdiskussion *f*
politica *f* **dei prezzi e delle condizioni**
Preis- und Konditionenpolitik *f*
politica *f* **del marchio** Markenpolitik *f*
politica *f* **della qualità** Qualitätspolitik *f*

politica *f* **di bilancio** Haushaltspolitik *f*
politica *f* **di comunicazione** Kommunikationspolitik *f*
politica *f* **di distribuzione** Distributionspolitik *f*
politica *f* **monetaria** Geldpolitik *f*
politica *f* **riformista** Reformpolitik *f*
polizia *f* **turistica** Touristenpolizei *f*
polizza *f* **assicurativa** Versicherungsschein *m*
polizza *f* **assicurativa contro gli infortuni in viaggio** Reiseunfallversicherung
f
polizza *f* **assicurativa di viaggio contro il furto del bagaglio** Inbegriffsversicherung *f*
polizza *f* **che include le spese di
annullamento** Stornopauschale *f*
polizza *f* **contro le indennità
d'insolvenza** Sicherungsschein *m*
polizza *f* **infortuni** Unfallversicherung *f*
polizza *f* **viaggio** Reisepolice *f*
ponte *m* Brücke *f*, Deck *n*
ponte *m* **di coperta** Schiffsdeck *n*
ponte *m* **passeggeri** Passagierdeck *n*,
Fluggastbrücke *f*
ponte *m* **sole** Sonnendach *n*
ponte *m* **sospeso** Hängebrücke *f*
ponte *m* **tenda** Sonnendeck *n* *(ponte
sopra quello di coperta per proteggere
dal sole e dalla pioggia)*
pontile *m* Landungssteg *m*, Schiffsdeck *n*
pontile *m* **d'imbarco per passeggeri**
Rampenfinger *m*
popolazione *f* **target di anziani** Seniorenzielgruppe *f*
poppa *f* Heck *n* *(mar)*
porta *f* **seriale del modem** Modemanschluss *m*
portabagagli *m* Gepäckträger *m*
portale *m* Portal *m*
portale *m* **del turismo e del tempo
libero** Reise- und Freizeitportal *n*
portata *f* Gang *m*
porticciolo *m* Yachthafen *m*
portiere *m* Concierge *m*, Portier *m*
(d'albergo)
portinaio *m* Portier *m*
porto *m* Hafen *m*
porto *m* **di partenza** Abfahrtshafen *m*,
Ausgangshafen *m*
porto *m* **d'imbarco** Einschiffungshafen
m, Abfahrtshafen *m*
porto *m* **franco** Freihafen *m*

porto *m* **per panfili** Yachthafen *m*
porto *m* **situato in una zona di forti maree** Tidenhafen *m*
porto *m* **turistico** Yachthafen *m*
posizionamento *m* Positionierung *f*
posizione *f* **centrale** Mittelplatz *m*
posizione *f* **della spiaggia** Strandlage *f*
posizione *f* **di partenza sulla pista di decollo** Rollbahn *f* zur Startposition
posizione *f* **geografica** geographische Lage *f*
posta *f* **elettronica** elektronische Post *f* (e- mail)
posteggio *m* Parkplatz *m*
posteggio *m* **taxi** Taxistand *m*
posto *m* **a sedere** Sitzplatz *m*
posto *m* **accanto al finestrino** Fensterplatz *m*, Fenstersitz *m*
posto *m* **centrale** Mittelplatz *m*
posto *m* **corridoio** Gangplatz *m*
posto *m* **d'ormeggio** Liegeplatz *m*
posto *m* **libero** freier Sitzplatz *m*
posto-miglio *m* Sitzmeile *f*
potenziale *m* **di mercato** Marktpotential *n*
potere *m* **d'acquisto** Kaufkraft *f*
pranzo *m* Mittagessen *n*
pranzo *m* **al sacco** Lunchpaket *n*
pre-apertura *f* **amministrativa** Voreröffnungsmanagement *n* (periodi antecedenti e successivi alle contrattazioni)
preferenza *f* **del cliente** Kundenwunsch *m*
preferenza *f* **del marchio** Markenpräferenz *f*
prefinanziamento *m* Vorfinanzierung *f*
pre-imbarco *m* Einsteigevorbereitung *f*
premeditazione *f* Vorsatz *m*
premio *m* Prämie *f*, Bonus *m*, Preis *m* (bonus)
premio *m* **ambientale** Umweltpreis *m*
premio *m* **di esperienza** Erlebnisprämie *f*
premio *m* **d'iscrizione** Beitrittsbonus *m*
premio *m* **materiale** Sachprämie *f*
premio *m* **miglia** Bonusmeile *f*, Meilenbonus *m*
premio *m* **socio** Prämienpartner *m*
premio *m* **unico** Einmalprämie *f*
prenotazione *f* Reservierung *f*, Buchung *f*, Voranmeldung *f*, Vorbestellung *f*, Vormerkung *f*
prenotazione *f* **a scopo precauzionale** vorsorgliche Buchung *f*

prenotazione *f* **all'ultimo minuto** kurzentschlossene Buchung *f*
prenotazione *f* **anticipata del posto** vorherige Platzreservierung *f*
prenotazione *f* **del posto a sedere** Sitzplatzreservierung *f*
prenotazione *f* **di un posto sul treno** Zugreservierung *f* (Sitzplatz)
prenotazione *f* **di un viaggio** Reisenanmeldung *f*
prenotazione *f* **di una camera** Zimmerreservierung *f*, Zimmerbuchung *f*
prenotazione *f* **diretta** Direktbuchung *f*, Buchung *f* im Direktvertrieb
prenotazione *f* **doppia** Doppelbuchung *f*
prenotazione *f* **eccedente** Überbuchung *f*
prenotazione *f* **elettronica** ticketlose Abrechnung *f*
prenotazione *f* **espressa** Expressreservierung *f*
prenotazione *f* **"first minute"** frühzeitiges Buchen *n*
prenotazione *f* **fittizia** Scheinbuchung *f*
prenotazione *f* **in lista d'attesa** Buchung *f* auf Warteliste
prenotazione *f* **in rete** Online-Buchung *f*, Reisebuchung *f* online
prenotazione *f* **individuale nei voli charter** Einzelplatzbuchung *f* im Charterflugbereich
prenotazione *f* **last minute** kurzentschlossene Buchung *f*
prenotazione *f* **precoce** frühzeitiges Buchen *n*
prenotazione *f* **quattro mesi prima della partenza** Altbuchung *f*
prenotazione *f* **su richiesta** Buchung *f* auf Anfrage
prenotazione *f* **supplementare** Zubuchung *f*
pre-ordinazione *f* Vorbestellung *f*
preparazione *f* **all'esame** Prüfungsvorbereitung *f*
prescrizione *f* Verjährung *f*, Verordnung *f*
presentatore *m* Moderator *m*
preservazione *f* **del costo del viaggio** Reisepreis-Sicherung *f*
prestatore *m* **di servizi** Leistungsträger *m*
prestatore *m* **di servizio informazioni** Informationsdienstleister *m*
prestazione *f* **d'agenzia** Vermittlungsleistung *f*

prestazione *f* **di servizio** Dienstleistung *f*
prestazione *f* **di servizio con riserva di apportare modifiche** Leistungsänderungsvorbehalt *m*
prestazione *f* **esterna** Fremdleistung *f*
prestazione *f* **principale** Hauptleistung *f*
prestazione *f* **supplementare di servizi a sovrapprezzo** Zusatzleistung *f* gegen Aufpreis
prestazione *f* **turistica** Reiseleistung *f*
prestazioni *fpl* **accessorie** Nebenleistungen *fpl*
prestazioni *fpl* **di servizi delle quali non ci si è avvalsi** nicht in Anspruch genommene Leistungen *fpl*
prestito *m* **in obbligazioni** Anleihe *f*
prestito *m* **locativo** Mietkauf *m*
prevenzione *f* **delle crisi** Krisenprävention *f*
previdenza *f* **stazionaria** stationäre Vorsorge *f*
previsione *f* Prognose *f*
previsione *f* **di traffico** Stauprognose *f*
prezzi *mpl* **del biglietto a bordo** Bordpreise *mpl*
prezzo *m* Preis *m*
prezzo *m* **base** Eckpreis *m*
prezzo *m* **del biglietto** Fahrpreis *m*
prezzo *m* **del pacchetto turistico** Pauschalpreis *m*
prezzo *m* **del pernottamento** Übernachtungspreis *m*
prezzo *m* **di costo** Selbstkostenpreis *m*
prezzo *m* **di passaggio** Durchgangstarif *m*
prezzo *m* **di richiamo** Lockvogelangebot *n*
prezzo *m* **d'occasione** Vorzugspreis *m*
prezzo *m* **economico** Sparpreis *m*
prezzo *m* **finale** Endpreis *m*
prezzo *m* **finale al consumatore** Endverbraucherpreis *m*
prezzo *m* **forfetario** Pauschalpreis *m*
prezzo *m* **intero** Vollpreis *m*
prezzo *m* **lordo** Bruttopreis *m*
prezzo *m* **netto** Nettopreis *m*
prezzo *m* **per chilometro** Kilometerpreis *m*
prezzo *m* **per il pernottamento** Beherbergungspreis *m*
prezzo *m* **preferenziale** Vorzugspreis *m*
prezzo *m* **soggetto a cambiamenti o alterazioni** Preisänderungsvorbehalt *m*
prezzo *m* **sottocosto** Dumpingpreis *m*

principale *m* Handelsherr *m*
principio *m* **aziendale** Unternehmensleitbild *n*
principio *m* **di sussidiarietà** Subsidiaritätsprinzip *n*
principio *m* **economico** ökonomisches Prinzip *n*
privatizzazione *f* Privatisierung *f*
procedimento *m* **amministrativo del turismo** touristische Vorgangsverwaltung *f*
procedimento *m* **arbitrale** Schiedsgerichtsverfahren *n*
procedimento *m* **di accettazione bagagli per gruppi** Gepäckpool *m*
procedimento *m* **di addebito** Lastschriftverfahren *n*
procedimento *m* **per l'assegnazione dei posti alloggio** Vergabeverfahren *n*
procedura *f* **deficitaria dell'Unione Europea** Defizitverfahren *n* der EU
procedura *f* **d'emergenza** Sofortmaßnahme *f*
procedura *f* **di allarme preventivo** Frühwarnsystem *n*
procedura *f* **di conciliazione** Vergleichsverfahren *n*
procedura *f* **di partecipazione** partnerschaftliche Vorgehensweise *f*
procedura *f* **di sdoganamento a doppio canale** Zweikanal-Abfertigungsverfahren *n* *(sistema rosso-verde)*
processore *m* Prozessor *m*
procura *f* **legale** Vollmacht *f*
prodotto *m* Produkt *n*
prodotto *m* **concorrenziale** Wettbewerbsprodukt *n*
Prodotto *m* **Interno Lordo** Bruttoinlandsprodukt *n (abbr.: PIL)*
Prodotto *m* **Nazionale Lordo** Bruttosozialprodukt *n (abbr.:PNL)*
prodotto *m* **netto** Wertschöpfung *f*
prodotto *m* **nicchia** Nischenprodukt *n*
prodotto *m* **non di marca** markenloses Produkt *n*
prodotto *m* **realizzato in collaborazione** Gemeinschaftsprodukt *n*
produttività *f* Produktivität *f*
produzione *f* **di documenti** Dokumentenerstellung *f*
professionista *m* **del turismo** Touristiker *m*, Touristikfachkraft *f*

profilare v profilieren
profilo m **aziendale** Unternehmensprofil n
profilo m **delle forze e delle debolezze** Stärken-Schwächen-Profil n
profilo m **professionale** Berufsbild n
profittabilità f Wirtschaftlichkeit f
profitti mpl **delle vendite** Verkaufserlöse mpl
profitto m Erlös m, Ertrag m, Gewinn m
progettazione f **di un viaggio d'affari** Geschäftsreiseplanung f
progettista m **di percorso** Routenplaner m
progetto m **SLOT** (sistema locale di offerta turistica) Projekt n SLOT (Lokalsystem für touristische Leistungen)
prognosi f Prognose f
prognosi f **di crescita** Wachstumsprognose f
prognosi f **d'ingorgo** Stauprognose f
programma m **d'animazione** Animationsprogramm n
programma m **d'escursione** Ausflugsprogramm n
programma m **di aiuto sul proprio capitale** Eigenkapitalhilfeprogramm n
programma m **di destinazione turistica** Länderprogramm n
programma m **di fidelizzazione del consumatore** Kundenbindungsprogramm n
programma m **di intrattenimento** Unterhaltungsprogramm n
programma m **di intrattenimento a bordo** Unterhaltungsprogramm n an Bord
programma m **di prenotazione per il noleggio d'auto** Mietwagenreservierungsprogramm n
programma m **di promozione aziendale** Firmenförderprogramm n
programma m **di riduzione dei costi** Kostensenkungsprogramm n
programma m **di risparmio** Sparprogramm n
programma m **di sgravio** Sparprogramm n
programma m **di vincolo tra agenzie** Agenturbindungsprogramm n
programma m **d'utente** Anwenderprogramm n

programma m **individuale per la prenotazione di un pacchetto di viaggio** Bausteinreservierungsprogramm n (su misura)
programma m **per passeggeri abituali** Vielfliegerprogramm n
programma m **premio** Bonusprogramm m
programma m **quadro** Rahmenprogramm n
programma m **soci** Programmpartner m
programma m **sociale** Rahmenprogramm n
programmazione f **del viaggio** Reiseplanung f
prolungamento m **della stagione turistica** Saisonverlängerung f
promessa f Zusage f
promontorio m Kap n
promoter m Veranstalter m
promotore m Förderer m
promozione f **comunitaria del turismo** EU-Tourismusförderung f
promozione f **del turismo** Tourismusförderung f
promozione f **dell'attività economica** Konjunkturförderung f
promozione f **dell'immagine** Imagewerbung f
promozione f **dello sviluppo economico** Wirtschaftsförderung f
promozione f **di vendita** Verkaufsförderung f
promozione f **diretta** Selbstvermarktung f
promozione f **turistica** Tourismusförderung f
pronostico m Prognose f
propaganda f Werbung f
propilei mpl Propyläen pl
proposito m Vorsatz m
proposta f **di vendita unica** Alleinstellungsmerkmal n
proprietà f **pubblica** öffentliches Gut n
proroga f Moratorium n
proroga f **del termine ultimo** Fristverlängerung f
protezione f **completa** Komplettschutz m
protezione f **dei dati** Datenschutz m
protezione f **del domicilio** Domizilschutz m

protezione *f* **dell'ambiente** Umweltschutz *m*
protezione *f* **solare** Sonnenschutz *m*
protezionismo *m* Protektionismus *m*
Protocollo *m* **dell'Aia** Haager Protokoll *n*
protocollo *m* **di segnalazione delle deficienze** Mängelprotokoll *n*
provento *m* Ertrag *m*
provento *m* **derivato da servizi a pagamento** Zahlungseinnahme *f*
provvigione *f* Provision *f* • **a provvigione** auf Provision
provvigione *f* **anticipata** Provisionsvorauszahlung *f*
provvigione *f* **per agenti di vendita** Provisionsvergütung *f* für Vermittlungsgeschäfte
provvigione *f* **per del credere** Delkredere-Provision *f*
provvigione *f* **supplementare** Superprovision *f*
prua *f* *(mar.)* Bug *m*
pub *m* Kneipe *f*, Pub *m*
pubblicazione *f* Veröffentlichung *f*
pubblicazione *f* **della sezione trasversale** Querschnittsveröffentlichung *f*
pubblicità *f* Werbung *f*
pubblicità *f* **associata** Verbundwerbung *f*
pubblicità *f* **collettiva** Gemeinschaftswerbung *f*, Anschließerwerbung *f*
pubblicità *f* **diretta** Direktwerbung *f*
pubblicità *f* **interna** innere Werbung *f*
punto *m* **d'accesso** Einwahlknoten *m* (point of presence)
punto *m* **di equilibrio** Gewinnschwelle *f*, Nutzenschwelle *f*
punto *m* **di inversione fittizio nel calcolo delle tariffe aeree** fiktiver Umkehrpunkt *m* Flugtarifberechnung
punto *m* **di partenza** Abfahrtsort *m*, Ausgangspunkt *m*
punto *m* **di prevendita biglietti** Vorverkaufsstelle *f*
punto *m* **di vendita** Verkaufspunkt *m*
punto *m* **d'incontro** Sammelpunkt *m*, Treffpunkt *m*
punto *m* **ideale di inversione** Goldener Umkehrpunkt *m*
punto *m* **morto** Gewinnschwelle *f*
punto *m* **nodale** Knotenpunkt *m*

Q

quadrato *m* **magico del bersaglio economico** Magisches Viereck *n* *(ideale punto di bilancio delle quattro mete economiche)*
quadro *m* **degli orari d'arrivo** Ankunftstafel *f*
qualità *f* Qualität *f*
qualità *f* **assicurata** zugesicherte Eigenschaft *f*
qualità *f* **della consulenza** Beratungsqualität *f*
qualità *f* **garantita** zugesicherte Eigenschaft *f*
quarantena *f* Quarantäne *f*
quartiere *m* Quartier *n*
questionario *m* **per gli ospiti** Gästefragebogen *m*
quietanza *f* Quittung *f*
quota *f* **del contribuente** lohnsteuerpflichtiger Anteil *m*
quota *f* **di rincaro** Teuerungsrate *f*
quota *f* **forfetaria per la sicurezza aerea** Luftsicherheitspauschale *f*
quota *f* **pubblica** Staatsquote *f*
quota *f* **statale** Staatsquote *f*
quotazione *f* Kurs *m* *(borsa)*; Preisberechnung *f*
quotazione *f* **diretta** Preisnotierung *f*
quotazione *f* **in borsa** Börsengang *m*

R

raccomandatario Versicherer *m* *(marittimo)*
racconto *m* **d'avventure di mare** Seemannsgarn *n*
raccordo *m* **marittimo** Wasserkreuz *n*
rada *f* Reede *f* *(naut.)*
raduno *m* Versammlung *f*
raffica *f* **di vento** Bö *f*
ragioneria *f* Betriebswirtschaftslehre *f*, Rechnungswesen *n*
rally *m* Sternfahrt *f* *(auto, moto)*
ramo *m* **d'affari** Branchenbezeichnung *f*
rapimento *m* Entführung *f*
rapporto *m* **prezzo-prestazioni** Preis-Leistungs-Verhältnis *n*

rapporto *m* **sulle condizioni stradali** Straßenzustandsbericht *m*
rappresentante *m* Vertreter *m*
rappresentante *m* **commerciale** Handelsvertreter *m*
rappresentanza *f* Vertretung *f*
rappresentanza *f* **all'estero** Auslandsvertretung *f*
rappresentanza *f* **d'interessi dell'industria turistica** Interessenvertretung *f* der Reisebranche
rappresentanza *f* **generale** Generalvertretung *f*
rappresentazione *f* **della sezione trasversale** Querschnittsdarstellung *f*
rata *f* Abschlagszahlung *f*, Tarif *m*
razionalizzazione *f* Rationalisierung *f*
razione *f* **supplementare di cibo** Verpflegungsmehraufwendung *f*
realizzazione *f* **da parte delle agenzie di viaggi di pacchetti turistici venduti direttamente o messi in vendita** Eigentouristik *f*
recessione *f* Rezession *f*, Abschwung *m*
reclamo *m* Reklamation *f*
redditività *f* Rentabilität *f*, Wirtschaftlichkeit *f*
redditività *f* **aziendale** Betriebsrentabilität *f*, Unternehmensrentabilität *f*
redditività *f* **del capitale proprio** Eigenkapitalrentabilität *f*
redditività *f* **delle vendite** Umsatzrentabilität *f*
reddito *m* **combinato** Kombi-Lohn *m*
reddito *m* **totale** Gesamterlös *m*
referente *m* **turistico** Touristikreferent *m*
regime *m* **di responsabilità degli operatori turistici** reiserechtliche Haftpflicht *f*
regionalizzazione *f* **del trasporto locale** Regionalisierung *f* des Nahverkehrs
regione *f* Region *f*
regione *f* **sciistica** Skigebiet *n*
regione *f* **turistica** Zielgebiet *n*
registrazione *f* Buchung *f*
registrazione *f* **a scopo precauzionale** vorsorgliche Buchung *f*
registrazione *f* **alberghiera** Meldezettel *m* Hotel
registrazione *f* **anticipata** Vorausbuchung *f*
registrazione *f* **di volo** Flugdatenschreiber *m*, Flugschreiber *m*

registrazione *f* **doppia** Doppelbuchung *f*
registrazione *f* **passiva** passive Buchung *f*
registro *m* Verzeichnis *n*
registro *m* **commerciale** Handelsregister *n*
registro *m* **di bordo** Schiffsregister *n*
registro *m* **di flotta** Schiffsregister *n*
registro *m* **secondario** Zweitregister *n*
regola *f* **del fine settimana** Wochenendbindung *f*
regola *f* **di buona fede** Kulanzregelung *f*
regolamentazione *f* **dei lavori interinali** Minijob-Regelung *f*
regolamentazione *f* **dei prezzi a tutela della concorrenza** Preisabstandsgebot *n*
regolamentazione *f* **delle vacanze scolastiche** Schulferienregelung *f*
regolamento *m* **del traffico ferroviario** Eisenbahnverkehrsordnung *f*
regolamento *m* **del trasporto di passeggeri con autobus** Betriebsordnung *f* Kraftverkehr
regolamento *m* **della casa** Hausordnung *f*
regolamento *m* **di esenzione** Freistellungsverordnung *f*
regolamento *m* **di sicurezza** Sicherheitsvorschrift *f*
regolamento *m* **per la qualifica dell'istruttore** Ausbildereignungsverordnung *f*
regolamento *m* **sulla formazione professionale dell'autista** Berufskraftfahrer-Ausbildungsordnung *f*
regolamento *m* **viario per imporre il flusso e la sicurezza del traffico stradale** Sozialvorschrift *f* im Straßenverkehr
regolazione *f* Regulierung *f*
regresso *m* **della domanda** Nachfragerückgang *m*
relatore *m* **specializzato** Fachreferent *m*
relazioni *fpl* **pubbliche** Öffentlichkeitsarbeiten *fpl*
remunerazione *f* Entgelt *n*
rendita *f* Rendite *f*
reparto *m* **massaggi** Massageabteilung *f*
requisiti *mpl* **d'entrata** Einreisebestimmungen *fpl* (in un paese straniero)
requisito *m* **obbligatorio di visto** Visumsvorschrift *f*

resa *f* **chilometrica illimitata** unbegrenzte Kilometerleistung *f*
residenza *f* **estiva** Ferienhaus *n*
resistenza *f* **dell'aria** Luftwiderstand *m*
responsabile *m(f)* **della qualità nel settore turistico** Qualitätsmanager(in) *m(f)* im Tourismus *(qualificazione professionale offerta dalla Camera dell'Industria e del Commercio Tedesca)*
responsabile *m(f)* **della ristorazione** Wirtschaftsdirektor(in) *m(f)*
responsabile *m(f)* **delle prenotazioni** Reservierungsleiter(in) *m(f)*
responsabilità *f* **assoluta** Vollhaftung *f*
responsabilità *f* **civile dell'organizzatore** Veranstalterhaftung *f*
responsabilità *f* **collettiva della IATA con le agenzie di viaggio DRV** Iata-Haftungsgemeinschaft *f*
responsabilità *f* **del prestatore di servizi** Leistungsträgerhaftung *f*
responsabilità *f* **della compagnia durante il passaggio in traghetto o in nave** Fährschiffspassagenhaftung *f*
responsabilità *f* **dell'albergatore** Gastwirtshaftung *f*
responsabilità *f* **diretta** Eigenverantwortung *f*
responsabilità *f* **per i passaggi in navi** Haftung *f* bei Schiffspassagen
responsabilità *f* **per viaggi tutto compreso** Haftung *f* bei Pauschalreisen
responsabilità *f* **pubblica** Staatshaftung *f*
restituzione *f* Erstattung *f*
rete *f* Netzwerk *n*
rete *f* **di autobus espressi costituita da più di 30 partner europei** Europabus *m (Abk.: EB)*
rete *f* **di itinerari aerei** Luftstraßennetz *n*
rete *f* **ferroviaria ad alta velocità** Schnellbahnnetz *n*
rete *f* **portabagagli** Gepäcknetz *n*
rete *f* **radiomobile** Mobilfunknetz *n*
rete *f* **radiomobile per cellulari** Mobilfunknetz *n*
rete *f* **transeuropea** Transeuropäisches Netz *n*
retribuzione *f* Bezahlung *f*, Vergütung *f*, Entgelt *n*
revoca *f* **totale** Vollstorno *n*
riassicurazione *f* Rückversicherung *f*
ribasso *m* Preisnachlass *m*

ribasso *m* **tariffario** Tarifsenkung *f*
ricavati *mpl* **delle vendite** Verkauferlöse *mpl*
ricavato *m* Erlös *m*
ricavato *m* **complessivo** Gesamterlös *m*
ricerca *f* **di mercato** Marktforschung *f*, Marktuntersuchung *f*
ricerca *f* **di mercato turistica** touristische Marktuntersuchung *f*
ricetta *f* **del successo** Erfolgsrezept *n*
ricettività *f* Kapazität *f (hotel)*
ricettività *f* **posti letto** Bettenkapazität *f*
ricevimento *m* **di benvenuto** Begrüßungsempfang *m*
ricevuta *f* Quittung *f (voucher)*; Beleg *m*
ricezione *f* Empfangshalle *f*, Rezeption *f (reception)*
ricezione *f* **dell'albergo** Hotelempfang *m (reception)*
richiesta *f* Anfrage *f*
richiesta *f* **del cliente** Kundenwunsch *m*
richiesta *f* **della disponibilità ricettività** Vakanzabfrage *f*
richiesta *f* **di prenotazione** Buchungsanfrage *f*
richiesta *f* **di responsabilità** Haftungsanspruch *m*
richiesta *f* **di rimedio** Abhilfeverlangen *n*
richiesta *f* **di servizi turistici** touristische Nachfrage *f*
ricordo *m* **di viaggio** Reiseandenken *n*
ricreazione *f* **locale** Naherholung *f*
riduzione *f* Minderung *f*, Vergünstigung *f*, Rabatt *m*, Nachlass *m*
riduzione *f* **dei posti di lavoro** Stellenabbau *m* Personal
riduzione *f* **del personale** Stellenabbau *m* Personal
riduzione *f* **della frequenza e della capacità** Frequenz- und Kapazitätsabbau *m*
riduzione *f* **della limitazione della concorrenza** Abbau *m* von Wettbewerbsbeschränkungen
riduzione *f* **dell'orario di lavoro** Arbeitszeitverkürzung *f*
riduzione *f* **di tariffa** Tarifsenkung *f*
riduzione *f* **per bambini** Kinderermäßigung *f*
rientro *m* **prematuro** vorzeitige Rückreise *f*
riforma *f* **ferroviaria tedesca** Bahnreform *f*

rilevazione *f* **della capacità** Kapazitätserhebung *f*
rimborso *m* Erstattung *f*, Minderung *f*,
Rückerstattung *f*, Rückvergütung *f*, Vergütung *f*
rimborso *m* **del prezzo del biglietto**
Fahrpreiserstattung *f*
rimborso *m* **delle spese di viaggio**
Reisekostenvergütung *f*
rimborso *m* **di servizi di viaggio**
Erstattung *f* von Reiseleistungen
rimedio *m* **ed imparzialità** *f* **rapidi**
zügige Abhilfe *f* und Kulanz *f*
rimedio *m* **personale** Selbstabhilfe *f*
rimessa *f* **per barche** Bootshaus *n*
rimorchiatore *m* Schlepper *m*
rimpatrio *m* Rückbeförderung *f*
rinascimento *m* Renaissance *f*
riposo *m* Erholung *f*
riposo *m* **pomeridiano** Ruhe *f (gelasse-
ne)*
ripresa *f* **economica** Aufschwung *m*,
Erholung *f*
riqualificazione *f* **professionale** Umschulung *f*
risarcimento *m* **adeguato** angemessene
Entschädigung *f*
risarcimento *m* **danni** Schadenersatz *m*
risarcimento *m* **delle spese di viaggio**
Reisekostenerstattung *f*
rischio *m* **d'accumulazione** Kumulrisiko
n
rischio *m* **degli operatori turistici**
Reiseveranstalterrisiko *n*
rischio *m* **dei passeggeri** Fluggastrisiko
n (aer.)
rischio *m* **di cambio** Währungsrisiko *n*
rischio *m* **di mancata spedizione**
Risiko *n* der Nichtbeförderung
rischio *m* **di mancato trasporto** Risiko
n der Nichtbeförderung
riserva *f* Reservat *n*, Rückstellung *f*
riserva *f* **della biosfera** Biosphärenreservat *n*
riserva *f* **di apportare modifiche**
Änderungsvorbehalt *m*
riserva *f* **naturale** Landschaftsschutzgebiet *n*, Naturschutzgebiet *n*
risoluzione *f* Resolution *f*, Auflösung *f*
risoluzione *f* **IATA** Iata-Resolution *f*
risparmio *m* **sul costo** Kosteneinsparung *f*
ristagno *m* Stauung *f*

ristagno *m* **dei consumi** Konsumflaute *f*
ristagno *m* **congiunturale** Konjunkturflaute *f*
ristorante *m* Restaurant *n*
ristorante *m* **della stazione** Bahnhofsrestaurant *n*
ristorante *m* **di bordo** Bordrestaurant *n*
ristorante *m* **self-service** Selbstbedienungsrestaurant *n*
ristorazione *f* Catering *n*
risultato *m* **annuale dell'esercizio**
Jahresergebnis *n* Bilanz
risultato *m* **d'esercizio** Betriebsergebnis
n
risultato *m* **di gestione** Betriebsergebnis
n
ritardo *m* Verspätung *f*, Zeitverschiebung *f*
ritardo *m* **dei pagamenti** Zahlungsverzug *m*
ritardo *m* **dei termini di consegna**
Lieferfristenüberschreitung *f*
ritardo *m* **del volo** Flugverspätung *f*
ritorno *m* Rückkehr *f*
ritorno *m* **a casa di soldati dell'esercito e di coloro che prestano servizio civile obbligatorio** Familienheimfahrt *f* von Bundeswehrangehörigen und
Zivildienstleistenden
riunione *f* Besprechung *f*, Versammlung *f*,
Zusammenkunft *f*
riunione *f* **del personale** Mitarbeitergespräch *n*
riunione *f* **periodica degli agenti di
viaggio** Reisebürostammtisch *m*
rivalutazione *f* Aufwertung *f*
rococò *m* Rokoko *m*
rotazione *f* Turnus *m*, Umlauf *m (monetaria)*
rotazione *f* **settimanale di voli charter**
Flugkette *f*
Rotes Lager: campo *m* **rosso** Rotes
Lager *n (recente processo di concentrazione e riorganizzazione dell'Industria del
Turismo Tedesca ed Europea, nel quale il
così chiamato "campo rosso" è formato
dalla Hapag Lloyd, Thomson Travel e dalla
TUI Group e il "campo giallo" dalla Karstadt concern, Lufthansa e Thomas Cook)*
rotta *f* Kurs *m (navigazione)*
rotta *f* **a medio raggio** Mittelstrecke *f*
(aer)
rotta *f* **aerea** Flugroute *f*, Streckenflug *m*
rotta *f* **Amburgo – Copenhagen** Vogelfluglinie *f*

rotta *f* **del treno a levitazione magnetica** Magnetschwebebahn-Trasse *f*
rotta *f* **turistica** touristische Route *f*, Reiseroute *f*
rottura *f* **del contratto** Vertragsbruch *m*
roulotte *f* Caravan *m*, Wohnwagen *m*, Wohnanhänger *m*
roulotte *f*, **barche** *fpl* **e mercato** *m* **turistico internazionale** Caravan, Boot und Internationaler Reisemarkt *m (Abk.: CBR; esposizione di Monaco)*
rubrica *f* **viaggi nelle riviste** Reiseteil *m* bei Zeitungen
rumore *m* Lärm *m*
rumore *m* **d'aereo** Fluglärm *m*
ruolo *m* **chiave** Schlüsselrolle *f*

S

sabato *m* Sabbat *m*
Sabbat *m* Sabbat *m*
sacchetto *m* Rucksack *m*
sala *f* **attività** Hallenbetrieb *m*
sala *f* **conferenze** Konferenzraum *m*
sala *f* **da pranzo** Speisesaal *m*
sala *f* **d'aspetto** Warteraum *m*, Wartesaal *m*, Lounge *f*
sala *f* **d'attesa** Aufenthaltsraum *m*
sala *f* **di riposo** Ruheraum *m*
sala *f* **per la prima colazione** Frühstücksraum *m*
sala *f* **pubblica** Gesellschaftsraum *m*
sala *f* **TV** Fernsehraum *m*
salone *m* **d'albergo** Hotelhalle *f (hall)*
salone *m* **della carrozza ristorante** Salon-Speisewagen *m*
salone *m* **professionale del turismo** Tourismusfachmesse *f*
salotto *m* Aufenthaltsraum *m*
salpare *v* auslaufen
salto *m* **di carriera** Karrieresprung *m*
sanatorio *m* Sanatorium *n*, Kurklinik *f*
sanatorio *m* **termale** Kursanatorium *n*
sauna *f* Sauna *f*
savana *f* Grassteppe *f*
sbarcare *v* ausschiffen
sbarco *m* Landung *f*, Ausbooten *n (mar)*
scadenza *f* **d'iscrizione** Anmeldeschluss *m*
scala *f* **dei prezzi** Preisstaffel *f*
scala *f* **passeggeri** Fluggasttreppe *f*

scalo *m* **extraterritoriale** exterritorialer Zwischenaufenthalt *m*
scalo *m* **intermedio** Zwischenlandung *f*, Flugunterbrechung *f (con pernottamento)*; Unterwegsaufenthalt *m*
scalo *m* **volontario** freiwillige Flugunterbrechung *f*
scambio *m* **d'appartamento** Wohnungstausch *m*
scambio *m* **di case e di appartamenti** Haus- und Wohnungstausch *m*
scambio *m* **di informazioni e di idee** Informations- und Gedankenaustausch *m (brainstorming)*
scatola *f* **nera** Flugschreiber *m*, Flugdatenschreiber *m*
scavo *m* **archeologico** archäologische Ausgrabung *f*
scena *f* Schauplatz *m*
sceriffi *mpl* **armati** bewaffnete Flugbegleiter *mpl*
scheda *f* **magnetica** Magnetstreifenkarte *f*
scialuppa *f* Beiboot *n*
sciovia *f* Skischlepplift *m*, Schlepplift *m*
scissione *f* **aziendale** Betriebsaufspaltung *f*
scivolo *m* **di emergenza** Notrutsche *f*
scoglio *m* Schäre *f*
scompartimento *m* Abteil *n (treno)*
scompartimento *m* **conferenze** Konferenzabteil *n*
scompartimento *m* **ferroviario** Bahnabteil *n*
scompartimento *m* **fumatori** Raucherabteil *n*
scompartimento *m* **non fumatori** Nichtraucherabteil *n*
scompartimento *m* **vagone letto** Schlafwagenabteil *n*
sconto *m* Ermäßigung *f* Nachlass *m*, Preisnachlass *m*, Rabatt *m*, Skonto *n*
sconto *m* **all'ingrosso** Mengennachlass *m*
sconto *m* **di gruppo** Gruppenermäßigung *f*
sconto *m* **di quantità** Mengennachlass *m*
sconto *m* **per chi prenota presto** Frühbucherrabatt *m*
sconto *m* **per lavoratori stranieri** Gastarbeiterermäßigung *f*
sconto *m* **per pagamenti anticipati** Vorauszahlungsrabatt *m*

sconto *m* **praticato all'agente** Agentenermäßigung *f*

sconto *m* **studenti** Studentenermäßigung *f*

scontrino *m* **bagagli** Gepäckschein *m*

scontrino *m* **di cassa** Kassenzettel *m*

scopo *m* **del viaggio** Reisezweck *m*

scoppio *m* **supersonico** Überschallknall *m*

scottatura *f* **solare** Sonnenbrand *m*

scuola *f* **alberghiera** Hotelfachschule *f*

scuola *f* **professionale alberghiera** Hotelberufsfachschule *f*

scuola *f* **universitaria professionale** Fachhochschule *f*

sdoganamento *m* Abfertigungsschalter *m*, Verzollung *f*

seconda residenza *f* Zweitwohnsitz *m*

secondo domicilio *m* Zweitwohnsitz *m*

secondo e terzo viaggio *m* Zweit- und Drittreise *f*

sedie *fpl* **per cinema** Kinobestuhlungen *fpl*

sedie *fpl* **per conferenza** Vortragsbestuhlungen *fpl*

sedile-letto *m* Schlafsitz *m*

seduta *f* Sitzung *f*, Zusammenkunft *f*

seggiolino *m* Kindersitz *m*

seggiovia *f* Sessellift *m*

segmento *m* **dei costi** Kostensegment *n*

segmento *m* **di mercato** Marktsegment *n*

segmento *m* **di volo** Flugsegment *n*

segmento *m* **passivo** passives Segment *n*

segnalazione *f* **dei dati principali del viaggio** Reisesteckbrief *m*

segnalazione *f* **in multifrequenza** Mehrfrequenzwahlverfahren *n (Abk.: MFV)*

segnale *m* **luminoso** Leuchtfeuer *n*

segnaletica *f* **di posizione** Wegweiser *m*

seminario *m* Seminar *n*

sentiero *m* Wanderweg *m* *(per escursioni)*

servizi *mpl* **supplementari** Nebenleistungen *fpl*

servizio *m* Service *m*, Dienstleistung *f*

servizio *m* **a richiesta** Anforderungsverkehr *m*

servizio *m* **a terra** Bodendienst *m*

servizio *m* **alla francese** Französischer Service *m*

servizio *m* **alloggi** Zimmervermittlung *f*, Zimmernachweis *m*

servizio *m* **autobus delle compagnie ferroviarie** Bahnbus *m*

servizio *m* **aziendale** Firmendienst *m*

servizio *m* **clienti** Kundendienst *m*

servizio *m* **consigli di viaggio del club automobilistico tedesco** ADAC-Tour-Service-Reisetipp *m*

servizio *m* **di assistenza a terra** Bodenabfertigungsdienstleistung *f*

servizio *m* **di assistenza telefonica** telefonischer Hilfsdienst *m (hotline)*

servizio *m* **di call center** telefonischer Service *m*

servizio *m* **di consulenza** Beratungsleistung *f*

servizio *m* **di contabilità** Abrechnungsdienstleister *m*

servizio *m* **di corriere** Kurierdienst *m*

servizio *m* **di igiene del lavoro e di tecnica di sicurezza di un'associazione professionale** Arbeitsmedizinischer und Sicherheitstechnischer Dienst *m* der Berufsgenossenschaft

servizio *m* **di mezza pensione** Teilverpflegung *f*

servizio *m* **di navetta** Pendelverkehrsdienst *m*, Zubringerdienst *m*

servizio *m* **di navetta inverso** umgekehrter Pendelverkehrsdienst *m (servizio di solo andata o di solo ritorno)*

servizio *m* **di navetta per aeroporto** Flughafen-Zubringerservice *m*

servizio *m* **di piano in albergo** Etagenservice *m* im Hotel

servizio *m* **di recupero** Rückholservice *m*

servizio *m* **di rimpatrio** Rückholservice *m*

servizio *m* **di ritiro** Abholservice *m* *(merce o bagagli)*

servizio *m* **di sicurezza privato** privater Sicherheitsdienst *m*

servizio *m* **di soccorso stradale** Pannendienst *m*, Straßenhilfsdienst *m*, Abschleppdienst *m*

servizio *m* **di solo navetta** Pendelverkehr *m* ohne Arrangement

servizio *m* **di solo voli** Nur-Flug-Geschäft *n*

servizio *m* **di stireria e di lavanderia in albergo** Bügel- und Reinigungsdienst *m* in Hotels
servizio *m* **di trasporto** Beförderungsleistung *f*
servizio *m* **di trasporto a terra** Bodenverkehrsdienst *m*
servizio *m* **esterno** Fremdleistung *f*
servizio *m* **gastronomico illegale** Schwarzgastronomie *f*
servizio *m* **gastronomico operante sotto lo stesso nome** Ketten- und Systemgastronomie *f*
servizio *m* **in camera** Zimmerservice *m*
servizio *m* **informazione** Auskunftsdienst *m*
servizio *m* **inglese** Englischer Service *m*
servizio *m* **navetta** Buspendelverkehr *m*
servizio *m* **navetta Eurotunnel** Eurotunnel-Pendeldienst *m*
servizio *m* **privato di sicurezza** privater Sicherheitsdienst *m*
servizio *m* **regionale** Regionaldienst *m*
servizio *m* **telefonico** telefonischer Service *m*
servizio *m* **viaggi** Reisedienst *m*
servizio *m* **viaggio di gruppo** Gruppenreisedienst *m*
sestante *m* Sextant *m*
settimana *f* **di prova** Schnupperwoche *f*
settimana *f* **prolungata** Verlängerungswoche *f*
settore *m* **alberghiero stagionale** Saisonhotellerie *f*
settore *m* **para-alberghiero** Parahotellerie *f*
settore *m* **primario** primärer Sektor *m*
settore *m* **secondario** sekundärer Sektor *m*
settore *m* **terziario** tertiärer Sektor *m*
sezione *f* Revier *n*
sezione *f* **di percorso** Teilstrecke *f*
sicurezza *f* **aerea** Flugsicherung *f*
sicurezza *f* **dei dati** Datensicherheit *f*
sicurezza *f* **del viaggio** Reisesicherheit *f*
sicurezza *f* **stradale** Wegsicherung *f*
sigillo *m* **di qualità** Qualitätssiegel *n*
sigillo *m* **di qualità europeo** Euro-Gütesiegel *n*
simbolo *m* **di qualità** Qualitätssymbol *n*
simposio *m* Symposium *n*
sindacato *m* Gewerkschaft *f*
Sindacato *m* **Tedesco dei Piloti** Vereinigung *f* Cockpit

sindrome *f* **da classe turistica** Touristenklasse-Syndrom *n*
sindrome *f* **da classe economica** Flugsyndrom *n* *(rischio di soffrire di trombosi venosa profonda con conseguente embolia polmonare durante un volo a lunga distanza in aereo, specialmente tra i passeggeri di sesso femminile)*
sinistro *m* Versicherungsfall *m*
sintonizzazione *f* Positionierung *f*
sistema *m* **a buoni** Gutscheinsystem *n*
sistema *m* **a carta elettronica** elektronisches Schlüsselkartensystem *n*
sistema *m* **accumulo miglia** Meilensystem *n*
sistema *m* **automatizzato di ricerca bagagli** Gepäcksuchsystem *n*
sistema *m* **bonus malus** Bonus- und Malusregel *f*
sistema *m* **comunitario di ecogestione e audit ambientale** Öko-Audit-Verfahren *n*
sistema *m* **di carrozze dirette** Kurswagensystem *n*
sistema *m* **di comparazione prezzi** Preisvergleichssystem *n*
sistema *m* **di comunicazione** Nachrichtenverbindungssystem *n*
sistema *m* **di comunicazione e di informazione della sicurezza del traffico aereo** Kommunikations- und Informationssystem *n* Luftverkehrssicherheit
sistema *m* **di controllo della velocità di crociera** Tempomat *m*
sistema *m* **di deposito** Depotsystem *n*
sistema *m* **di gestione viaggi** Reisemanagementsystem *n*
sistema *m* **di linguaggio dialogale** Sprachdialogsystem *n*
sistema *m* **di liquidazione** Abrechnungsverfahren *n*
sistema *m* **di pagamento con carta** Kartensystem *n*
sistema *m* **di prenotazione** Reservierungssystem *n*
sistema *m* **di prenotazione computerizzato** computergestütztes Reservierungssystem *n*, Computerreservierungssystem *n*
sistema *m* **di prenotazione e di registrazione** Buchungs- und Reservierungssystem *n*

sistema *m* **di prenotazione privato**
hauseigenes Reservierungssystem *n*
sistema *m* **di prenotazione, di registrazione e di vendita per viaggi e turismo** Buchungs-, Reservierungs- und Vertriebssystem *n* für Reise und Touristik *(Amadeus)*
sistema *m* **di prezzi imposti** Preisbindung *f*
sistema *m* **di salvataggio aereo** Luftrettungssystem *n*
sistema *m* **di segnalazione con bandiera nella navigazione marittima** Flaggenwesen *n* in der Seeschifffahrt
sistema *m* **di trasporto integrato** Verkehrsverbund *m*
sistema *m* **di trasporto senza barriere** barrierefreie Verkehrssysteme *npl*
sistema *m* **d'informazione passeggeri** Passagierinformationssystem *n*
sistema *m* **duale** duales System *n*
sistema *m* **elettronico di prenotazione posti** elektronische Platzbuchungsanlage *f*
sistema *m* **informazione viaggi** Reiseinformationssystem *n*
sistema *m* **monetario europeo** Europäisches Währungssystem *n*
sistema *m* **operativo** Betriebssystem *n* *(computer)*
sistema *m* **radar** Radaranlage *f*
sistema *m* **rimborso provvigioni** Provisionsrückerstattungssystem *n*
sistema *m* **tariffario** Tarifsystem *n*
sistema *m* **tariffario del traffico aereo** Luftverkehrstarifwesen *n*
sistema *m* **turistico satellitare** Satellitensystem *n* Tourismus
sistemazione *f* Unterbringung *f*
sito *m* **archeologico** Archäologisches-gebiet *n*
situazione *f* **della spiaggia** Strandlage *f*
ski-pass *m* **giornaliero** Skitagespass *m*
smantellamento *m* Abwracken *n*
smercio *m* Absatz *m*, Verkauf *m*
soccorso *m* **stradale mobile** motorisierte Pannenhilfe *f*
società *f* Personengesellschaft *f*
società *f* **a responsabilità limitata** *(abbr.: s.r.l.)* Gesellschaft *f* mit beschränkter Haftung
società *f* **civile** Gesellschaft *f* des bürgerlichen Rechts

società *f* **dell'efficienza** Leistungsgesellschaft *f*
società *f* **di capitali** Kapitalgesellschaft *f*
società *f* **di gestione** Betreibergesellschaft *f*
società *f* **di ricerche di mercato** Marktforschungsunternehmen *n*
società *f* **dominante** Muttergesellschaft *f*
società *f* **in accomandita semplice** Kommanditgesellschaft *f*
società *f* **in nome collettivo** *(abbr.: s.n.c)* offene Handelsgesellschaft *f*
società *f* **inattiva** Stille Gesellschaft *f*
società *f* **madre** Muttergesellschaft *f*
società *f* **occulta** Stille Gesellschaft *f*
società *f* **orientata al divertimento** Spaßgesellschaft *f*
Società *f* **per Azioni** Aktiengesellschaft *f* *(abbr.:S.p.A)*
Società *f* **per la Ricerca di Mercato** Gesellschaft *f* für Konsumforschung *(Abk.: GfK)*
società *f* **per la tutela dell'occupazione** Beschäftigungsgesellschaft *f*
società *f* **semplice** Gesellschaft *f* des bürgerlichen Rechts
società *f* **subentrante** Nachfolgegesellschaft *f*
socio *m* **accomandante** Kommanditist *m*
socio *m* **accomandatario** Komplementär *m*
soddisfazione *f* **del cliente** Kundenzufriedenheit *f*
software *m* **per il calcolo dei costi di viaggio** Reisekostensoftware *f*
soggetto a dazio zollpflichtig
soggiorno *m* Aufenthalt *m*
soggiorno *m* **breve** Kurzaufenthalt *m*
soggiorno *m* **temporaneo in una scuola all'estero** Gastschulaufenthalt *m*
solario *m* Solarium *n*
sollecito *m* **di pagamento** Mahnung *f*
solvibilità *f* Bonität *f* *(comm.)*
somma *f* **assicurata** Versicherungssumme *f*
somma *f* **da pagare per l'utilizzo della spiaggia** Strandbenutzungsgebühr *f*
somma *f* **massima assicurata** Höchstversicherungssumme *f*
sommelier *m* Sommelier *m*, Weinkellner *m*
soprattassa *f* **per la sicurezza** Sicherheitszuschlag *m*

sorgente *f* **termale** Heilquelle *f*
sosta *f* **intermedia extraterritoriale** exterritorialer Zwischenaufenthalt *m*
sosta *f* **per il pernottamento** Zwischen-übernachtung *f*
sostenibilità *f* Zukunftsfähigkeit *f*
sostituto *m* Ersatzperson f, Vertreter *m*
sostituzione *f* **del passeggero** Reisen-denwechsel *m*
sotterranea *f* U-Bahn *f*
sottoscrittore *m* Versicherer *m*
sottoscrizione *f* **del viaggio** Reise-abonnement *n*
souvenir *m* Reiseandenken *n*
sovranità *f* **aerea** Lufthoheit *f*
sovrapprezzo *m* Zuschlag m, Aufschlag *m* Preis/Kosten
specchio *m* **da barba con ingrandito-re** Rasiervergrößerungsspiegel *m*
specialità *f* **del giorno** Tagesgericht *n*
spedizione *f* Beförderung f, Entdeckungs-reise *f*
spedizione *f* **su marte** Expeditionsflug *m* zum Mars
spedizioniere *m* Verkehrsträger *m*
spedizioniere *m* **stradale** Straßenver-kehrsunternehmen *n*
spesa *f* Aufwand *m*
spesa *f* **d'accoglienza** Bewirtungsausla-ge *f*
spese *fpl* Ausgaben *fpl*
spese *fpl* **accessorie** Nebenkosten *pl*
spese *fpl* **accessorie di viaggio** Reise-nebenkosten *pl*
spese *fpl* **complessive di viaggio** Gesamtreiseausgaben *fpl*
spese *fpl* **di annullamento** Stornokosten *pl*, Rücktrittskosten *pl*
spese *fpl* **di conferenza** Tagungsausla-gen *fpl*
spese *fpl* **di gestione** Betriebsausgaben *fpl*
spese *fpl* **di pernottamento** Übernach-tungskosten *pl*
spese *fpl* **di rappresentanza** Repräsen-tationsauslagen *fpl*
spese *fpl* **di rimpatrio della salma in caso di decesso** Überführungskosten *pl (assicurazione)*
spese *fpl* **di salvataggio** Bergungskos-ten *pl*
spese *fpl* **di soccorso** Bergungskosten *pl*

spese *fpl* **di viaggio** Reisekosten *pl*, Reiseausgaben *fpl*, Reisespesen *pl*, Fahrtkosten *pl*, Spesen *pl*
spese *fpl* **processuali** Prozesskosten *fpl*
spiaggia *f* Strand *m*
spiaggia *f* **da sogno** Traumstrand *m*
spiaggia *f* **naturale** Naturstrand *m*
spiaggia *f* **sabbiosa** Sandstrand *m*
spiazzamento *m* **competitivo** Verdrän-gungswettbewerb *m*
spina *f* Stecker *m*
spinta *f* **alla carriera** Karriereschub *m*
sport *m* **acquatico** Wassersport *m*
sport *m* **durante le vacanze** Sport *m* im Urlaub
sport *m* **invernale** Wintersport *m*
sport *m* **subacqueo** Unterwassersport *m*
sportello *m* Schalter *m (hotel, agenzia)*
sportello *m* **accettazione bagagli** Gepäckschalter *m*
sportello *m* **informazioni** Informations-schalter *m*
stabilimento *m* **balneare** Strandbad n, Seebad *n*
stabilimento *m* **con sorgente termale** Heilbrunnen-Betrieb *m*
stabilimento *m* **di cura balneare** Seeheilbad *n*
stabilimento *m* **stagionale** Saison-betrieb *m*
stabilimento *m* **termale** Kurhaus *n*
stabilità *f* **dei prezzi** Preisstabilität *f*
stabilità *f* **di bilancio** Haushaltsstabilität *f*
stabilità *f* **monetaria** Geldwertstabilität *f*
stabilizzatore *m* Stabilisator *m*
staff *m* **aeroportuale** Flughafenpersonal *n*
stagione *f* Jahreszeit f, Saison *f*
stagione *f* **di carnevale** Fünfte Jahres-zeit *f*
stagione *f* **di programmazione dei voli** Flugplanperiode *f*
stagione *f* **di punta** Hauptreisezeit *f*
stagione *f* **estiva** Sommersaison *f*
stagione *f* **invernale** Wintersaison *f*
stagione *f* **turistica** Reisezeit *f*
stampa *f* **del documento** Belegausdruck *m*
stampa *f* **dello schermo** Bildschirmaus-druck *m*
stampa *f* **specializzata** Fachpresse *f*
stampante *f* **multifunzionale** Multi-Do-kumentendrucker *m*
stampella *f* Kleiderbügel *m*
standard *m* **igienico** Hygienestandard *m*

standard *m* **minimo** Mindeststandard *m*
standardizzazione *f* **delle domande
sulle transazioni negoziali** Vereinheitlichung *f* von Abrechnungsfragen
standardizzazione *f* **delle norme
tecniche** Standardisierung *f* von technischen Normen
standards *mpl* **di sicurezza aerea**
Sicherheitsstandards *mpl* in der Luftfahrt
stanza *f* **con più letti** Mehrbettzimmer *n*
stanza *f* **da letto** Schlafzimmer *n*
stanza *f* **d'attesa** Warteraum *m*
stanza *f* **delle conferenze** Tagungsraum
m
stanza *f* **diurna** Tageszimmer *n*
stanza *f* **per gli ospiti** Gästezimmer *n*
stati *mpl* **africani, dei Caraibi e del
Pacifico** AKP-Staaten *fpl*
statistica *f* **dei trasporti aerei** Luftfahrtstatistik *f*
statistica *f* **del traffico aereo** Luftverkehrsstatistik *f*
statistica *f* **delle presenze** Beherbergungsstatistik *f*
statistica *f* **sui bagni termali** Bäderstatistik *f*
statistica *f* **sul trasporto** Verkehrsstatistik *f*
statistica *f* **sulla circolazione** Verkehrsstatistik *f*
stato *m* **a cui è attribuita la "bandiera
ombra"** Billigflaggen-Land *n*
stato *m* **del Maghreb** Maghreb-Staat *m*
(unione di stati del Nord Africa)
Stato *m* **del Vaticano** Vatikanstadt *f*
stato *m* **delle miglia accumulate**
Statusmeile *f*
stato *m* **federativo** Bundesland *n*
stazionamento *m* **taxi** Taxistand *m*
stazione *f* **a lunga distanza** Fernbahnhof *m*
stazione *f* **autobus** Busbahnhof *m*
stazione *f* **barche** Bootsstation *f*
stazione *f* **centrale** Hauptbahnhof *m*
stazione *f* **centrale di autobus** zentraler
Omnibusbahnhof *m*
stazione *f* **di controllo del traffico
aereo** Flugleitstelle *f*
stazione *f* **di cura termale che offre
trattamenti con fango** Moorheilbad *n*
stazione *f* **di cura termale che offre
trattamenti con minerali e fanghi**
Mineral- und Moorheilbad *n*

stazione *f* **di destinazione** Bestimmungsbahnhof *m*
stazione *f* **di noleggio** Vermietstation *f*
stazione *f* **di rifornimento di benzina**
Tankstelle *f*
stazione *f* **di televendita di viaggi**
Reiseverkaufsfernsehen *n*
stazione *f* **di testa** Kopfbahnhof *m*
stazione *f* **ferroviaria** Bahnhof *m*
stazione *f* **marittima** Hafenbahnhof *m*
stazione *f* **termale** Badeort *m*, Heilbad *n*,
Thermalbad *n* *(luogo di cura)*; Bad *n*
(stabilimento balneare)
stazione *f* **termale che offre un trattamento idroterapico** Kneippheilbad *n*
stazione *f* **terminale** Endstation *f* *(treno)*
stazione *f* **turistica per sport invernali**
Sportstation *f* für Winterferien
steward *m* Steward *m*, Flugbegleiter *m*
stile *m* **coloniale** Kolonialstil *m*
stipulazione *f* **di contratto** Vertragsabschluss *m*
stiracalzoni *m* Hosenbügler *m*
storia *f* **d'avventure di mare** Seemannsgarn *n*
storno *m* Storno *n*, Stornierung *f*
storno *m* **gratuito** Gratisstorno *n*
storno *m* **parziale** Teilstornierung *f*
storno *m* **totale** Vollstorno *n*
strada *f* **a pedaggio** gebührenpflichtige
Straße *f*
strada *f* **a scorrimento veloce** Schnellstraße *f*
strada *f* **alpina** Alpenstraße *f*
strada *f* **culturale europea** Kulturstraße
f Europas
strada *f* **di alaggio** Leinpfad *m*
strada *f* **di traino** Treidelpfad *m*
strada *f* **europea** Europastraße *f*
Strada *f* **Romantica** Romantische Straße
f *(itinerario turistico in Germania)*
strada *f* **turistica** Ferienstraße *f*
strategia *f* Strategie *f*
strategia *f* **d'affari** Geschäftsstrategie *f*
strategia *f* **del marchio principale**
Dachmarkenstrategie *f*
strategia *f* **di marketing** Vertriebsstrategie *f*, Marketingstrategie *f*
strategia *f* **di vendita** Vertriebsstrategie *f*
stretto *m* **di mare scandinavo** Sund *m*
strumenti *mpl* **pubblicitari** Werbemittel *npl*
struttura *f* **ricettiva** Beherbergungsstätte *f*
studio *m* Studio *n*
studio *m* **all'estero** Auslandsstudium *n*

studio *m* **complementare** Ergänzungsstudium *n*
studio *m* **complementare turistico
con specializzazione nella gestione
del turismo e nella pianificazione
turistica regionale** Ergänzungsstudium
n in Tourismus mit den Schwerpunkten
Management und regionale Fremdenverkehrsplanung
studio *m* **del turismo in una scuola
universitaria professionale** Fachhochschulstudium *n* des Tourismus
studio *m* **post universitario** Nachdiplomstudium *n*
studio *m* **sul turismo** Tourismusstudium
n
studio *m* **sulle crociere** Kreuzfahrtstudie
f
studio *m* **turistico professionale** Berufsakademiestudium *n* des Tourismus
studio *m* **universitario con indirizzo
turistico** Universitätsstudium *n* mit Tourismusschwerpunkt
subappalto *m* Untervertrag *m*
sub-charter *m* Subcharter *m*, Teilcharter
m
successo *m* Erfolg *m*
succursale *f* **di un gruppo industriale**
Konzernfiliale *f*
suite *f* Suite *f*
summit *m* **mondiale** Weltwirtschaftsgipfel *m* *(G7 + Russia)*
supplemento *m* Zuschlag *m*, Service-
Gebühr *f*
supplemento *m* **di prezzo per camera
singola** Einzelzimmerzuschlag *m*
supplente *m(f)* Aushilfskraft *f*
supporto *m* **dati** Datenträger *m*
surfing *m* Wellenreiten *n*
sussidio *m* **per la vacanza** Urlaubsgeld
n
svago *m* **locale** Naherholung *f*
svalutazione *f* Abwertung *f*
svalutazione *f* **monetaria** Währungsabwertung *f*, Geldabwertung *f*
sviluppo *m* **delle perdite dei guadagni**
Kosten- und Erlösentwicklung *f*
sviluppo *m* **delle risorse umane e
dell'organizzazione** Personal- und
Organisationsentwicklung *f*
sviluppo *m* **regionale sostenibile**
nachhaltige Regionalentwicklung *f*
svolgimento *m* **delle operazioni
aziendali** Betriebsablauf *m*

T

tabella *f* **delle tariffe di annullamento**
Stornokostenstaffel *f*
tabella *f* **delle tariffe di volo per passeggeri** Passagetarifwerk *n*
tabella *f* **di Francoforte** Frankfurter
Tabelle *f*
tabellone *m* **delle partenze** Abfahrtstafel
f
tachigrafo *m* Fahrtschreiber *m*
tachimetro *m* Tachoscheibe *f*
tagliando *m* Gutschein *m*
targa *f* **di identificazione della nazione**
Nationalitätskennzeichen *n*
targa *f* **di identificazione nazionale**
Staatszugehörigkeitskennzeichen *n*
targa *f* **d'immatricolazione** Nummernschild *n*
targa *f* **nazionale** Staatszugehörigkeitskennzeichen *n*
targhetta *f* **di identificazione del
bagaglio** Gepäckmarke *f*
tariffa *f* Tarif *m*
tariffa *f* **accompagnatore** Begleitertarif
m
tariffa *f* **aerea** Flugpreis *m*
tariffa *f* **aerea speciale** Flugsondertarif
m
tariffa *f* **anziani** Seniorentarif *m*
tariffa *f* **bambini** Kindertarif *m*
tariffa *f* **combinata** Wechseltarif *m*
tariffa *f* **di fine settimana** Wochenenta-
rif *m*
tariffa *f* **di mediazione** Vermittlungsgebühr *f*
tariffa *f* **di trasporto** Fahrpreis *m*
tariffa *f* **forfetaria** Pauschaltarif *m*
tariffa *f* **giovani** Jugendtarif *m*
tariffa *f* **netta** Nettotarif *m*
tariffa *f* **ridotta** Ermäßigung *f*
tariffa *f* **socio** Partnertarif *m*
tariffa *f* **speciale** Sondertarif *m*
tariffa *f* **speciale generata dalla collaborazione della DB con altri spedizionieri** Wechseltarif *m*
tariffa *f* **speciale per accompagnatori**
Mitfahrersparpreis *m*
tariffa *f* **standard** Regeltarif *m*
tariffa *f* **supplementare di volo** Anstoßflugpreis *m*
tariffario *m* Tarifhandbuch *n*

tassa *f* Steuer *f*, Gebühr *f*
tassa *f* **assicurativa** Versicherungssteuer
f
tassa *f* **d'annullamento** Annullierungsgebühr *f*
tassa *f* **di atterraggio** Landegebühr *f*
tassa *f* **di cancellazione** Stornogebühr
f
tassa *f* **di licenza** Lizenzgebühr *f*
tassa *f* **di pilotaggio** Lotsengebühr *f*
tassa *f* **di prenotazione** Reservierungsgebühr *f*
tassa *f* **di registrazione** Buchungsgebühr *f*
tassa *f* **di soggiorno** Kurtaxe *f*, Kurabgabe *f*
tassa *f* **d'istruzione** Ausbildungsabgabe
f
tassa *f* **doganale** Zollabgabe *f*
tassa *f* **d'utilizzazione** Benutzungsgebühr *f*
tassa *f* **patrimoniale sulla seconda**
casa Zweitwohnungssteuer *f*
tassa *f* **per i visitatori di un luogo di**
cura Kurtaxe *f*
tassa *f* **per la sicurezza** Sicherheitsgebühr *f (legale, fiscale)*
tassa *f* **per la sicurezza aerea** Luftsicherheitsgebühr *f*
tassa *f* **per un letto libero** Leerbettgebühr *f*
tassa *f* **sulla sicurezza volo** Flugsicherheitsgebühr *f*
tassa *f* **turistica** Fremdenverkehrsabgabe
f
tassazione *f* **dei margini** Margenbesteuerung *f*
tassazione *f* **che costituisce la regola**
e dei margini Regel- und Margenbesteuerung *f*
tassazione *f* **duplice** Doppelbesteuerung
f
tasse *fpl* Abgaben *fpl*
tasse *fpl* **aeroportuali** Flughafensteuer *f*,
Flughafengebühr *f*
tasse *fpl* **portuali** Hafenabgabe *f*, Hafengebühr
tassì *m* Taxi *n*
tassista *m* Taxifahrer *m*
tasso *m* **di cambio** Wechselkurs *m*,
Umrechnungskurs *m*
tasso *m* **di utilizzazione** Auslastungsquote *f*

tasso *m* **d'inflazione** Inflationsrate *f*,
Teuerungsrate *f*
taverna *f* Wirtshaus *n*
tavola *f* **calda** Snackbar *f*
tavola *f* **dei rinfreschi per il brunch**
Brunchbuffet *n*
tavola *f* **dei rinfreschi per la colazione**
Büfett-Frühstück *n*
tavola *f* **del piano dei posti a sedere**
Sitzplantafel *f*
taxi *m* Taxi *n*
taxi *m* **aereo** Taxiflug *m*
taxista *m* Taxifahrer *m*
teatro *m* Schauplatz *m*
tecnica *f* **di codificazione** Verschlüsselungstechnik *f*
tedesco deutsch
teleconferenza *f* Telekonferenz *f*
teleferica *f* Seilschwebebahn *f*, Gondelbahn *f*
telefono *m* **mobile cellulare** Mobilfunk
m
telelavoro *m* Telearbeit *f*
teletrasmissione *f* **dati** Datenfernübertragung *f*
televisione *f* **a pagamento** Bezahl-
Fernsehen *n*
televisione *f* **interattiva** interaktives
Fernsehen *n*
temperatura *f* **media annua** Jahresdurchschnittstemperatur *f*
tempi *mpl* **di decollo e di atterraggio**
Start- und Landezeiten *fpl*
tempo *m* **di guida e di riposo** Lenk- und
Ruhezeiten *fpl*
tempo *m* **di lavoro annuale** Jahresarbeitszeit *f*
tempo *m* **di marcia di un viaggio**
circolare in autobus Busrundfahrzeit
f
tempo *m* **libero durante l'anno** Jahresfreizeit *f*
tempo *m* **locale** Ortszeit *f*
tempo *m* **medio dell'Europa centrale**
Mitteleuropäische Zeit *f*
tempo *m* **minimo di transito aeropor-**
tuale Mindestübergangszeit *f*
tempo *m* **quattro mesi per la pre-**
notazione di un pacchetto
turistico o di un volo Viermonatsfrist
f
tempo *m* **universale** Weltzeit *f*
temporale *m* **primaverile** Föhn *m*
tenda *f* Zelt *n*

tenda *f* **da campeggio per safari**
Safari-Schlafzelt *n*
tendenza *f* Trend *m*
terapia *f* Kur *f*
terme *fpl* Therme *f*
terme *fpl* **statali** Staatsbäder *npl*
terminale *m* Terminal *n*
terminale *m* **aereo** Air Terminal *n*
terminale *m* **autobus** Busterminal *n*
terminale *m* **di partenza** Abflugterminal
n
terminale *m* **per le prenotazioni** Reservierungsterminal *n*
terminale *m* **self-service** Selbstbedienungsterminal *n*
termine *m* **di scadenza** Fristsetzung *f*
termine *m* **ultimo di prenotazione**
Vorausbuchungsfrist *f*
termine *m* **ultimo di registrazione**
Schlusstermin *m* für Anmeldungen
termini *mpl* **di registrazione per voli di
linea domestici diretti** Meldeschlusszeiten *fpl* bei innerdeutschen Direktlinienflügen
terrazza *f* Terrasse *f (arch.)*
terrazza *f* **visitatori dell'aeroporto**
Besucherterrasse *f* Flughafen
terrazzo *m* Terrasse *f (geol.)*
territorio *m* **sovrano nazionale** staatliches Hoheitsgebiet *n*
terza classe *f* Holzklasse *f*
tesori *mpl* **artistici** Kunstschätze *mpl*
tessera *f* **degli ostelli della gioventù**
Jugendherbergsausweis *m*
tessera *f* **per le terme** Kurkarte *f*
tessera *f* **utente valida per più giorni**
Mehrtagesberechtigungskarte *f*
tesserino *m* **di riconoscimento di
agente di viaggio** Expedientenkarte
f
tesserino *m* **di risalita per impianti
sciistici** Skipass *m*
tesserino *m* **di sottoscrizione per
commercianti all'ingrosso** Großkundenabonnement *n*
testo *m* **di ammissione** Plausibilitätsprüfung *f*
testo *m* **in chiaro codice** Klartextanzeige *f*
tipo *m* **di carrozza** Wagengattung *f*
tipo *m* **di clima** Klimatyp *m*
tipo *m* **di impresa** Unternehmensform *f*
tipo *m* **di organizzazione imprenditoriale** Unternehmensform *f*

tipo *m* **di treno** Zuggattung *f*
tipo *m* **di vacanza** Urlaubsform *f*
tipo *m* **di viaggio aereo** Flugreiseart *f*
tipo *m* **di volo** Flugart *f*
tirocinio *m* Volontariat *n*
titolo *m* Wertpapier *n*
titolo *m* **assicurativo** Versicherungsschein *m* vom Block
titolo *m* **professionale** Berufsbezeichnung *f*
topografia *f* Ortsbeschreibung *f*
torre *f* **di controllo** Kontrollturm *m*
torrentismo *m* Canyoning *n*
totalità *f* **dei servizi di viaggio** Gesamtheit *f* von Reiseleistungen
Tourism Watch *(servizio d'educazione e
informazione sul turismo nel "terzo mondo")* Tourism Watch *(Informationsdienst
m Dritte Welt-Tourismus)*
tracciato *m* **maglev** Magnetschwebebahn-Trasse *f*
traduttore *m* Übersetzer *m*
traduzione *f* Übersetzung *f*
traduzione *f* **simultanea** Simultanübersetzung *f*
traffico *m* **a breve distanza** Kurzstreckenverkehr *m*
traffico *m* **ad alta velocità** Hochgeschwindigkeitsverkehr *m*
traffico *m* **ad hoc** Ad-hoc-Verkehr *m*
traffico *m* **aereo** Flugverkehr *m*, Luftreiseverkehr *m*
traffico *m* **aereo a lunga distanza**
Langstreckenflugverkehr *m*
traffico *m* **aereo complementare**
Ergänzungsluftverkehr *m*
traffico *m* **aereo dei viaggi "tutto
compreso"** Pauschalflugreiseverkehr *m*
traffico *m* **aereo dei voli charter** Charterflugverkehr *m*
traffico *m* **aereo dei voli privati** Privatflugverkehr *m*
traffico *m* **aereo di confine** Nachbarschaftsverkehr *m*
traffico *m* **aereo di linea** Linienflugverkehr *m*; Fluglinienverkehr *m*
traffico *m* **aereo di terzo livello** Luftverkehr *m* der dritten Ebene
traffico *m* **aereo pendolare** Pendelluftverkehr *m*
traffico *m* **aereo regionale** Regionalluftverkehr *m*
traffico *m* **charter** Charterverkehr *m*

traffico *m* **degli autobus con destinazione vacanza** Ferienzielverkehr *m* Bus

traffico *m* **degli autobus da noleggio** Mietomnibusverkehr *m*

traffico *m* **degli autobus di linea** Omnibuslinienverkehr *m*

traffico *m* **degli autobus turistici inseriti in un catalogo** ausgeschriebener Busreiseverkehr *m*

traffico *m* **dei gitanti** Tagesausflugsverkehr *m*

traffico *m* **dei servizi simili a quelli di linea** linienähnlicher Verkehr *m*

traffico *m* **dei voli charter** Bedarfsluftverkehr *m*

traffico *m* **dei voli noleggiati** Bedarfsluftverkehr *m*

traffico *m* **del trasporto aereo non regolare di persone o beni su richiesta di terzi** Tramp- und Anforderungsverkehr *m*

traffico *m* **del turismo giornaliero** Tagesausflugsverkehr *m*

traffico *m* **del turismo invernale** Winterreiseverkehr *m*

traffico *m* **delle rotte a medio raggio** Mittelstreckenverkehr *m*

traffico *m* **dell'ora di punta** Spitzenverkehr *m*

traffico *m* **di destinazione turistica** *(turismo in partenza)* Zielverkehr *m*

traffico *m* **di frontiera locale** kleiner Grenzverkehr *m*

traffico *m* **di linea** Linienverkehr *m*

traffico *m* **di villeggiatura limitrofo al centro urbano** Naherholungsverkehr *m*

traffico *m* **ferroviario** Schienenverkehr *m*

traffico *m* **ferroviario a lunga distanza** Personenfernverkehr *m*

traffico *m* **ferroviario locale** Personennahverkehr *m*

traffico *m* **frontaliero locale** Nahverkehr *m* im Grenzgebiet

traffico *m* **indotto non di linea** turnusmäßiger Nicht-Linienverkehr *m*

traffico *m* **internazionale** Grenzüberschreitender Verkehr *m*

traffico *m* **interno** Binnenverkehr *m*

traffico *m* **interregionale** Interregionalverkehr *m*

traffico *m* **locale** Nahverkehr *m*

traffico *m* **marittimo** Schifffahrtsverkehr *m*

traffico *m* **nazionale** Inlandsverkehr *m*

traffico *m* **non di linea** Nicht-Linienverkehr *m*

traffico *m* **occasionale** Gelegenheitsverkehr *m*

traffico *m* **privato** privater Verkehr *m*

traffico *m* **prodotto** produzierter Verkehr *m*

traffico *m* **tra le isole del Mare del Nord** Nordsee-Inselverkehr *m*

traffico *m* **turistico** Ferienverkehr *m*, Ausflugsverkehr *m*

traffico *m* **turistico notturno** Nachtreiseverkehr *m*

traghetto *m* Fähre *f*, Trajektschiff *n*

traghetto *m* **a caricamento orizzontale** Ro-Ro-Fähre *f*

traghetto *m* **che naviga contro corrente** Stromruckfähre *f*

traghetto *m* **ferroviario** Eisenbahnfähre *f*

traghetto *m* **jumbo** Jumbo-Fähre *f*

traghetto *m* **passeggeri** Personenfähre *f*

traghetto *m* **per auto** Autofähre *f*

traghetto *m* **roll-on/roll-off** Ro-Ro-Fähre *f*

traghetto *m* **veloce** Schnellfähre *f*

tram *m* Straßenbahn *f*, Tram *f*

transazione *f* Vergleich *m*

transazione *f* **finanziaria** Finanztransaktion *f*

transazione *f* **monetaria** Zahlungsverkehr *m*

transfer *m* Transfer *m*, Überführung *f*

transito *m* Transit *m*

transito *m* **in nave** Schiffspassage *f*

transito *m* **oceanico** Seepassage *f*

trascrizione *f* Umschreibung *f (dir.)*

trasferimento *m* Transfer *m*, Überführung *f*

trasferimento *m* **aeroportuale** Flughafentransfer *m*

trasferimento *m* **di reparti di un azienda ad un'altra azienda** Betriebsübergang *m (outsourcing)*

trasparenza *f* **del prezzo** Preisklarheit *f*

trasporto *m* Beförderung *f*

trasporto *m* **bagagli** Gepäckbeförderung *f*

trasporto *m* **combinato** Wechselverkehr *m (cooperazione della DB con altri spedizionieri o trasportatori)*; kombinierter Verkehr *m*

trasporto *m* **combinato in treno ed aereo** Fleiperverkehr *m*

trasporto m **ferroviario simultaneo di passeggeri e dei loro veicoli** Mitläuferverkehr m
trasporto m **locale** Nahverkehr m
trasporto m **marittimo di passeggeri** Personenschifffahrt f
trasporto m **passeggeri** Personentransport m
trasporto m **passeggeri di solo andata** Besetzteinfahrt f mit anschließender Leerrückfahrt
trasporto m **passeggeri di solo ritorno** Leereinfahrt f mit anschließender Besetztausfahrt
trasporto m **privato** privater Verkehr m
trasporto m **pubblico** öffentlicher Verkehr m
trasporto m **pubblico locale** öffentlicher Personennahverkehr m
trasporto m **via aerea** Luftfracht f
trasversale f **alpina** Alpentransversale f
trattamento m Kur f
trattamento m **ospitale** Bewirtung f
trattativa f Verhandlung f
Trattato m **di Amsterdam** Amsterdamer Vertrag m
Trattato m **di Maastricht** Maastrichter Vertrag m
Trattato m **sull'Unione Europea** Maastrichter Vertrag m
tratto m Teilstrecke f
tratto m **di strada** Wegstrecke f
trattoria f Wirtshaus n, Gasthaus n
trattoria f **popolare delle zone vinicole tedesche aperta quattro mesi l'anno dove si vendono vini di produzione propria** Straußwirtschaft f
trattoria f **tradizionale tipica austriaca** Buschenwirtschaft f (i viticoltori della regione vendono i loro vini fatti in casa per un breve periodo. Conosciuta anche con il nome Besenwirtschaft o Straußwirtschaft)
trattoria f **tradizionale tipica dell'area sveva** Besenwirtschaft f (ogni autunno non appena il vino é fermentato, i viticoltori della regione mettono una scopa (Besen) di fronte alle loro porte come segno che da quel momento in poi i loro salotti sono aperti agli ospiti. I viticoltori vendono il loro vino fatti in casa e altri sostanziosi spuntini)
traversata f **in barcone** Windjammerkreuzfahrt f

traversata f **in nave** Fährüberfahrt f
traversata f **transoceanica** Überfahrt f
treno m Zug m
treno m **a carrozze con destinazioni diverse** Flügelzug m
treno m **a due piani** Doppeldecker m
treno m **a levitazione di Wuppertal** Wuppertaler Schwebebahn f
treno m **a levitazione magnetica** Magnetschwebebahn f (teleferica magnetica giapponese)
treno m **a levitazione magnetica veloce** Magnetschnellbahn f
treno m **a lungo percorso** Langstreckenzug m, Fernreisezug m
treno m **ad alta velocità** Hochgeschwindigkeitszug m
treno m **di lusso azionato a vapore** dampfgetriebener Luxuszug m
treno m **espresso** Schnellzug m, Hochgeschwindigkeitszug m, Expresszug m
treno m **espresso nazionale ad alta velocità** Intercity Express m (abbr.: ICE)
treno m **eurocity** Eurocity m
treno m **intercity** Intercity m (abbr.: IC)
treno m **locale** Nahverkehrszug m
treno m **notturno** Nachtreisezug m
treno m **speciale** Sonderzug m
treno m **transcontinentale** Transkontinentalzug m
treno m **turistico** Touristikzug m, Reisezug m
treno m **veloce** Schnellzug m
treno-albergo m Hotelzug m
tribordo m Steuerbord n
tribunale m **arbitrale** Schiedsgericht n
tumulo m Tumulus m
tunnel m **sotto il canale della Manica** Eurotunnel m
tunnel m **sottomarino** Unterwassertunnel m
turismo m Tourismus m, Touristik f, Fremdenverkehr m (traffico turistico)
turismo m **aereo** Flugtouristik f
turismo m **ambientale** umweltorientierter Tourismus m
turismo m **ambientale sostenibile** umweltverträglicher Tourismus m
turismo m **ciclistico** Fahrradtourismus m
turismo m **congressuale** Kongresstourismus m, Tagungstourismus m
turismo m **culturale** Kulturtourismus m

turismo *m* **d'affari** Geschäftstourismus *m*, wirtschaftsorientierter Tourismus *m*

turismo *m* **d'evento** Event-Tourismus *m*

turismo *m* **di campeggio** Campingtourismus *m*

turismo *m* **di esposizione** Ausstellungstourismus *n*

turismo *m* **di fiera** Messetourismus *m*

turismo *m* **di massa** Massentourismus *m*

turismo *m* **di massa diretto verso le spiagge del Mediterraneo** Warmwassertourismus *m*

turismo *m* **di pellegrinaggio** Wallfahrtstourismus *m*

turismo *m* **di spedizione** Expeditionstourismus *m*

turismo *m* **di svago** Erholungstourismus *m*, freizeitorientierter Tourismus *m*

turismo *m* **d'istruzione** Bildungstourismus *m*

turismo *m* **ecologico** Ökotourismus *m*, umweltorientierter Tourismus *m*

turismo *m* **frontaliero** grenzüberschreitender Tourismus *m*

turismo *m* **per bambini e giovani** Kinder- und Jugendtourismus *m*

turismo *m* **illegale** Schwarztouristik *f*

turismo *m* **in autobus** Bustourismus *m*

turismo *m* **individuale** Individualtourismus *m*

turismo *m* **internazionale** grenzüberschreitender Tourismus *m*

turismo *m* **invernale** Wintertourismus *m*

turismo *m* **marittimo** Seetouristik *f*

turismo *m* **naturale** nachhaltiger Tourismus *m*, sanfter Tourismus *m*

turismo *m* **orientato alla cultura** kulturorientierter Tourismus *n*

turismo *m* **outgoing** Zielverkehr *m* *(turismo in partenza)*

turismo *m* **politico** politischer Tourismus *m*

turismo *m* **religioso** religionsbedingter Tourismus *m*

turismo *m* **sessuale** Sextourismus *m*

turismo *m* **sociale** Sozialtourismus *m*, gesellschaftsorientierter Tourismus *m*

turismo *m* **socialmente responsabile** sozialverantwortlicher Tourismus *m*

turismo *m* **sostenibile** nachhaltiger Tourismus *m*, sanfter Tourismus *m*, umweltverträglicher Tourismus *m*

turismo *m* **spaziale** Weltraumtourismus *m*

turismo *m* **sportivo** Sporttourismus *m*

turista *m(f)* Tourist(in) *m(f)*

turista *m(f)* **di piacere** Freizeittourist(in) *m(f)*

turista *m(f)* **di professione** Berufstourist(in) *m(f)*

turista *m(f)* **in vacanza salutare** Gesundheitstourist(in) *m(f)*

turno *m* Turnus *m*

tutela *f* **dei creditori** Gläubigerschutz *m*

U

udienza *f* Sitzung *f*

ufficiale *m* **di ponte** Brückenoffizier *m*

ufficiale *m* **pagatore** Zahlmeister *m*

ufficio *m* Geschäftsstelle *f*

ufficio *m* **assistenza viaggiatori** Bahnhofsmission *f*

ufficio *m* **cartelli** Kartellbehörde *f*

ufficio *m* **degli oggetti smarriti** Fundbüro *n*

ufficio *m* **del turismo** Fremdenverkehrsamt *n*, Fremdenverkehrsstelle *f*

ufficio *m* **di cambio** Wechselstube *f*

ufficio *m* **di informazioni turistiche riconosciuto** Anerkannte Tourist-Informationsstelle *f*

ufficio *m* **di vendite e informazioni sugli orari ferroviari nazionali ed internazionali** Kursbuchstelle *f*

ufficio *m* **d'incasso** Inkassobüro *n*, Inkassostelle *f*

Ufficio *m* **Federale dei Cartelli** Bundeskartellamt *n*

Ufficio *m* **Federale d'Inchiesta sugli Incidenti Aerei** Bundesstelle *f* für Flugunfalluntersuchung *(abbr.:UIIA)*

ufficio *m* **informazioni turistiche nelle città dell'ex Germania dell'Est come il centro informazione di Freiberg** Städte-Information *f*

Ufficio *m* **Nazionale del Turismo** Verkehrsbüro *n*

ufficio *m* **per la pianificazione e il coordinamento dello spazio aereo** Planungsbüro *n* Luftraumnutzer
ufficio *m* **ricevimento** Empfangsbüro *n*
ufficio *m* **turistico** Verkehrsverein *m*
ufficio *m* **turistico di una nazione** Tourismusvertretung *f* eines Landes
ulteriore agenzia *f* **di prenotazione viaggi** sonstige Buchungsstelle *f*
unione *f* Verband *m*, Zusammenschluss *m* (comm.)
Unione *f* **Commercio Turismo e Attività di servizio della Germania** Verband *m* Deutsches Reisemanagement
unione *f* **doganale** Zollunion *f*
unione *f* **economica** Wirtschaftsunion *f*
Unione *f* **Economica e Monetaria** Wirtschafts- und Währungsunion *f* (abbr.: EMU)
Unione *f* **Europea** Europäische Union *f* (EU)
Unione *f* **Federale Tedesca per il Marketing di Città e Paesi** Bundesvereinigung *f* City- und Stadtmarketing Deutschland
unione *f* **tariffaria** Tarifverbund *m*
unità *f* **centrale di elaborazione** Zentraleinheit *f*
unità *f* **di alloggiamento dell'equipaggio** Wohneinheit *f*
unità *f* **di entrata** Eingabegerät *n*
unità *f* **di uscita** Ausgabegerät *n* (computer)
unità *f* **residenziale** Wohneinheit *f*
università *f* **professionale** Berufsakademie *f*
uragano *m* Orkan *m*, Hurrikan *m*, Wirbelsturm *m*
usanza *f* Brauchtum *n*
uscita *f* Flugsteig *m*, Abfahrt *f* (autostrada)
uscita *f* **d'arrivo** Ankunftsflugsteig *m*
uscita *f* **di emergenza** Notausgang *m*
uscite *fpl* Ausgaben *fpl*
utente *m* Anwender *m*
utile *m* Ertrag *m*
utilizzazione *f* **dei trasporti pubblici e privati** Reiseverkehrsmittelnutzung *f*
utilizzazione *f* **della ricettività** Kapazitätsauslastung *f*
utilizzazione *f* **dello spazio aereo** Luftraumnutzung *f*

V

vacanza *f* Urlaub *m*; Reise *f*
vacanza *f* **a credito** Urlaubskauf *m* auf Raten
vacanza *f* **annuale** Jahresurlaub *m*
vacanza *f* **annuale ininterrotta** zusammenhängender Jahresurlaub *m*
vacanza *f* **attiva** Aktivurlaub *m*
vacanza *f* **breve** Kurzurlaub *m*
vacanza *f* **club** Cluburlaub *m*
vacanza *f* **da sogno** Traumurlaub *m*
vacanza *f* **d'avventura** Abenteuerurlaub *m*, Erlebnisurlaub *m*
vacanza *f* **in barca** Bootsurlaub *m*
vacanza *f* **in bicicletta** Radurlaub *m*
vacanza *f* **in fattoria** Urlaub *m* auf dem Bauernhof
vacanza *f* **in panfilo a vela e a motore** Urlaub *m* mit Segel- und Motoryacht
vacanza *f* **invernale** Winterurlaub *m*
vacanza *f* **lunga** Langzeiturlaub *m*
vacanza *f* **per famiglie** Familienerholung *f*
vacanza *f* **principale** Haupturlaubsreise *f*
vacanza *f* **salutare** Gesundheitsurlaub *m*
vacanza *f* **sciistica** Skiurlaub *m*
vacanza *f* **sportiva** Sport-Urlaubsreise *f*
vacanza *f* **studio** Bildungsurlaub *m*
vacanza *f* **trascorsa a casa** Urlaub *m* auf Balkonien oder Terrassien
vacanze *fpl* Ferien *pl*
vacanze *fpl* **"tutto compreso"** Pauschalreisen *fpl*
vacanze *fpl* **estive** Sommerferien *pl*
vacanze *fpl* **in fattoria** Ferien *pl* auf dem Bauernhof
vaccinazione *f* **obbligatoria** Pflichtimpfung *f*
vaccinazione *f* **preventiva** Schutzimpfung *f*
vagone *m* **letto** Schlafwagen *m*
vagone *m* **ristorante** Speisewagen *m*
valico *m* **di frontiera** Grenzübergang *m*
validità *f* **di un biglietto aereo** Gültigkeit *f* eines Flugscheins
valore *m* **aggiunto dell' economia** Wertschöpfung *f*
valore *m* **assicurato** Versicherungswert *m*
valore *m* **del biglietto** Fahrkartenwert *m*
valuta *f* Währung *f*

valuta *f* **corrente** Zeitwert *m*
valuta *f* **nazionale** Landeswährung *f*
valuta *f* **unitaria** Einheitswährung *f*
valutazione *f* **del rischio ambientale**
Umweltverträglichkeitsprüfung *f*
valutazione *f* **finale dei costi di produzione** Nachkalkulation *f*
valutazione *f* **finale del corso di aggiornamento** Weiterbildungsprüfung *f*
valutazione *f* **marginale dei costi**
Teilkostenrechnung *f*
valute *fpl* **estere** ausländische Zahlungsmittel *npl*, Devisen *pl*, Sorten *fpl*
vantaggio *m* **concorrenziale** Wettbewerbsvorteil *m*
vantaggio *m* **fiscale** steuerlicher Vorteil
m
vantaggio *m* **in termini monetari**
geldwerter Vorteil *m*
vaporetto *m* Dampfschiff *n*
variazione *f* **dei valori** Wertewandel *m*
variazione *f* **di temperatura** Temperaturschwankung *f*
varo *m* Stapellauf *m* *(naut)*
vasca *f* **da bagno** Badewanne *f*
veicolo *m* **a cuscino d'aria** Luftkissenboot *n*
veicolo *m* **sportivo acquatico** Wassersportfahrzeug *n*
veliero *m* Segelboot *n*
velocità *f* Geschwindigkeit *f*
velocità *f* **di crociera** Reisegeschwindigkeit *f*
vendita *f* Absatz *m*, Verkauf *m*
vendita *f* **a domicilio** Heimverkauf *m*
vendita *f* **abbinata** Kopplungsverkauf *m*
vendita *f* **addizionale** Zusatzverkauf *m*
vendita *f* **dei biglietti** Kartenverkauf *m*
vendita *f* **di un biglietto aereo** Flugscheinverkauf *m*
vendita *f* **di un solo biglietto aereo**
Flugeinzelplatzverkauf *m*
vendita *f* **diretta** Direktvertrieb *m*, direkter
Vertrieb *m*, Eigenvertrieb *f*
vendita *f* **elettronica** elektronischer Vertrieb *m*
vendita *f* **estera** Fremdvertrieb *m*
vendita *f* **per corrispondenza** Versandhandel *m*
vendite *fpl* Umsatz *m*
verifica *f* **della disponibilità ricettiva**
Vakanzprüfung *f*
vertice *m* **sul turismo** Tourismusgipfel *m*
vettovagliamento *m* Verpflegung *f*

via *f* **aerea** Luftstraße *f*
viadotto *m* Viadukt *m*
viaggi *mpl* **con itinerari museali** Museumsreisen *fpl*
viaggi *mpl* **legati agli sport di tendenza** Trendsportreisen *fpl*
viaggiare *v* verreisen
viaggiare *m* **insegna** Reisen *n* bildet
viaggiatore *m* **abituale** Häufigreisender
m
viaggiatore *m* **d'affari** Geschäftsreisender *m*
viaggiatore *m* **frequente** Oftreisender *m*
viaggiatore *m* **spontaneo** Spontanreisender *m*
viaggiatori *mpl* **con lo zaino** Rucksack-
Reisende *mpl*
viaggiatrice *f* **d'affari** Geschäftsreisende
f
viaggio *m* Reise *f*, Urlaubsreise *f*, Rundreise *f*, Tour *f*
viaggio *m* **a grande distanza** Fernreise
f
viaggio *m* **a vuoto** Leerfahrt *f*
viaggio *m* **collettivo** Gesellschaftsreise *f*
viaggio *m* **con destinazione vacanza**
Ferienzielreise *f*
viaggio *m* **con zaino** Rucksackreise *f*
viaggio *m* **da isola a isola** Inselhüpfen *n*
viaggio *m* **d'affari** Geschäftsreise *f*,
Dienstreise *f*
viaggio *m* **d'avventura** Abenteuerreise *f*
viaggio *m* **d'escursione** Ausflugsfahrt *f*
viaggio *m* **d'esplorazione** Entdeckungs-
reise *f*
viaggio *m* **di gruppo** Gruppenreise *f*
viaggio *m* **di lettura** Lesereise *f*
viaggio *m* **di lusso** Luxusreise *f*
viaggio *m* **di più giorni** Mehrtagesreise *f*
viaggio *m* **di ritorno** Rückreise *f*
viaggio *m* **di ritorno prematuro** vorzeitige Rückreise *f*
viaggio *m* **di servizio** Dienstreise *f*
viaggio *m* **di studio** Studienreise *f*
viaggio *m* **di studio escursionistico**
Wanderstudienreise *f*
viaggio *m* **di terra** erdgebundene Reise *f*
viaggio *m* **di vacanza breve** Kurzurlaubsreise *f*
viaggio *m* **d'informazione** Informationsreise *f*
viaggio *m* **d'istruzione** Bildungsreise *f*
viaggio *m* **d'occasione** Anlassreise *f*
viaggio *m* **hobby** Hobbyreise *f*

viaggio *m* **in autobus** Busreise *f*
viaggio *m* **in barca** Bootsfahrt *f*
viaggio *m* **in comitiva** Gruppenreise *f*, Gesellschaftsreise *f*
viaggio *m* **in nave** Schiffspassage *f*, Seereise *f*
viaggio *m* **in palio** Gewinnreise *f*
viaggio *m* **in servizio civile** Zivildienstreise *f (tariffa speciale della DB per coloro che prestano servizio civile obbligatorio)*
viaggio *m* **in treno** Bahnreise *f*
viaggio *m* **inaugurale di una nave** Jungfernfahrt *f*
viaggio *m* **incentive** Incentive-Reise *f*
viaggio *m* **individuale** Individualreise *f*
viaggio *m* **informativo riservato ai giornalisti** Presseinformationsreise *f*
viaggio *m* **interrotto** abgebrochene Reise *f*
viaggio *m* **legato al gioco d'azzardo** Glücksspielreise *f*
viaggio *m* **legato al gioco del golf** Golfreise *f*
viaggio *m* **linguistico** Sprachreise *f*
viaggio *m* **mediale** Medienreise *f*
viaggio *m* **nazionale** Inlandreise *f*
viaggio *m* **nostalgico** Nostalgiereise *f*
viaggio *m* **organizzato** Veranstalterreise *f*
viaggio *m* **organizzato per gli ascoltatori di una stazione radio** Hörerreise *f*
viaggio *m* **per disabili** Behindertenreise *f*
viaggio *m* **per giovani** Jugendreise *f*
viaggio *m* **per gli anziani** Seniorenreise *f*
viaggio *m* **per telespettatori** Zuschauerreise *f*
viaggio *m* **per un festival** Festspielreise *f*
viaggio *m* **pre e post-conferenza** Vor- und Nach-Konferenz-Reise *f*
viaggio *m* **premio** Gewinnreise *f*
viaggio *m* **promozionale** Werbefahrt *f*, Kaffeefahrt *f*
viaggio *m* **speciale** Sonderfahrt *f*
viaggio *m* **sportivo** Sport-Urlaubsreise *f*
viaggio *m* **stampa** Pressereise *f*
viaggio *m* **studio** Bildungsreise *f*
viaggio *m* **studio specializzato** Fachstudienreise *f*

viaggio *m* **su nave da carico** Frachtschiffsreise *f*
viaggio *m* **transatlantico** Transatlantikreise *f (nave)*
viaggio *m* **transoceanico** Ozeanreise *f*
viaggio *m* **"tutto compreso"** Pauschalreise *f*
viaggio-conferenza *m* Vortragsreise *f*
viaggio-vacanza *m* Urlaubsreise *f*
Vicino Oriente *m* Naher Osten *m*, Vorderer Orient *m*
video *m* Video *n*
video *m* della stazione di lavoro Arbeitsplatz-Datensichtgerät *n*
videoconferenza *f* Videokonferenz *f*
videotelefono *m* Bildtelefonieren *n*
vignetta *f* Vignette *f*
villaggio *m* turistico Feriendorf *n*
villaggio *m* turistico invernale Winterferiendorf *n*
villeggiatura *f* Urlaubsreise *f*, Sommerfrische *f*
visita *f* Besichtigung *f*
visita *f* della città a piedi guidata con telefono cellulare Stadtführung *f* per Handy
visita *f* guidata della città Stadtführung *f*
visitatore *m* Besucher *m*
visitatore *m* giornaliero Tagesbesucher *m*
visto *m* Visum, Sichtvermerk *m (comm.)*
visto *m* collettivo Sammelvisum *n*
visto *m* di rientro Wiedereinreisevisum *n*
vitto *m* Verpflegung *f*
vitto *m* e alloggio *m* Kost *f* und Logis *f*
vitto *m* forfetario Verpflegungspauschale *f*
voglia *f* di viaggiare Reiselust *f*
volo *m* Flug *m*
volo *m* a basso costo Billigflug *m*
volo *m* a breve raggio Kurzstrecke *f* im Flugverkehr
volo *m* a grande distanza Fernflug *m*
volo *m* all'ultimo minuto Kurzfristflug *m*
volo *m* charter Charterflug *m*, Touristikflug *m*, Vollcharter *m*
volo *m* charter a rotazione settimanale Kettencharter *m*
volo *m* charter compreso di equipaggio Nasscharter *m*

volo *m* **cieco** Blindflug *m*

volo *m* **con biglietto open jaw** Gabelflug *m*

volo *m* **con pernottamento fittizio in campeggio** Campingflug *m*, Ferienflug *m* mit Scheinvoucher

volo *m* **con prenotazione che funge da titolo di viaggio** ticketloses Fliegen *n*

volo *m* **con un biglietto elettronico** Fliegen *n* ohne Ticket

volo *m* **del corriere** Kurierflug *m*

volo *m* **di collegamento** Anschlussflug *m*

volo *m* **di collegamento interno** Zubringerflug *m*

volo *m* **di diporto** Rundflug *m*

volo *m* **di linea** Linienflug *m*, Planflug *m*

volo *m* **di linea turistico** touristischer Linienflug *m*

volo *m* **di ritorno** Rückflug *m*

volo *m* **di salvataggio** Rettungsflug *m*

volo *m* **di trasferimento** Positionierungsflug *m*, Überführungsflug *m*

volo *m* **diretto** Direktflug *m*

volo *m* **economico** Billigflug *m*

volo *m* **in code share** Gemeinschaftsflug *m*

volo *m* **in coincidenza** Umsteigeflug *m*, Weiterflug *m*

volo *m* **in deltaplano** Drachenfliegen *n*

volo *m* **integrato in un sistema di rotazione** Kettenflug *m*

volo *m* **internazionale** Auslandsflug *m*

volo *m* **last minute** Kurzfristflug *m*

volo *m* **nazionale** Inlandsflug *m*

volo *m* **noleggiato** Charterflug *m*

volo *m* **noleggiato senza equipaggio** Trockencharter *m*

volo *m* **non fumatori** Nichtraucherflug *m*

volo *m* **non stop** Non-Stop-Flug *m*

volo *m* **notturno** Nachtflug *m*

volo *m* **previsto** Planflug *m*

volo *m* **transatlantico** Transatlantikflug *m*

volo *m* **transoceanico** Transatlantikflug *m*, Ozeanflug *m*

volo *m* **turistico** Touristikflug *m*

Volontari Seniores Professionali *(abbr.: V.S.P.)* Senior-Experten-Service *m (organizzazione tedesca non lucrativa di professionisti in pensione che offre corsi di formazione professionale, di aggiornamento e di qualificazione per gli specialisti e dirigenti sia in Germania che all'estero)*

volontariato *m* Volontariat *n*

voltura *f* Umschreibung *f (dir.)*

volume *m* **d'affari** Umsatz *m*, Volumengeschäft *n*

volume *m* **dei viaggi** Reiseaufkommen *n*

volume *m* **delle registrazioni** Buchungsaufkommen *n*

volume *m* **di mercato** Marktvolumen *n*

voucher *m* **di viaggio** Reisegutschein *m*

voucher *m* **fittizio** Scheinvoucher *m*

voucher *m* **per un giro turistico** Rundreisecoupon *m*

Y

yacht *m* Yacht *f*

yacht *m* **a vela** Segelyacht *f*

Z

zaino *m* Rucksack *m*

zattera *f* Floß *n*

zodiaco *m* Zodiac *n*

zona *f* **aerea** Luftzone *f*

zona *f* **climatica** Klimazone *f*

zona *f* **d'arrivo** Ankunftsbereich *m*

zona *f* **di concentrazione** Ballungsraum *m*

zona *f* **di distanza** Entfernungszone *f*

zona *f* **di libero scambio** Freihandelszone *f*

zona *f* **di pilotaggio per le manovre di atterraggio** Revierfahrt *f*

zona *f* **di riposo** Ruhezone *f*

zona *f* **di ritiro** Abholbereich *m*

zona *f* **di svago limitrofa al centro urbano** Naherholungsgebiet *n*

zona *f* **di traffico IATA** Iata-Verkehrsgebiet *n*

zona *f* **doganale di confine** Zollgrenzbezirk *m*

zona *f* **economica speciale** Sonderwirtschaftszone *f (e.g. ex regioni della Germania dell'est)*

zona *f* **escursionistica** Wandergebiet *n*

zona *f* **espositiva** Messegelände *n*

zona *f* **franca** Zollausschlussgebiet *n*

zona *f* **non fumatori** Nichtraucherbereich *m*

zona *f* **turistica** Fremdenverkehrsgebiet *n*

Deutsch–Italienisch

A

Abbau *m* **von Wettbewerbsbeschrän-kungen** riduzione *f* della limitazione della concorrenza

ABC-Charter *m* abc-charter *m (tariffa aerea)*

ABC-Gemeinschaft *f* gruppo *m* abc del traffico aereo

ABC-Inseln *fpl* isole *fpl* ABC *(Aruba, Bonaire, Curaçao)*

Abendessen *n* cena *f*

Abenteuerreise *f* viaggio *m* d'avventura

Abenteuerurlaub *m* vacanza *f* d'avventura

Abfahrt *f* uscita *f (autostrada)*; discesa *f (sciistica)*

Abfahrtsfrequenz *f* frequenza *f* delle partenze

Abfahrtshafen *m* porto *m* di imbarco, porto *m* di partenza

Abfahrtsort *m* punto *m* di partenza

Abfahrtsplan *m* orario *m* di partenza

Abfahrtstafel *f* tabellone *m* delle partenze

Abfahrtszeit *f* ora *f* di partenza

Abfertigung *f* accettazione *f*, check in *m (traffico aereo)*; operazioni *fpl* di perfezionamento *(dogana)*

Abfertigungsgebäude *n* **für Passagiere** aereostazione *f* passaggeri

Abfertigungsschalter *m* banco *m* accettazione, sdoganamento *m*

Abfertigungsverfahren *n* formalità *f* di sdoganamento

Abflug *m* decollo *m*, partenza *f*

Abflug *m*/**planmäßiger** decollo *m* previsto

Abflugdatum *n* data *f* di partenza

Abflugebene *f* piano *m* delle partenze

Abflugterminal *n* terminale *m* di partenza

Abflugzeit *f*/**voraussichtliche** orario *m* di partenza previsto

Abgaben *fpl* tasse *fpl*, imposte *fpl*

Abgabeort *m* luogo *m* di consegna

Abhilfe *f* **und Kulanz** *f*/**zügige** *(Abk.: ZAK)* rimedio *m* ed imparzialità *f* rapidi

Abhilfefrist *f* periodo *m* di rimedio

Abhilfeverlangen *n* richiesta *f* di rimedio

Abholbereich *m* zona *f* di ritiro

Abholservice *m* servizio *m* di ritiro *(merce o bagagli)*

Abkommen *n* convenzione *f*, accordo *m*

Abkommen *n* **über die internationale Zivilluftfahrt** convenzione *f* sull'Aviazione Civile internazionale

Abkommen *n* **über Indossofreiheit** accordo *m* sul riconoscimento e sull'accettazione reciproca dei biglietti aerei

Abkommen *n* **von Chicago** Convenzione *f* di Chicago

Abmeldung *f* notifica *f* di cambiamento di residenza *(polizia)*; cancellazione *f (annullamento di una iscrizione)*

Abrechnung *f* liquidazione *f*, conteggio *m* finale

Abrechnung *f*/**ticketlose** fatturazione *f* senza emissione di biglietto cartaceo, prenotazione *f* elettronica

Abrechnungsdienstleister *m* servizio *m* di contabilità

Abrechnungsperiode *f* periodo *m* di fatturazione, periodo *m* di conteggio

abrechnungspflichtige Transaktion *f* transazione *f* con obbligo di fatturazione

Abrechnungsverfahren *n* sistema *m* di liquidazione

Abrechnungszentrale *f* **Personenverkehr** *(Abk.: AZP)* centrale *f* di fatturazione della ferrovia tedesca

Abreise *f* partenza *f*

Abrufarbeit *f* lavoro *m* a chiamata

Abruf-Fax *n* fax *m* su richiesta

Absatz *m* smercio *m*, vendita *f*

Abschlagszahlung *f* acconto *m*, rata *f*

Abschleppdienst *m* servizio *m* soccorso stradale

Abschlussagent *m* agente *m* negoziale

Abschreibung *f* ammortamento *m*, detrazione *f*

Abschwung *m* recessione *f*

Absturz *m* crollo *m*

Abteil *n* scompartimento *m (treno)*

Abwertung *f* svalutazione *f*

Abwracken *n* smantellamento *m*, demolizione *f*

ADAC-Tour-Service-Reisetipp *m* servizio *m* consigli di viaggio del club automobilistico tedesco

Adapter *m* adattatore *m*

Ad-hoc-Verkehr *m* traffico *m* ad hoc

Affinitätsgruppe *f* gruppo *m* affine

Agenda 21 *f* agenda *f* 21

Agent *m* agente *m*

Agent-Code *m* codice *m* agente

Agentenermäßigung f sconto m praticato all'agente

Agentur f agenzia f

Agenturbindungsprogramm n programma m di vincolo tra agenzie

Agenturfahrschein m biglietto m per il personale d'agenzia

Agenturvertrag m contratto m d'agenzia

Agglomeration f agglomerazione f

Agora f agora f, assemblea f

Agrartourismus m agriturismo m

Air Terminal n terminale m aereo

Airbus m airbus m

Airpass m carnet m di coupons (airpass)

Akklimatisation f acclimatazione f

Akkreditiv n lettera f di credito

Akkulturation f acculturazione f

Akontozahlung f pagamento m in acconto, anticipo m

AKP-Staaten fpl stati mpl africani, dei Caraibi e del Pacifico, ACP-paesi mpl membri

Akquisitionsgespräch n negoziazione f

Aktie f azione f

Aktiengesellschaft f (Abk.: AG) Società f per Azioni (abbr.: S.p.A)

Aktienindex m indice m delle azioni

Aktion f zur Rettung des Kulturerbes (Abk.: ARK) campagna f per la salvaguardia e la protezione dell'eredità culturale

Aktionsplan m der EU zur Förderung des Tourismus piano m d'azione comunitario a favore del turismo

Aktivurlaub m vacanza f attiva

Alleinstellungsmerkmal n proposta f di vendita unica

Alles-inklusive-Pauschalreise f pacchetto m di viaggio tutto compreso

allgemeine Ausstellung f esposizione f pubblica, mostra f pubblica

Allgemeine Bedingungen fpl für die Reiserücktrittskosten-Versicherung (Abk.: ABRV) condizioni fpl generali d'assicurazione contro le spese di annullamento viaggio (in caso di non partenza, di cambiamento, di prenotazione o di interruzione di un viaggio)

Allgemeine Bedingungen fpl für die Versicherung von Reisegepäck (Abk.: AVR) condizioni fpl generali d'assicurazione bagagli

Allgemeine Bedingungen fpl für die Versicherung von touristischen

Beistandleistungen und Rücktransportkosten (Abk.: ABtBR) condizioni fpl generali d'assicurazione per l'assistenza di viaggio e il rimpatrio in caso d'emergenza

Allgemeine Beförderungsbedingungen fpl (Abk.: ABB) condizioni fpl generali di trasporto

Allgemeine Deutsche Zimmerreservierung f (Abk.: ADZ) centrale f per le prenotazioni di camere in Germania

Allgemeine Geschäftsbedingungen fpl (Abk.: AGB) condizioni fpl generali di contratto

Allgemeine Geschäftsbedingungen fpl für den Mietomnibus condizioni fpl generali di contratto per autobus da noleggio

allgemeine Hochschulreife f diploma m di maturità

Allgemeine Luftfahrt f aviazione f generale

Allgemeine Reisebedingungen fpl (Abk.: ARB) condizioni fpl generali di viaggio

Allgemeiner Deutscher Automobil-Club m (Abk.: ADAC) club m automobilistico tedesco

Allgemeiner Deutscher Fahrrad-Club m (Abk.: ADFC) club m ciclistico nazionale tedesco

Allgemeines Eisenbahngesetz n (Abk.: AEG) legge f ferroviaria tedesca

Allianz f alleanza f

Alpenbahn f ferrovia f delle Alpi

Alpenforschungsinstitut n (Abk.: AFI) centro m di ricerche alpine

Alpen-Initiative f iniziativa f Alpi

Alpenkonvention f Convenzione f delle Alpi

Alpenpass m passo m alpino

Alpenstraße f strada f alpina

Alpentransversale f progetto m per una nuova trasversale alpina

Altbuchung f prenotazione f quattro mesi prima della partenza

alternative Kosten pl costi mpl alternativi

Altersgrenze f limite m d'età

Altersteilzeit f pensionamento m parziale

Ambiente n ambiente m

Amerikanisches Frühstück n colazione f americana

Amsterdamer Vertrag m trattato m di Amsterdam

Amtliches Bayerisches Reisebüro n
(Abk.: ABR) agenzia f di viaggio ufficiale
bavarese
Anbieter m fornitore m
Änderungsvorbehalt m riserva f di
apportare modifiche
Anerkannte Tourist-Informationsstelle
f (Abk.: Atis) ufficio m di informazioni
turistiche riconosciuto
anerkannter Kurort m luogo m di cura
riconosciuto
Anflug m avvicinamento m (aer.)
Anforderungsverkehr m servizio m a
richiesta
Anfrage f richiesta f, domanda f
Angebot n offerta f
Angebot n/**touristisches** offerta f di
servizi turistici
angemessene Entschädigung f risar-
cimento m adeguato
Angestellte m(f) impiegato(-a) m(f)
Animateur(in) m(f) animatore(-trice) m(f)
Animateur-Assistent m assistente m
animatore
Animation f animazione f
Animationsprogramm n programma m
d'animazione
Ankunft f arrivo m
Ankunft f/**planmäßige** arrivo m previsto
Ankunftsbereich m zona f d'arrivo
Ankunftsebene f piano m degli arrivi
Ankunftsflugsteig m uscita f d'arrivo
Ankunftsort m luogo m d'arrivo
Ankunftstafel f quadro m degli orari
d'arrivo
Ankunftstag m giorno m d'arrivo
Ankunftszeit f orario m d'arrivo
Ankunftszeit f/**voraussichtliche** orario
m d'arrivo previsto
Anlassreise f viaggio m d'occasione
Anlegeplatz m approdo m
Anleihe f prestito m in obbligazioni
Anmeldebestätigung f conferma f di
iscrizione
Anmeldeformular n modulo m di iscri-
zione
Anmeldeschluss m chiusura f
d'iscrizione, scadenza f d'iscrizione
Anmeldung f iscrizione f
Anmietung f affitto m
Annullierung f annullamento m
Annullierungsgebühr f tassa f
d'annullamento

Anordnungen fpl/**hoheitliche** (Entzug
der Landerechte, Grenzschließungen,
Naturkatastrophen, Havarien, Zerstörung
von Unterkünften) ordinanze fpl ufficiali,
direttive fpl ufficiali (ritiro o restrizione
delle leggi sul diritto di atterraggio, sulla
chiusura delle frontiere, sui disastri naturali, le avarie e sulla distruzione degli
alloggi)
Anreise f arrivo m
Anreisetag m giorno m d'arrivo
Anruf-Sammeltaxi n (Abk.: AST) chiamata f di taxi collettivo
Anschließerwerbung f pubblicità f
collettiva
Anschluss m connessione f
Anschlussfahrschein m biglietto m di
connessione
Anschlussflug m volo m di collegamento
Anschlussflugschein m biglietto m
aereo con coincidenza
Anschlusskabotage f cabotaggio m
anschnallen v allacciare le cinture di
sicurezza
Anschnallgurt m cintura f di sicurezza
Ansteckungsgefahr f pericolo m di
contagio
Anstoßflugpreis m tariffa f supplementa-
re di volo
Antarktis f Antartico m
Anteil m/**lohnsteuerpflichtiger** quota f
del contribuente
Anteilseigner m azionista m
Antipode f antipode m
Antiquitäten fpl oggetti mpl di antiquaria-
to
Antragsformular n modulo m di doman-
da
Anwender m utente m
Anwenderprogramm n programma m
d'utente
Anzahlung f acconto m
Aparthotel n albergo m con appartamen-
ti, apparthotel m
Apartment n appartamento m
Aquabus m acquabus m
Aquädukt m acquedotto m
Äquator m equatore m
Äquatortaufe f cerimonia f del passaggio
dell'Equatore
Arbeitgeber m datore m di lavoro
Arbeitgeberverband m associazione f
degli imprenditori
Arbeitnehmer m lavoratore m

Arbeitnehmerfreizügigkeit *f* libertà *f* di circolazione dei lavoratori

Arbeitsausschuss *m* **der Gesamtgemeinschaft deutscher DER-Vertretungen mit DB-Lizenz** *(Abk.: AAGG/DB)* comitato *m* lavorativo dell'associazione affiliati DER con licenza delle ferrovie tedesche

Arbeitsgemeinschaft *f* comitato *m* di lavoro, consorzio *m*, associazione *f*

Arbeitsgemeinschaft *f* **der Alpenländer** *(Abk.: Arge ALP)* comitato *m* di lavoro delle regioni dell'arco alpino

Arbeitsgemeinschaft *f* **der Verbraucher** *(Abk.: AgV)* associazione *f* dei consumatori

Arbeitsgemeinschaft *f* **Deutscher Luftfahrtunternehmen** *(Abk.: ADL)* associazione *f* delle compagnie aree tedesche Charter

Arbeitsgemeinschaft *f* **Deutscher Verkehrsflughäfen** *(Abk.: ADV)* associazione *f* aeroporti commerciali tedeschi

Arbeitsgemeinschaft *f* **Flugeinkauf** consorzio *m* di acquisto posti volo

Arbeitsgemeinschaft *f* **für nachhaltige Tourismus-Entwicklung** *(Abk.: DANTE)* associazione *f* per lo sviluppo duraturo del turismo *(abbr.: DANTE)*

Arbeitsgemeinschaft *f* **Karibik** associazione *f* dei Caraibi

Arbeitsgemeinschaft *f* **Lateinamerika** associazione *f* dell'America latina

Arbeitsgemeinschaft *f* **Südliches Afrika** *(Abk.: ASA)* associazione *f* dell'Africa meridionale

Arbeitsgemeinschaft *f*/**touristische** comitato *m* di lavoro degli operatori turistici

Arbeitsgestaltungsform *f* forma *f* di organizzazione del lavoro

Arbeitsgruppe *f* gruppo *m* di lavoro

Arbeitskreis *m* **Aktiver Counter** comitato *m* lavorativo "casse attive" *(agenti di viaggio)*

Arbeitskreis *m* **Europäischer Kooperationen** comitato *m* lavorativo di cooperazione europea

Arbeitskreis *m* **selbstständiger Reisebüros** *(Abk.: ASR)* comitato *m* lavorativo di agenzie di viaggio indipendenti

Arbeitskreis *m* **Trekking- und Expeditionstourismus** *(Abk.: ATE)* comitato *m* lavorativo del turismo trekking e di spedizione

Arbeitsmedizinischer und Sicherheitstechnischer Dienst *m* **der Berufsgenossenschaft** *(Abk.: ASD)* servizio *m* di igiene del lavoro e di tecnica di sicurezza di un'associazione professionale

Arbeitsplatz-Datensichtgerät *n* video *m* della stazione di lavoro

Arbeitsplatzwechsel *m* cambiamento *m* d'impiego

Arbeitsschutzbestimmung *f* norma *f* sulla tutela del lavoro

Arbeitsspeicher *m* memoria *f* centrale

Arbeitsstättenzählung *f* censimento *m* della agenzie di viaggio e di operatori turistici

Arbeitsvertrag *m* contratto *m* di lavoro

Arbeitszeit *f* orario *m* di lavoro *(ore lavorative)*

Arbeitszeitverkürzung *f* riduzione *f* dell'orario di lavoro

Archäologie *f* archeologia *f*

archäologische Ausgrabung *f* scavo *m* archeologico

Archipel *m* arcipelago *m*

archivieren *v* archiviare

Arkadien Arcadia *f*

Arktis *f* Artide *f*

Ärmelkanal *m* canale *m* della Manica

Athener Abkommen *n* Convenzione *f* di Atene

Atlantik *m* Atlantico *m*

Aufbaustudium *n* **im Tourismus** formazione *f* postuniversitaria nel turismo

Aufbewahrungsfrist *f* periodo *m* di ritenzione

Aufbruchstimmung *f* atmosfera *f* di partenza

Aufenthalt *m* soggiorno *m*

Aufenthaltsdauer *f* durata *f* del soggiorno

Aufenthaltserlaubnis *f* permesso *m* di soggiorno

Aufenthaltsraum *m* salotto *m*, sala *f* d'attesa

aufgegebenes Gepäck *n* bagaglio *m* registrato

Aufhebungsvertrag *m* contratto *m* di annullamento, contratto *m* di revoca

Auflösung *f* risoluzione *f*

Aufschlag *m* **Preis/Kosten** sovrapprezzo *m*

Aufschwimmen *n* levitazione *f*
Aufschwung *m* ripresa *f* economica
Auftragsverwaltung *f*/**zentrale** amministrazione *f* centrale dei lavori, gestione *f* centrale degli ordini
Aufwand *m* spesa *f*
Aufwertung *f* rivalutazione *f*
Aufzug *m* ascensore *m*
Ausbildereignungsverordnung *f* regolamento *m* per la qualifica dell'istruttore
Ausbildung *f*/**betriebliche** formazione *f* professionale aziendale
Ausbildungsabgabe *f* tassa *f* d'istruzione
Ausbildungsdauer *f* durata *f* di formazione
Ausbildungsweg *m* **im Tourismus/-Fremdenverkehr** apprendistato *m* agli studi per il turismo
Ausbooten *n* sbarco *m*
Auschecken *n* controllo *m* in uscita *(check out)*
Ausflaggen *n* cambiamento *m* di bandiera
Ausflug *m* escursione *f*, gita *f*
Ausflügler *m* escursionista *m*
Ausflugsbus *m* autobus *m* d'escursione
Ausflugsfahrt *f* viaggio *m* d'escursione
Ausflugsprogramm *n* programma *m* d'escursione
Ausflugsschiff *n* nave *f* da escursione
Ausflugsverkehr *m* traffico *m* turistico
Ausflugsziel *n* destinazione *f* dell'escursione, meta *f* dell'escursione
Ausfuhr *f* esportazione *f*
Ausfuhrbestimmungen *fpl* disposizioni *fpl* sull'esportazione
Ausfuhrzoll *m* imposta *f* sulle esportazioni
Ausgabegerät *n* unità *f* di uscita *(computer)*
Ausgaben *fpl* spese *fpl*, uscite *fpl*
Ausgangshafen *m* porto *m* di partenza
Ausgangspunkt *m* punto *m* di partenza
ausgeschriebener Busreiseverkehr *m* viaggio *m* turistico in autobus inserito in un catalogo
Ausgrabung *f*/**archäologische** scavo *m* archeologico
Aushilfe *f* ausiliare *m*
Aushilfskraft *f* supplente *m(f)*
Aushilfstätigkeit *f* attività *f* suppletiva
Auskunft *f* informazione *f*

Auskunftsdienst *m* servizio *m* informazione
ausländische Zahlungsmittel *npl* valute *fpl* estere
Ausland *n* estero *m* • **im Ausland** all'estero • **ins Ausland** all'estero
Auslandsflug *m* volo *m* internazionale
Auslandskrankenschein *m* certificato *m* di assistenza malattia all'estero
Auslandsnotruf *m* chiamata *f* d'emergenza internazionale
Auslandsschutzbrief *m* assicurazione *f* internazionale di viaggio
Auslandsstudium *n* studio *m* all'estero
Auslandsverbindung *f*/**telefonische** chiamata *f* internazionale
Auslandsvertretung *f* rappresentanza *f* all'estero, ambasciata *f*, consolato *m*, filiale *f* all'estero
Auslastungsgrad *m* fattore *m* di saturazione
Auslastungsquote *f* tasso *m* di utilizzazione
auslaufen v salpare
Ausreise *f* espatrio *m*
Ausreiseformular *n* documento *m* d'espatrio
ausschiffen v sbarcare
Ausschließlichkeitsbindung *f* contratto *m* di esclusività
Ausschlusszeit *f* data *f* di chiusura
Ausschuss *m* **für Tourismus** comitato *m* per il turismo
Außenhandel *m* commercio *m* estero
Außenkabine *f* cabina *f* esterna
Außenmarketing *n* marketing *m* esterno, commercializzazione *f* esterna
Ausstellung *f* esposizione *f*, mostra *f*
Ausstellungstourismus *n* turismo *m* di esposizione
Ausstellungs- und Messe-Ausschuss *m* **der Deutschen Wirtschaft** *(Abk.: Auma)* organizzazione *f* enti fieristici tedeschi
Aus- und Weiterbildung *f* corso *m* di formazione e di aggiornamento
Aus- und Weiterbildung *f*/**berufliche** corso *m* di formazione e di aggiornamento professionale
Auswärtiges Amt *n (Abk.: AA)* Ministero *m* degli Affari Esteri
Auswanderer *m* emigrante *m*
Ausweis *m* documento *m* d'identità, carta *f* d'identità

Auszubildende m(f) apprendista m(f)
Autobahn f autostrada f
Autobahngebühr f pedaggio m autostradale
Autobahnhotel n motel m sull'autostrada
Autobahnnotruf m chiamata f d'emergenza in autostrada
Autobahnraststätte f area f di servizio autostradale, autogrill m
Autobus m autobus m
Autodiebstahlversicherung f assicurazione f contro il furto d'auto
Autofähre f traghetto m per auto
autofreier Sonntag m domenica f senz'auto
Automatenaufstellung f installazione f di un distributore automatico
Automatisierung f automazione f
Automobilclub von Deutschland m (Abk.: AvD) associazione f automobilistica della Germania
Auto-Package-Tour f pacchetto m turistico con auto privata
Autoput m Autoput m (nome di autostrada che collega l'Austria alla Grecia attraversando la Croazia e la Macedonia)
Auto-Reiseruf m chiamata f radiofonica personale dall'automobile
Autoreise-Schutzbrief m assicurazione f automobilistica che copre più rischi
Autoreisezug m (Abk.: ARZ) autotreno m con cuccette
Autoreisezug-Versicherung f assicurazione f autotreni-cuccette
Autovermietung f autonoleggio m
Autozug- und Fährversicherung f assicurazione f autotreni e traghetti
Avalkredit m credito m di avallo

B

Backbord n babordo m
Bad n stazione f termale, località f balneare (stabilimento balneare)
Bad n/**römisch-irisches** bagno m romano-irlandese (bagno totale di aria riscaldata o bagno di vapore caldo a temperatura graduata; Heißluft-Ganzschwitzbad mit abgestuften Lufttemperaturen)
Badearzt m medico m termale

Badeort m località f balneare (stabilimento balneare); stazione f termale (luogo di cura)
Bäderstatistik f statistica f sui bagni termali
Bädertherapie f balneoterapia f
Bäderverband m associazione f bagni termali
Badeverbot n divieto m di balneazione
Badewanne f vasca f da bagno
Badezentrum n centro m balneare
Bahnbeförderungsrecht n legge f tedesca sul trasporto ferroviario
Bahnabteil n scompartimento m ferroviario
Bahnbus m servizio m autobus delle compagnie ferroviarie
BahnCard f carta f sconto per i viaggi in treno (BahnCard)
Bahnhof m stazione f ferroviaria
Bahnhofsmission f ufficio m assistenza viaggiatori
Bahnhofsrestaurant n ristorante m della stazione
Bahnhofsvorsteher m capostazione m
Bahnreform f riforma f ferroviaria tedesca
Bahnreise f viaggio m in treno
Bahnsteig m banchina f ferroviaria
Bai n baia f
Balkon m balcone m
Ballungsraum m conurbazione f, zona f di concentrazione
Balneologie f balneologia f
Bankbürgschaft f fideiussione m bancaria
Bankett n banchetto m (pranzo di gala)
Bankgarantie f garanzia f bancaria
Bankkonto n conto m bancario
Barbecue n barbecue m
Bargeld n denaro m in contanti
Barock n barocco m
barrierefreie Verkehrssysteme npl sistema m di trasporto senza barriere
Barzahlung f pagamento m in contanti
Basilika f basilica f
Basis- und Kompaktschutz m assicurazione f di base e di protezione
Bauernhof m fattoria f
Baukunst f architettura f
Bausteinreservierungsprogramm n programma m individuale per la prenotazione di un pacchetto di viaggio (su misura)

Bausteintouristik *f* pacchetto *m* turistico individuale *(su misura)*
Bearbeitungsgebühr *f* diritto *m* amministrativo
Bedarfsfluggesellschaft *f* compagnia *f* aerea di voli charter
Bedarfsluftverkehr *m* traffico *m* dei voli noleggiati, traffico *m* dei voli charter
Bedienungsgeld *n* percentuale *f* per il servizio, coperto *m*
Bedienungshinweise *mpl* istruzioni *fpl* per l'uso
Bedienungspersonal *n* personale *m* di servizio *(staff)*
Beförderung *f* trasporto *m*, spedizione *f*
Beförderungsbedingungen *fpl* condizioni *fpl* di trasporto
Beförderungsbestimmungen *fpl* **der Verkehrsunternehmen** normative *fpl* sui trasporti delle imprese vettrici
Beförderungsfunktion *f* funzione *f* di trasporto
Beförderungsklasse *f* classe *f* di trasporto
Beförderungsleistung *f* servizio *m* di trasporto
Beförderungsmittel *npl* mezzi *mpl* di trasporto
Beförderungspflicht *f* obbligo *m* di trasporto
Beförderungsrecht *n* diritto *m* del trasporto
Beförderungsunternehmen *n* impresa *f* di trasporto
Beförderungsvertrag *m* contratto *m* di trasporto
Beförderungszeitraum *m* periodo *m* di trasporto
Begleitertarif *m* tariffa *f* accompagnatore
Begrüßungsempfang *m* ricevimento *m* di benvenuto
Beherbergung *f* **von Gästen** pernottamento *m* degli ospiti, alloggiamento *m* di ospiti
Beherbergungsbetrieb *m* azienda *f* alberghiera
Beherbergungsgewerbe *n* industria *f* alberghiera
Beherbergungspreis *m* prezzo *m* per il pernottamento
Beherbergungsstätte *f* struttura *f* ricettiva
Beherbergungsstatistik *f* statistica *f* delle presenze

Beherbergungsvertrag *m* contratto *m* d'albergo
Behindertenreise *f* viaggio *m* per disabili
Beiboot *n* scialuppa *f*
Beirat *m* **für Tourismusfragen** comitato *m* consultivo sul turismo
Beitrittsbonus *m* premio *m* d'iscrizione
Beleg *m* ricevuta *f*, documento *m*
Belegausdruck *m* stampa *f* del documento
Belegung *f* occupazione *f* *(tasso di utilizzazione)*
Belegungsliste *f* lista *f* di prenotazione
Belt *n* Belt *m* *(geog.)*
Benchmarking *n* analisi *f* comparativa *(benchmarking)*
Benutzeroberfläche *f* interfaccia *f* di utente
Benutzeroberfläche *f*/**grafische** interfaccia *f* grafica di utente
Benutzungsgebühr *f* tassa *f* d'utilizzazione
Benzin *n* benzina *f*
Benzingutschein *m* buono *m* benzina
Beratungsleistung *f* servizio *m* di consulenza
Beratungsqualität *f* qualità *f* della consulenza
Bergbahn *f* ferrovia *f* di montagna, funivia *f*
Bergfahrt *f* navigazione *f* controcorrente
Bergführer *m* guida *f* di montagna
Bergkette *f* catena *f* montuosa
Bergungskosten *pl* spese *fpl* di soccorso, spese *fpl* di salvataggio
Bergwandern *n* escursione *f* in montagna *(trekking)*
Berufsakademie *f* accademia *f* del lavoro, università *f* professionale
Berufsakademiestudium *n* **des Tourismus** studio *m* turistico professionale
Berufsausbildung *f* **im Hotel- und Gaststättengewerbe** formazione *f* professionale alberghiera e di ristorazione
Berufsausbildung *f* **im Verkehrswesen** formazione *f* professionale nei trasporti
Berufsausbildung *f*/**schulische** formazione *f* professionale scolastica
Berufsbezeichnung *f* titolo *m* professionale
Berufsbild *n* profilo *m* professionale
Berufsgenossenschaft *f* cooperativa *f* di professionisti

Berufskraftfahrer(in) *m(f)* autista *m(f)*
Berufskraftfahrer-Ausbildungs-
ordnung *f* regolamento *m* sulla forma-
zione professionale dell'-
autista
Berufspendler *m* pendolare *m*
Berufstourist *m* turista *m* di professione
Besatzung *f* **an Bord** equipaggio *m* di
bordo, personale *m* di bordo
Beschäftigungsförderungsgesetz *n*
(Abk.: BeschFG) legge *f* sulla promozione dell'impiego
Beschäftigungsgesellschaft *f* società *f*
per la tutela dell'occupazione
Beschäftigungsnachweis *m* certificato
m d'impiego
Beschwerdemanagement *n* gestione *f*
dei reclami
Beschwerdetag *m* giorno *m* per i reclami,
giorno *m* per i ricorsi
Besenwirtschaft *f* trattoria *f* tradizionale
tipica dell'aera sveva *(Besenwirtschaft:*
ogni autunno non appena il vino é fer-
mentato, i viticoltori della regione metto-
no una scopa (Besen) di fronte alle loro
porte come segno che da quel momento
in poi i loro salotti sono aperti agli ospiti. I
viticoltori vendono i loro vini fatti in casa e
altri sostanziosi spuntini)
Besetzteinfahrt *f* **mit anschließender**
Leerrückfahrt trasporto *m* passeggeri
di solo andata
Besichtigung *f* giro *m* turistico, visita
f
Besichtigungszeiten *fpl* orari *mpl* di
visita
Besprechung *f* riunione *f*, conferenza
f
Bestätigung *f* **einer Gepäckbeschädi-**
gung conferma *f* di danneggiamento ad
un bagaglio
Bestellung *f* ordinazione *f*
Bestimmung *f* disposizione *f*, norma *f*
Bestimmung *f/***gesetzliche** disposizione
f di legge, norma *f* di legge
Bestimmungsbahnhof *m* stazione *f* di
destinazione
Bestimmungsort *m* luogo *m* di destina-
zione
Bestuhlungsvariante *f* disposizione *f*
posti
Besucher *m* visitatore *m*
Besucherlenkung *f* coordinazione *f* dei
visitatori

Besucherterrasse *f* **Flughafen** terrazza
f visitatori dell'aeroporto
Besuchshäufigkeit *f* frequenza *f* delle
visite
Beteiligung *f* partecipazione *f*
Betreibergesellschaft *f* società *f* di
gestione
Betreuungshinweise *m* avviso *m*
d'assistenza
Betreuungsperson *f* personale *m*
d'assistenza
betriebliche Ausbildung *f* formazione *f*
professionale aziendale
Betriebsablauf *m* svolgimento *m* delle
operazioni aziendali
Betriebsaufspaltung *f* scissione *f* azien-
dale
Betriebsausflug *m* escursione *f* azienda-
le
Betriebsausgaben *fpl* spese *fpl* di
gestione
Betriebsergebnis *n* risultato *m* d'eserci-
zio, risultato *m* di gestione
Betriebskosten *pl* costi *mpl* aziendali
Betriebsleitung *f* direzione *f* aziendale
Betriebsordnung *f* **Kraftverkehr** *(Abk.:*
BO Kraft) regolamento *m* del trasporto di
passeggeri con autobus
Betriebspflicht *f* obbligo *m* di servizio
Betriebsrentabilität *f* redditività *f* azien-
dale
Betriebssystem *n* sistema *m* operativo
(computer)
Betriebsübergang *m* trasferimento *m* di
reparti di un azienda ad un'altra azienda
(outsourcing)
Betriebsvereinbarung *f* accordo *m*
aziendale
Betriebsverfassungsgesetz *n (Abk.:*
BetrVG) legge *f* sull'ordinamento aziendale
Betriebsvergleich *m* comparazione *f*
interaziendale
Betriebswirt *m* **Reiseverkehr/-**
Touristik economo *m* del turismo
betriebswirtschaftliche Größe *f* fattore
m economico-aziendale
Betriebswirtschaftslehre *f* ragioneria *f*,
tecnica *f* commerciale
Bettenkapazität *f* capacità *f* posti letto,
ricettività *f* posti letto
bewaffnete Flugbegleiter *mpl* sceriffi
mpl armati

Bewegungstherapie f esercizio m terapeutico
Beweissicherungsgründe mpl motivi mpl di assunzione di prove a futura memoria
Bewertungsmaßstab m criterio m di valutazione
Bewirtung f accoglienza f, trattamento m ospitale
Bewirtungsauslage f spesa f d'accoglienza
Bewirtungsvertrag m contratto m di approvvigionamento
Bezahl-Fernsehen n televisione f a pagamento
Bezahlung f pagamento m, retribuzione f
Bierlieferungsvertrag m contratto m di fornitura della birra
Bilanz f bilancio m
Bilanz-Messzahl f indice m di bilancio
Bildschirmausdruck m stampa f dello schermo
Bildtelefonieren n videotelefono m
Bildungsreise f viaggio m d'istruzione, viaggio m studio
Bildungstourismus m turismo m d'istruzione
Bildungsurlaub m vacanza f studio
Bildungswerk n **der Omnibusunternehmer** centro m di formazione professionale delle aziende autotranviarie
Billigflagge f bandiera f ombra, bandiera f di comodo
Billigflaggen-Land n stato m a cui é attribuita la "bandiera ombra"
Billigflug m volo m economico, volo m a basso costo
Billigfluggesellschaft f compagnia f aerea a basso costo
Bingo n bingo m
Binnenmarkt m mercato m interno
Binnenschifffahrt f navigazione f interna
Binnenverkehr m traffico m interno
Bioklima n bioclima m
Biosphärenreservat n riserva f della biosfera
Biotop n biotopo m
Bistrobus m autobus m con un piccolo bistrot
Bistrowagen m carrozza f ristorante
Blaues Band n nastro m blue
Blinder Passagier m passeggero m clandestino
Blindflug m volo m cieco

Blizzard m bufera f di neve
Blockcharter m noleggio m a carico parziale (block charter)
Blockzugbildung f formazione f di un treno blocco
Bö f raffica f di vento, burrasca f
Bodenabfertigung f assistenza f a terra
Bodenabfertigungsdienstleistung f servizio m di assistenza a terra
Bodendienst m servizio m a terra
Bodentransportmittel npl mezzi mpl di trasporto a terra
Bodenverkehrsdienst m servizio m di trasporto a terra
Bonität f solvibilità f (comm.)
Bonus m premio m, gratifica f
Bonusmeile f premio m miglia
Bonusprogramm m programma m premio
Bonus- und Malusregel f sistema m bonus malus
Boot n barca f
Bootsfahrt f viaggio m in barca
Bootshaus n rimessa f per barche
Bootsstation f stazione f barche
Bootsurlaub m vacanza f in barca
Bord-Akkreditiv n lettera f di credito a bordo
bordeigenes Motorboot n imbarcazione f a motore
Bordkarte f carta f d'imbarco
Bordpersonal n personale m di bordo
Bordpreise mpl prezzi mpl del biglietto a bordo
Bordreiseleitung f guida f turistica a bordo
Bordrestaurant n ristorante m di bordo
Bordshop m negozio m a bordo
Bordunterhaltung f intrattenimento m a bordo
Börse f borsa f
Börsengang m ingresso m in borsa, quotazione f in borsa
Branchenbezeichnung f ramo m d'affari, branca f d'affari
Branchenfremder Vertrieb m distribuzione f esterna alla categoria
Branchentreff m incontro m di settore
Brauchtum n usanza f, costume m
Brücke f ponte m
Brückenoffizier m ufficiale m di ponte
Brunch n pasto m che sostituisce la colazione e il pranzo (brunch)

Brunchbuffet *n* tavola *f* dei rinfreschi per il brunch

Brüsseler Übereinkommen *m* **über den Reisevertrag** Convenzione *f* di Bruxelles sul contratto di viaggio

Bruttoinlandsprodukt *n (Abk.: BIP)* Prodotto *m* Interno Lordo *(abbr.: PIL)*

Bruttopreis *m* prezzo *m* lordo

Bruttosozialprodukt *n (Abk.: BSP)* Prodotto *m* Nazionale Lordo *(abr.PNL)*

Buchung *f* registrazione *f*, prenotazione *f*

Buchung *f* **auf Anfrage** prenotazione *f* su richiesta

Buchung *f* **auf Warteliste** prenotazione *f* in lista d'attesa

Buchung *f* **im Direktvertrieb** prenotazione *f* diretta

Buchung *f/***vorsorgliche** prenotazione *f* a scopo precauzionale

Buchungsanfrage *f* richiesta *f* di prenotazione

Buchungsaufkommen *n* volume *m* delle registrazioni

Buchungsbestätigung *f* conferma *f* di prenotazione

Buchungsformular *n* modulo *m* di registrazione

Buchungsgebühr *f* tassa *f* di registrazione

Buchungsklasse *f* classe *f* di prenotazione

Buchungsklassenharmonisierung *f* armonizzazione *f* delle prenotazioni per classi

Buchungsmaske *f* maschera *f* di prenotazione

Buchungs-, Reservierungs- und Vertriebssystem *n* **für Reise und Touristik** *(Start Amadeus)* sistema *m* di prenotazione, di registrazione e di vendita per viaggi e turismo

Buchungsstelle *f/***sonstige** ulteriore agenzia *f* di prenotazione viaggi

Buchungssteuerung *f* gestione *f* delle prenotazioni

Buchungs- und Reservierungssystem *n* sistema *m* di prenotazione e di registrazione

Buchungswettbewerb *m* gara *f* d'appalto per le prenotazioni

Buchungszurückhaltung *f* esitazione *f* a prenotare

Budget *n* bilancio *m* preventivo *(budget)*

Büfett-Frühstück *n* tavola *f* dei rinfreschi per la colazione, buffet *m* per la colazione

Bug *m* prua *f (mar.)*; muso *m (aer.)*

Bügel- und Reinigungsdienst *m* **in Hotels** servizio *m* di stireria e di lavanderia in albergo

Bugstrahlruder *n* motore *m* a prua

Bullauge *n* oblò *m*

Bund *m* **für Umwelt- und Naturschutz Deutschland** *(Abk.: BUND)* Federazione *f* Tedesca per la Protezione dell'Ambiente e della Natura

Bundesanstalt *f* **für Flugsicherung** *(Abk.: BFS)* Istituto *m* Federale per la Sicurezza Aerea

Bundesaufsichtsamt *n* **für das Versicherungswesen** *(Abk.: BAV)* Ispettorato *m* Federale delle Assicurazioni

Bundeseisenbahnvermögen *n* patrimonio *m* ferroviario federale

Bundesgartenschau *f* mostra *f* ortofrutticola nazionale

Bundesgrenzschutz *m* guardia *f* federale di frontiera

Bundeskartellamt *n* ufficio *m* federale dei cartelli

Bundesland *n* stato *m* federativo

Bundesstelle *f* **für Flugunfalluntersuchung** Ufficio *m* Federale d'Inchiesta sugli Incidenti Aerei *(abbr. UIIA)*

Bundesverband *m* **der Autovermieter Deutschlands** *(Abk.: BAV)* Associazione *f* Federale Tedesca di Autonoleggio *(abbr. BAV)*

Bundesverband *m* **der Deutschen Tourismuswirtschaft** *(Abk.: BTW)* Associazione *f* Federale dell'Industria del Turismo Tedesco *(abbr. BTW)*

Bundesverband *m* **der Gästeführer** Associazione *f* Federale Guide Turistiche Tedesche

Bundesverband *m* **der Reiseleiter, Animateure und Gästeführer** *(Abk.: BRAG)* Associazione *f* Federale Tedesca di Guide, Animatori e Guide Turistiche *(abbr. BRAG)*

Bundesvereinigung *f* **City- und Stadtmarketing Deutschland** *(Abk.: BCSD)* Unione *f* Federale Tedesca per il Marketing di Città e Paesi *(abbr. BCSD)*

Bundesverkehrswegeplanung *f* pianificazione *f* nazionale delle vie di comunicazione

Bund-Länder-Ausschuss *m* **Tourismus** Comitato *m* del Turismo Bund – Länder

Bürgerliches Gesetzbuch *n (Abk.: BGB)* codice *m* civile
Burghotel *n* albergo *m* del castello
Bürgschaft *f* garanzia *f*
Bürogemeinschaft *f* cooperativa *f* di uffici
Bürokauffrau *f* agente *f* d'ufficio
Bürokaufmann *m* agente *m* d'ufficio
Bus *m* autobus *m*
Busanmietung *f* noleggio *m* autobus
Busbahnhof *m* stazione *f* autobus
Busbeförderungsrecht *n* legge *f* sul trasporto in autobus
Buschenwirtschaft *f* trattoria *f* tradizionale tipica austriaca *(Buschenwirtschaft: i viticoltori della regione vendono i loro vini fatti in casa per un breve periodo. Conosciuta anche con il nome Besenwirtschaft o Straußwirtschaft)*
Business-Klasse *f* classe *f* intermedia, classe *f* business
Buspendelverkehr *m* servizio *m* navetta
Busreise *f* viaggio *m* in autobus
Busrundfahrzeit *f* tempo *m* di marcia di un viaggio circolare in autobus
Busrundreise *f* giro *m* turistico in autobus
Busterminal *n* terminale *m* autobus
Bustourismus *m* turismo *m* in autobus

C

Café *n* caffè *m*
Cafeteria *f* caffetteria *f*
Camping *n* campeggio *m*
Camping-Freizeitzentrum *n* centro *m* ricreativo in un campeggio
Campingflug *m* volo *m* con pernottamento fittizio in campeggio
Campingführer *m* guida *f* al campeggio
Campingplatz *m* campeggio *m*
Campingtourismus *m* turismo *m* di campeggio
Campingvertrag *m* contratto *m* di campeggio
Canyoning *n* torrentismo *m (canyoning)*
Caravan *m* roulotte *f*
Caravan, Boot und Internationaler Reisemarkt *m (Abk.: CBR)* roulotte *f*, barche *fpl* e mercato *m* turistico internazionale *(esposizione di Monaco)*
Catering *n* ristorazione *f (catering)*

Chancen- und Gefahrenanalyse *f* analisi *f* delle opportunità e dei rischi
Charter *m* noleggio *m (charter)*
Charterflug *m* volo *m* noleggiato, volo *m* charter
Charterfluggesellschaft *f* compagnia *f* aerea di voli charter
Charterflugverkehr *m* traffico *m* aereo dei voli charter
Chartermaschine *f* aereo *m* noleggiato, aereo *m* charter
Charterverkehr *m* traffico *m* charter
Chauffeur *m* autista *m*, conducente *m*
Chefkellner(in) *m(f)* capocameriere(-a) *m(f)*
Chefsteward *m* capo steward *m*
Chefstewardess *f* capo hostess *f*
Chicagoer Abkommen *n* Convenzione *f* di Chicago
Cicerone *m* cicerone *m*
Clubschiff *n* nave *f* club
Cluburlaub *m* vacanza *f* club
computergestütztes Reservierungssystem *n* sistema *m* di prenotazione computerizzato
Computerreservierungssystem *n (Abk.: CRS)* sistema *m* di prenotazione computerizzato
Concierge *m* portiere *m*
Conférencier *m* conferenziere *m*
Consolidator *m* consolidatore *m*
Copilot *m* copilota *m*
Couponheftangebot *n* buono *m* offerta

D

Dachmarkenstrategie *f* strategia *f* del marchio principale
Dachunternehmen *n* impresa *f* principale *(holding)*
Dachverband *m* **der Reisestellenvereinigungen** organizzazione *f* centrale delle associazioni dei dipartimenti viaggio
Dachverband *m* **Tourismus** organizzazione *f* centrale del turismo
Dampfbad *n* bagno *m* turco, bagno *m* a vapore
dampfgetriebener Luxuszug *m* treno *m* di lusso azionato a vapore
Dampflok *f* locomotiva *f* a vapore

Dampfschiff *n* battello *m* a vapore, vaporetto *m*

Datenbank *f* banca *f* dati

Datenfernübertragung *f* teletrasmissione *f* dati

Datenmanagement *n* gestione *f* dei dati

Datenschutz *m* protezione *f* dei dati

Datensicherheit *f* sicurezza *f* dei dati

Datenträger *m* supporto *m* dati

Datumsgrenze *f* linea *f* internazionale del cambiamento di data

DB-Agentur *f* agenzia *f* patentata alla vendita di biglietti della DB

DB-Autozug *m* autotreno *m* con cuccette della DB

DB-Reise & Touristik *f* ferrovia *f* tedesca viaggi e turismo

Debitor *m* debitore *m*

Deck *n* ponte *m*, coperta *f*

Deckspassagier *m* passeggero *m* con sistemazione posto ponte

Deckungsbeitrag *m* contributo *m* di coperture

Deckungszusage *f* lettera *f* di copertura

Defizitgrenze *f* limite *m* del disavanzo, limite *m* del deficit

Defizitverfahren *n* **der EU** procedura *f* deficitaria dell'Unione Europea

Deflation *f* deflazione *f*

Delkredere-Provision *f* provvigione *f* per del credere

Dependance *f* **Hotel** edificio *m* annesso all'albergo *(dépendance d'hotel)*

Deposit *n* deposito *m*

Depotsystem *n* sistema *m* di deposito

Depression *f* depressione *f*

Deregulation *f* deregolamentazione *f*

Destination *f* destinazione *f*

Destinationsmanagement *n* gestione *f* delle destinazioni

Destinationsmarketing *n* marketing *m* delle destinazioni

deutsch tedesco

Deutsche Bahn *f (Abk.: DB)* Ferrovie *fpl* Tedesche *(abr. DB)*

Deutsche Flugsicherung *f (Abk.: DFS)* controllo *m* del traffico aereo tedesco

Deutsche Gesellschaft *f* **für Reiserecht** *(Abk.: DGfR)* Associazione *f* Tedesca per la Legge sul Turismo

Deutsche Gesellschaft *f* **für Umwelterziehung** *(Abk.: DGU)* Associazione *f* Tedesca per l'Educazione Ambientale

Deutsche Hanse *f* Hansa *f* tedesca

Deutsche Hotelklassifizierung *f* classificazione *f* alberghiera tedesca

Deutsche Lufthansa *f (Abk.: DLH)* Lufthansa *f* tedesca

Deutsche Zentrale *f* **für Tourismus** *(Abk.: DZT)* Ente *m* Nazionale Germanico per il Turismo

Deutscher Alpenverein *m (Abk.: DAV)* Associazione *f* Alpina Tedesca

Deutscher Heilbäderverband *m (Abk.: DHV)* Associazione *f* Tedesca Bagni Termali

Deutscher Hotel- und Gaststättenverband *m (Abk.: Dehoga)* Associazione *f* Tedesca Alberghi e Ristoranti

Deutscher Industrie- und Handelskammertag *m (Abk.: DIHK)* Camera *f* **principale** di Commercio e Industria Tedesca

Deutscher Naturschutzring *m (Abk.: DNR)* Associazione *f* Tedesca per la Tutela della Natura

Deutscher Reisebüro- und Reiseveranstalter-Verband *m (Abk.: DRV)* Associazione *f* Tedesca Agenzie di Viaggio e Operatori Turistici

Deutscher Reisemonitor *m* monitoraggio *m* viaggi tedesco

Deutscher Städtetag *m* Associazione *f* Città Tedesche

Deutscher Tourismusverband *m (Abk.: DTV)* Associazione *f* Turismo Tedesco

Deutsches Reisebüro *n (Abk.: DER)* Agenzia *f* di Viaggio Tedesca

Deutsches Seminar *n* **für Tourismus** *(Abk.: DSFT)* istituto *m* tedesco per la formazione professionale nel turismo

Deutschland *n* Germania *f*

Devisen *pl* valute *fpl* estere

Deviseneinnahmen *fpl* entrate *fpl* di valuta estera

Devisenkurs *m* corso *m* del cambio

Diagramm *n* diagramma *m*, grafico *m*

Dienstleistung *f* prestazione *f* di servizio

Dienstleistungsbilanz *f* bilancia *f* dei servizi

Dienstleistungsfreiheit *f* libera prestazione *f* di servizi

Dienstleistungsunternehmer *m* impresa *f* di servizi

Dienstreise *f* viaggio *m* di servizio, viaggio *m* d'affari

Dienstvertrag *m* contratto *m* di lavoro, contratto *m* di servizio

Differenzierung *f* differenziazione *f*
digital digitale
digitale Signatur *f* firma *f* digitale
digitales Zertifikat *n* certificato *m* digitale
Digitalisierung *f* digitalizzazione *f*
Diplombetriebswirt *m* **BA** economo *m* aziendale *(laurea breve)*
Diplombetriebswirt *m* **FH** economo *m* aziendale *(laurea)*
Diplomkaufmann *m* **FH** commercialista *m*
Direktbuchung *f* prenotazione *f* diretta
direkter Vertrieb *m* vendita *f* diretta
Direktflug *m* volo *m* diretto
Direktinkasso *n* incasso *m* diretto
Direktorat *n* **D für Tourismus der EU** direzione *f* turistica dell'Unione Europea
Direktveranstalter *m* organizzatore *m* diretto
Direktvermarktung *f* marketing *m* diretto
Direktvertrieb *m* vendita *f* diretta, distribuzione *f* diretta
Direktvertriebsmarke *f* marchio *m* di vendita diretta
Direktwerbung *f* pubblicità *f* diretta
Distanzhandelsrichtlinie *f* **der EU** direttiva *f* europea sul commercio a distanza
Distributionspolitik *f* politica *f* di distribuzione
Diversifikation *f* diversificazione *f*
Dock *n* bacino *m* di carenaggio
Dokument *n* documento *m*
Dokumentenerstellung *f* produzione *f* di documenti
Dolmetscher(in) *m(f)* interprete *m(f)*
Domain-Name *m* nome *m* a dominio
Domizilschutz *m* protezione *f* del domicilio
Doppelbesteuerung *f* tassazione *f* duplice
Doppelbettkabine *f* cabina *f* con letto doppio
Doppelbuchung *f* registrazione *f* doppia, prenotazione *f* doppia
Doppeldecker *m* autobus *m* a due piani; biplano *m (aeroplano)*; treno *m* a due piani
Doppelstädtereise *f* giro *m* turistico di due città
Doppelwährung *f* bimetallismo *m*
Doppelzimmer *n* camera *f* doppia *(con letto matrimoniale)*

Doppelzimmer *n* **mit zwei getrennten Betten** camera *f* doppia con due letti separati
Dorfhotel *n* albergo *m* di paese
Drachenfliegen *n* volo *m* in deltaplano
Draisinenfahrtstrecke *f* percorso *m* in draisina
Drehkreuz *n* **für Ferntouristik** nodo *m* per turismo a distanza
Drehkreuz *n* **im Luftverkehr** nodo *m* aeroportuale
Drehkreuz *n* **Flughafen** nodo *m* aeroportuale
Dreibettzimmer *n* camera *f* tripla, camera *f* a tre letti
Drei-Buchstaben-Kürzel *n* codice *m* di identificazione a tre sigle *(aeroporti/città)*
duales System *n* sistema *m* duale
Duftsonntage *mpl* domeniche *fpl* profumate
Dumpingpreis *m* prezzo *m* sottocosto
Düsenflugzeug *n* aereo *m* a reazione, aviogetto *m*
Durchgangstarif *m* prezzo *m* di passaggio
Dusche *f* doccia *f*
Duschmünze *f* gettone *m* doccia
dynamische Bausteinreise *f* pacchetto *m* viaggio individuale *(su misura)*

E

EC-Geldautomat *m* distributore *m* automatico di banconote *(sportello automatico)*
EC-Karte *f* carta *f* EC *(banca)*
Eckpreis *m* prezzo *m* base
Economyklasse *f* classe *f* economica
Eigenkapitalhilfeprogramm *n (Abk.: EKH)* programma *m* di aiuto sul proprio capitale
Eigenkapitalrentabilität *f* redditività *f* del capitale proprio
Eigenschaft *f***/zugesicherte** qualità *f* assicurata, qualità *f* garantita
Eigentouristik *f* realizzazione *f* da parte delle agenzie di viaggi di pacchetti turistici venduti direttamente o messi in vendita

Eigentümerwechsel *m* cambio *m* di proprietario

Eigenveranstalter *m* fornitore *m* di servizi turistici indipendente

Eigenverantwortung *f* responsabilità *f* diretta

Eigenvertrieb *m* distribuzione *f* primaria, vendita *f* diretta

Einchecken *n* espletamento *m* delle formalità di accettazione *(fare il check in)*

Einfuhr *f* importazione *f*

Eingabegerät *n* unità *f* di entrata

einheitlicher Garantieschein *m* certificato *m* di garanzia standard

Einheitswährung *f* valuta *f* unitaria

Einkaufen *n* **via Digitalfernsehen** acquisto *m* tramite televisione digitale

Einkaufen *n* **via Online-Dienste** acquisto *m* in rete *(online)*

Einkaufsziel *n* meta *f* d'acquisto

Einkommensteuererklärung *f* dichiarazione *f* dei redditi

Ein-Kupon-Meilen *fpl* accrediti *mpl* miglia basati sulla distanza *(ticketed point mileage)*

Einloggen *n* ingresso *m* nel sistema *(login)*

Einmalprämie *f* premio *m* unico

Einnahmen *fpl* incassi *mpl*, entrate *fpl*

Einreise *f* entrata *f* in un paese

Einreisebestimmungen *fpl* requisiti *mpl* d'entrata *(in un paese straniero)*

Einreiseerklärung *f* dichiarazione *f* d'immigrazione, ammissione *f* nel territorio

Einrumpfschiff *n* nave *f* con un solo scafo

Einsatzbesprechung breve riunione *f* nella quale vengono fornite informazioni ed istruzioni *(briefing)*

einschiffen *v* imbarcare

Einschiffungshafen *m* porto *m* d'imbarco

Einsteigevorbereitung *f* pre-imbarco *m*

Einsteigezeit *f* orario *m* d'imbarco *(Flugzeug)*

Eintrittskarte *f* biglietto *m* d'ingresso

Ein- und Ausschiffung *f* imbarco *m* e sbarco *m*

Einwahlknoten *m* punto *m* d'accesso *(point of presence)*

Einwanderungsbehörde *f* dipartimento *m* immigrazione, autorità *f* competente in materia di immigrazione

Einwegschlüssel *m* carta *f* magnetica, carta *f* chip

Einzelhandel *m* commercio *m* al dettaglio

Einzelperson *f* persona *f* singola

Einzelplatzbuchung *f* **im Charterflugbereich** prenotazione *f* individuale nei voli charter

Einzelunternehmen *n* impresa *f* individuale

Einzelversicherung *f* assicurazione *f* individuale

Einzelzimmer *n* camera *f* singola

Einzelzimmerzuschlag *m* supplemento *m* di prezzo per camera singola

Eisberg *m* montagna *f* di ghiaccio, iceberg *m*

Eisbrecher *m* nave *f* rompighiaccio

Eisenbahner(in) *m(f)* ferroviere (-a) *m(f)*

Eisenbahnfähre *f* traghetto *m* ferroviario

Eisenbahnstaatsvertrag *m* convenzione *f* internazionale ferroviaria

Eisenbahnverband *m* associazione *f* ferroviaria

Eisenbahnverkehrsordnung *f (Abk.: EVO)* regolamento *m* del traffico ferroviario

Eisenbahnverwaltung *f* amministrazione *f* ferroviaria

elektronische Platzbuchungsanlage *f* sistema *m* elettronico di prenotazione

elektronische Post *f* posta *f* elettronica *(e-mail)*

elektronische Signatur *f* firma *f* elettronica

elektronischer Autoatlas *m* atlante *m* stradale elettronico

elektronischer Briefkasten *m* casella *f* postale elettronica

elektronischer Marktplatz *m* mercato *m* elettronico

elektronischer Vertrieb *m* distribuzione *f* elettronica, vendita *f* elettronica

Elektronisches Geschäftsverkehrsgesetz *n (Abk.: EGG)* legge *f* sul traffico commerciale elettronico

elektronisches Reisebüro *n* agenzia *f* di viaggio elettronico

elektronisches Schlüsselkartensystem *n* sistema *m* a carta elettronica

elektronisches Ticketing *n* biglietto *m* elettronico

Elementarereignis *n* caso *m* di forza maggiore

Empfangsbüro *n* ufficio *m* ricevimento
Empfangschef *m* **im Hotel** capo *m*
ricezione in hotel
Empfangshalle *f* ricezione *f*, atrio *m*
d'ingresso *(reception)*
Endpreis *m* prezzo *m* finale
Endstation *f* stazione *f* terminale *(treno)*;
capolinea *m (autobus)*
Endverbraucherpreis *m* prezzo *m* finale
al consumatore
Englischer Service *m* servizio *m* inglese
Enquetekommission *f* commissione *f*
d'inchiesta
Entdeckungsreise *f* spedizione *f*, viaggio
m d'esplorazione
Entfernungszone *f* zona *f* di distanza
Entführung *f* rapimento *m*
Entgelt *n* retribuzione *f*, remunerazione
f
Enthaftungserklärung *f* dichiarazione *f*
di esonero da responsabilità
Entschädigung *f/* **angemessene** risar-
cimento *m* adeguato, indennizzo *m* ade-
guato
Entscheider-Messe *f* **der Reisebran-
che** fiera *f* campionaria per l'industria
turistica
entwerten *v* obliterare
erdgebundene Reise *f* viaggio *m* di terra
Eremitage *f* eremita *m*
Erfolg *m* successo *m*
Erfolgsrezept *n* ricetta *f* del successo
Erfrischungskiosk *m* chiosco *m* di
ristoro
Erfüllungsgehilfe *m* ausiliario *m*
Ergänzungsfahrschein *m* biglietto *m*
complementare
Ergänzungsluftverkehr *m* traffico *m*
aereo complementare
Ergänzungsstudium *n* studio *m*
complementare
Ergänzungsstudium *n* **in Tourismus
mit den Schwerpunkten Management und regionale Fremdenverkehrsplanung** studio *m* complementare
turistico con specializzazione nella gestione del turismo e nella pianificazione
turistica regionale
Ergebnisermittlung *f* analisi *f* dei risultati
Erholung *f* riposo *m*, convalescenza *f*,
ripresa *f* economica
Erholungseinrichtung *f* attrezzatura *f*
ricreativa

Erholungsheim *n* casa *f* di riposo
Erholungsort *m* luogo *m* di riposo
Erholungstourismus *m* turismo *m* di
svago
Erlebnis *n* esperienza *f*, avventura *f*
Erlebnisgastronomie *f* esperienza *f*
gastronomica
Erlebniskreuzfahrt *f* crociera *f* a tema,
crociera *f* d'avventura
Erlebnisprämie *f* premio *m* di esperienza
Erlebnisurlaub *m* vacanza *f* d'avventura
Erlös *m* ricavato *m*, profitto *m*
Erlös- und Leistungsrechnung *f*
calcolo *m* dei ricavi e delle prestazioni
Ermäßigung *f* riduzione *f*, sconto *m*,
tariffa *f* ridotta
Eröffnung *f* **eines Hotels/schrittweise
inoffizielle** apertura *f* non ufficiale gra-
duale di un albergo
Ersatzperson *f* sostituto *m*
Ersatzreise-Schutz *m* copertura *f* di
viaggio complementare *(polizza assicura-
tiva a copertura dei costi aggiuntivi)*
Ersatzunterkunft *f* alloggio *m* alternativo
Erscheinungsbild *n* immagine *f* dell'a-
zienda *(corporate identity)*
Erstattung *f* restituzione *f*, rimborso *m*
Erstattung *f* **von Reiseleistungen**
rimborso *m* di servizi di viaggio
Erstattungsgrenze *f* limite *m* di rimborso
Ertrag *m* profitto *m*, provento *m*, utile *m*
Ertragsbeteiligung *f* partecipazione *f*
agli utili
Ertragszuwachs *m* incremento *m* degli
utili
Etage *f* piano *m*
Etagenhausdame *f* addetta *f* al piano
(hotel); collaboratrice *f* domestica
Etagenservice *m* **im Hotel** servizio *m* di
piano in albergo
Etrusker *m* etrusco *m*
EU-Richtlinie *f* **über Pauschalreisen**
direttiva *f* comunitaria sui viaggi tutto
compreso
EU-Tourismusförderung *f* promozione *f*
comunitaria del turismo
Euregio *f* euregio *m (treno regionale)*
Euro *m* euro *m*
Eurocity *m (Abk.: EC)* treno *m* eurocity
(EC)
Euro-Gütesiegel *n* sigillo *m* di qualità
europeo
Euromonitor *m* monitoraggio *m* di viaggio
europeo

Europa-Flagge *f* bandiera *f* dell'Unione Europea

Europa-Flagge *f*/**Blaue** bandiera *f* azzurra dell'Unione Europea

Europastraße *f* strada *f* europea

Europabus *m (Abk.: EB)* rete *f* di autobus espressi costituita da più di 30 partner europei

Europäische Flugsicherungsbehörde *f (Abk.: Eurocontrol)* autorità *f* europea per la sicurezza della navigazione aerea

Europäische Gemeinschaft *f* Comunità *f* Europea

Europäische Landschaft *f* **des Jahres** paesaggio *m* europeo dell'anno

Europäische Union *f (Abk.: EU)* Unione *f* Europea *(EU)*

Europäische Zentralbank *f (Abk.: EZB)* Banca *f* Centrale Europea

Europäisches Währungssystem *n (Abk.: EWS)* sistema *m* monetario europeo

Eurotunnel *m* tunnel *m* sotto il canale della Manica

Eurotunnel-Pendeldienst *m* servizio *m* navetta Eurotunnel

Event-Marketing *n* commercializzazione *f* delle manifestazioni

Event-Tourismus *m* turismo *m* d'evento

Existenzaufbauberatung *f* consulenza *f* per l'aiuto all'insediamento

Existenzgründungsberatung *f* consulenza *f* per l'aiuto all'insediamento

Expedient *m* agente *m* di viaggio, addetto *m* alle spedizioni

Expedientenangebot *n* offerta *f* speciale per agenti di viaggio

Expedientenkarte *f* tesserino *m* di riconoscimento di agente di viaggio

Expeditionsflug *m* **zum Mars** spedizione *f* su marte

Expeditionskreuzfahrt *f* crociera *f* di spedizione

Expeditionstourismus *m* turismo *m* di spedizione

Export *m* esportazione *f*

Expressreservierung *f* prenotazione *f* espressa

Expresszug *m* treno *m* espresso

externer Effekt *m* effetto *m* esterno

exterritorialer Zwischenaufenthalt *m* scalo *m* extraterritoriale

F

Fachagentur *f* **für Seereisen** agenzia *f* specializzata in crociere

Fachausstellung *f* esposizione *f* specializzata

Fachbesuchertag *m* **bei Messen** giorno *m* di visita alla fiera per il pubblico specializzato

Fachbücher *npl* libri *mpl* specializzati

Fachfrau *f* **für Systemgastronomie** esperta *f* del sistema gastronomico

Fachhochschule *f* scuola *f* universitaria professionale

Fachhochschulstudium *n* **des Tourismus** studio *m* del turismo in una scuola universitaria professionale

Fachkraft *f* **für Veranstaltungstechnik** esperto *m* in conferenze ed eventi tecnologici

Fachkraft *f* **im Fremdenverkehrsamt** esperto *m* nell'ufficio del turismo

Fachkraft *f* **im Gastgewerbe** esperto *m* nel settore alberghiero e di ristorazione

Fachkraft *f* **im Hotel- und Gaststättengewerbe** esperto *m* nel settore alberghiero e gastronomico

Fachkundenachweis *m* certificato *m* di competenza professionale

Fachmann *m* **für Systemgastronomie** esperto *m* nel sistema gastronomico

Fachmesse *f* fiera *f* campionaria

Fachpresse *f* stampa *f* specializzata

Fachreferent *m* relatore *m* specializzato

Fachschule *f* **für Touristik** istituto *m* professionale per il turismo

Fachsortiment *n* assortimento *m* specializzato

Fachstudienreise *f* viaggio *m* studio specializzato

Fachverband *m* associazione *f* professionale, associazione *f* di categoria

Fachverband *m* **deutscher Sprachreise-Veranstalter** *(Abk.: FDSV)* associazione *f* professionale tedesca di operatori turistici specializzati in vacanze studio per imparare una lingua straniera

Fachverband *m* **Messen und Ausstellungen** *(Abk.: Fama)* associazione *f* professionale per fiere ed esposizioni

Fachvortrag *m* conferenza *f* specializzata

Fachwirt(in) *m(f)* **für die Messe, Tagungs- und Kongresswirtschaft** economo (-a) *m(f)* delle fiere, delle conferenze e dei congressi commerciali

Faden *m* **Nautik** braccio *m (nautica)*

Fahndungsdaten *pl*/**polizeiliche** dati *mpl* sulla criminalità emersi da investigazioni poliziesche

Fähre *f* traghetto *m*

Fahrgastrecht *n* diritto *m* del passeggero

Fahrgastschiff *n* nave *f* passeggeri

Fahrgastverband *m* **ProBahn** associazione *f* passeggeri ferroviari ProBahn

Fährgeschäft *n* attività *f* di traghettamento

Fahrkarte *f* biglietto *m*

Fahrkartenautomat *m* distributore *m* automatico di biglietti

Fahrkartenkontrolle *f* controllo *m* dei biglietti

Fahrkartenschalter *m* biglietteria *f*

Fahrkartenwert *m* valore *m* del biglietto

Fahrlässigkeit *f*/**grobe** negligenza *f* grave, colpa *f* grave

Fahrplan *m* orario *m* degli arrivi e delle partenze

Fahrplanpflicht *f* obbligo *m* di attenersi agli orari degli arrivi e delle partenze

Fahrplanwechsel *m* cambiamento *m* d'orario

Fahrpreis *m* prezzo *m* del biglietto, tariffa *f* di trasporto

Fahrpreiserstattung *f* rimborso *m* del prezzo del biglietto

Fahrradtourismus *m* turismo *m* ciclistico

Fährschiff *n* nave *f* traghetto

Fährschiffspassagenhaftung *f* responsabilità *f* della compagnia durante il passaggio in traghetto o in nave

Fahrt *f* **ins Blaue** gita *f* senza una meta precisa

Fahrtkosten *pl* spese *fpl* di viaggio

Fahrtroute *f* itinerario *m* di viaggio

Fahrtschreiber *m* tachigrafo *m*

Fährüberfahrt *f* traversata *f* in nave

Fährunternehmen *n* impresa *f* di navigazione

Fährversicherung *f* assicurazione *f* per il trasporto auto sul traghetto

Fahrverbot *n* divieto *m* di circolazione

Fakturierung *f* fatturazione *f*

fakultativ facoltativo

fakultative Versicherung *f* assicurazione *f* facoltativa

fälschungssicherer Ausweis *m* carta *f* d'identità non falsificabile

Familienerholung *f* vacanza *f* per famiglie

Familienferienort *m* località *f* di villeggiatura per famiglie

familiengerecht adatto alle famiglie

Familienheimfahrt *f* **von Bundeswehrangehörigen und Zivildienstleistenden** ritorno *m* a casa di soldati dell'esercito e di coloro che prestano servizio civile obbligatorio

Fassungsvermögen *n* capacità *f* ricettiva

Fax *n* **on Demand** fax *m* su richiesta

Fax Polling *n* fax *m* su richiesta

Fehlanschlussverbindung *f* collegamento *m* errato

Fehlermeldung *f* notifica *f* d'errore

Feiertag *m* giorno *m* festivo

Feiertag *m*/**gesetzlicher** giorno *m* festivo legale, festa *f* civile

Feiertag *m*/**staatlich geschützter** giorno *m* festivo ufficiale, festa *f* ufficiale

Feiertag *m*/**kirchlicher** festa *f* religiosa

Fenstersitz *m* posto *m* accanto al finestrino

Ferien *pl* ferie *fpl*, vacanze *fpl*

Ferien *pl* **auf dem Bauernhof** vacanze *fpl* in fattoria

Feriencamping *n* campeggio *m* per le vacanze

Ferienclub *m* club *m* vacanze

Feriendorf *n* villaggio *m* turistico

Ferienflug *m* **mit Scheinvoucher** volo *m* con pernottamento fittizio in campeggio

Ferienfluggesellschaft *f* compagnia *f* aerea charter

Feriengestaltung *f* organizzazione *f* delle vacanze

Ferienglück *n* gioia *f* di andare in vacanza

Ferienhaus *n* residenza *f* estiva

Ferienheim *n* casa *f* di villeggiatura

Ferien-Kompaktschutz *m* copertura *f* di viaggio completa *(polizza assicurativa speciale che copre tutti i rischi durante le vacanze)*

Ferienlager *n* campo *m* di villeggiatura

Ferienpark *m* parco *m* per vacanze

Ferienstraße f strada f turistica
Ferientermine mpl date fpl di vacanza
Ferienverkehr m traffico m turistico
Ferienwohnung f (Abk.: Fewo) apparta-
mento m per le vacanze
Ferienzentrum n centro m vacanze
Ferienzielreise f viaggio m con destina-
zione vacanza
Ferienzielverkehr m **Bus** traffico m degli
autobus con destinazione vacanza
Fernanwesenheit f apprendimento m a
distanza
Fernbahnhof m stazione f a lunga di-
stanza
Fernbusverbindung f collegamento m a
lunga distanza in autobus
Ferner Osten m Lontano Oriente m
Fernflug m volo m a grande distanza
Fernlehrangebot n **im Tourismus** corso
m a distanza sul turismo
Fernreise f viaggio m a grande distanza
Fernreisebus m autobus m per viaggi a
grande distanza
Fernreisezug m treno m a lungo percorso
Fernsehraum m sala f TV
Fernsprechkonferenz f conversazione f
multipla
Fernstrecke f percorso m a lunga distan-
za
Fernverkehrsanbindung f collegamento
m a grande distanza
Fernweh n nostalgia f
Fernzugverbindung f collegamento m
ferroviario a lungo percorso
festgelegte Streckenführung f percor-
so m fisso
Festoption f opzione f fissa
Festpreisangebot n offerta f a prezzo
imposto
Festspielort m luogo m del festival
Festspielreise f viaggio m per un festival
Feuerschiff n nave-faro m
fiktiver Umkehrpunkt m **Flugtarifbe-
rechnung** punto m di inversione fittizio
nel calcolo delle tariffe aeree
Filialunternehmen n filiale f
Finanzbuchhaltung f contabilità f generale
Finanztransaktion f transazione f finanziaria
Firmenabonnement n abbonamento m
aziendale
Firmenausweis m documento m di
riconoscimento aziendale

Firmendienst m servizio m aziendale
Firmenförderprogramm n programma
m di promozione aziendale
Firmenreisestelle f dipartimento m di
viaggio in un'impresa
Fjord m fiordo m
Flächentarifvertrag m contratto m d'area
Flagge f bandiera f
Flaggenwesen n **in der Seeschifffahrt**
sistema m di segnalazione con bandiera
nella navigazione marittima
Flaggschiff n nave f ammiraglia
flanieren v fare il corso
Fleiperverkehr m trasporto m combinato
in treno ed aereo
Flexibilisierung f des Arbeitsmarktes
flessibilizzazione f del mercato del lavoro
Fliegen n/ticketloses volo m con preno-
tazione che funge da titolo di viaggio
Fliegen n **ohne Ticket** volo m con un
biglietto elettronico
fliegendes Personal n personale m di
volo
Flohmarkt m mercatino m delle pulci
Floß n zattera f
Floßfahrt f escursione f fluviale
Flotte f flotta f
Flug m volo m
Flugangst f aerofobia f, paura f di volare
Flugart f tipo m di volo
Flugartengliederung f classificazione f
dei voli
Flugbegleiter(in) m(f) assistente m(f) di
volo, steward m, hostess f
Flugbegleitervereinigung f associazio-
ne f assistenti di volo
Flugbesprechung f breve riunione f nella
quale vengono fornite istruzioni sul volo,
briefing m di volo
Flugdatenschreiber m registrazione f di
volo, scatola f nera
Flugeinzelplatzverkauf m vendita f di un
solo biglietto aereo
Flügelzug m treno m a carrozze con
destinazioni diverse
Fluggast m passeggero m aereo
Fluggastabfertigung f accettazione f
passeggeri aerei
Fluggastbrücke f ponte m passeggeri
Fluggastrecht n diritto m dei passeggeri
(aer.)
Fluggastrisiko n rischio m dei passegge-
ri (aer.)
Fluggasttreppe f scala f passeggeri

Fluggesellschaft *f* compagnia *f* aerea
Flughafen *m* aeroporto *m*
Flughafenausbau *m* ampliamento *m* dell'aeroporto
Flughafenbehörde *f* autorità *f* aeroportuale
Flughafenbus *m* autobus *m* navetta dell'aeroporto
Flughafengebühr *f* tasse *fpl* aeroportuali
Flughafenpersonal *n* personale *m* dell'aeroporto, staff *m* aeroportuale
Flughafensteuer *f* tasse *fpl* aeroportuali
Flughafentransfer *m* trasferimento *m* aeroportuale
Flughafenverband *m* associazione *f* aeroporti
Flughafen-Zubringerservice *m* servizio *m* di navetta per aeroporto
Flughöhe *f* altitudine *f* di volo
Fluginformation *f* informazione *f* di volo
Flugkarte *f* biglietto *m* aereo
Flugkette *f* rotazione *f* settimanale di voli charter
Fluglärm *m* rumore *m* d'aereo
Flugleitstelle *f* stazione *f* di controllo del traffico aereo
Fluglinie *f* linea *f* aerea
Fluglinienverkehr *m* traffico *m* aereo di linea
Flugmeile *f* miglio *m* aereo
Flugpersonal *n* personale *m* di volo
Flugplan *m* piano *m* di volo
Flugplanänderung *f* cambiamento *m* del piano di volo
Flugplanperiode *f* stagione *f* di programmazione dei voli
Flugplatzangebot *n* offerta *f* di posti disponibili sull'aereo
Flugplatzverfügbarkeit *f* disponibilità *f* di posto in aereo
Flugpreis *m* tariffa *f* aerea
Flugpreisberechnung *f* calcolo *m* del prezzo del biglietto aereo
Flugreiseart *f* tipo *m* di viaggio aereo
Flugreisetauglichkeit *f* idoneità *f* al viaggio aereo
Flugroute *f* rotta *f* aerea
Flugrundreise *f* crociera *f* aerea
Flugschein *m* biglietto *m* aereo
Flugschein *m* **ohne Reservierung** biglietto *m* aereo aperto
Flugscheinausstellung *f* emissione *f* di biglietto aereo

Flugscheinhinterlegung *f* deposito *m* di biglietto
Flugscheinkauf *m* acquisto *m* di un biglietto aereo
Flugscheinverkauf *m* vendita *f* di un biglietto aereo
Flugschreiber *m* registrazione *f* di volo, scatola *f* nera
Flugsegment *n* segmento *m* di volo
Flugsicherheitsgebühr *f* tassa *f* sulla sicurezza volo
Flugsicherung *f* sicurezza *f* aerea
Flugsondertarif *m* tariffa *f* aerea speciale
Flugsteig *m* uscita *f*
Flugstrecke *f* distanza *f* in linea d'aria
Flugstreckenrecht *n* diritto *m* del traffico aereo
Flugsyndrom *n* sindrome *f* da classe economica *(rischio di soffrire di trombosi venosa profonda con conseguente embolia polmonare durante un volo a lunga distanza in aereo, specialmente tra i passeggeri di sesso femminile)*
Flugtouristik *f* turismo *m* aereo
Flugunterbrechung *f* scalo *m* intermedio *(con pernottamento)*
Flugverkehr *m* traffico *m* aereo
Flugverspätung *f* ritardo *m* del volo
Flugzeit *f* orario *m* del volo
Flugzeugbesatzung *f* equipaggio *m* dell'aereo
Flusskreuzfahrt *f* crociera *f* fluviale
Flusskreuzfahrtenreederei *f* compagnia *f* di navigazione di crociere fluviali
Flüsterjet *m* aeromobile *m* a basso livello di rumore
Föhn *m* temporale *m* primaverile
Förde *f* fiordo *m*
Förderer *m* promotore *m*
Fortbildungsangebot *n* **im Tourismus** corso *m* di perfezionamento in turismo
Fortbildungsstätte *f* istituto *m* di perfezionamento
Forum *n* forum *m*, foro *m*
Frachtschiffsreise *f* viaggio *m* su nave da carico
Franchise *n* franchigia *f* *(franchising)*
Franchisegeber *m* affiliante *m* *(franchisor)*
Franchisenehmer *m* affiliato *m* *(franchisee)*
Franchisevertrag *m* contratto *m* di franchigia, contratto *m* di franchising
Frankfurter Tabelle *f* tabella *f* di Francoforte

**Französischer Reisebüro- und Veran-
stalterverband** *m* associazione *f* francese di agenzie di viaggio e di operatori
turistici
Französischer Service *m* servizio *m* alla
francese
Frauenhotel *n* albergo *m* solo per signore
Frauen-Reisebörse *f* intermediazione *f*
di viaggi per donne
freier Sitzplatz *m* posto *m* libero
Freigast *m* passeggero *m* non pagante
Freigepäck *n* bagaglio *m* consentito
Freigepäckmenge *f* bagaglio *m* in
franchigia
Freihafen *m* porto *m* franco
Freihandelsgemeinschaft *f* associazio-
ne *f* di libero scambio
Freihandelszone *f* zona *f* di libero scambio
Freiheiten *fpl* **der Luft** libertà *fpl* dell'aria
Freiheiten *fpl* **der Meere** libertà *fpl* dei
mari
Freilichtmuseum *n* museo *m* all'aperto
Freischreiberklärung *f* modulo *m* di
sostituzione per un documento aereo
Freistellungsverordnung *f* regolamento
m di esenzione
freiwillige Flugunterbrechung *f* scalo
m volontario
Freizeichnung *f* esonero *m*
Freizeitberater *m* consulente *m* del
tempo libero
Freizeitbetreuer *m* guida *f* al tempo libero
Freizeiteinrichtung *f* attrezzatura *f* per il
tempo libero
Freizeitindustrie *f* industria *f* del tempo
libero
freizeitorientierter Tourismus *m* turismo *m* di svago
Freizeitpädagogik *f* pedagogia *f* del
tempo libero
Freizeitpark *m* parco *m* dei divertimenti,
parco *m* ricreativo
Freizeittourist *m* turista *m* di piacere
Fremdenführer *m* guida *f* turistica *(persona e libro)*
Fremdenheim *n* pensione *f*
Fremdenverkehr *m* turismo *m*, flusso *m*
turistico *(traffico turistico)*
Fremdenverkehrsabgabe *f* tassa *f*
turistica
Fremdenverkehrsamt *n* ufficio *m* del
turismo, ente *m* del turismo
Fremdenverkehrsgebiet *n* zona *f*
turistica

Fremdenverkehrsorganisation *f*
organizzazione *f* del turismo
Fremdenverkehrsstelle *f* ufficio *m* del
turismo
Fremdenverkehrsverband *m* ente *m*
turistico *(statale)*; associazione *f* turistica
(privata)
Fremdkapital *n* capitale *m* di terzi, capita-
le *m* di prestito
Fremdleistung *f* prestazione *f* esterna,
servizio *m* esterno
Fremdreisebüro *n* agenzia *f* di viaggio
indipendente
Fremdvertrieb *m* vendita *f* estera
Frequenz *f* frequenza *f*, affluenza *f*
Frequenz- und Kapazitätsabbau *m*
riduzione *f* della frequenza e della capacità
Fristsetzung *f* termine *m* di scadenza
Fristverlängerung *f* proroga *f* del termi-
ne ultimo
Frühbucherrabatt *m* sconto *m* per chi
prenota presto
Frühstücksbuffet *n* buffet *m* della prima
colazione
Frühstücksraum *m* sala *f* per la prima
colazione
Frühwarnsystem *n* procedura *f* di allar-
me preventivo
frühzeitiges Buchen *n* prenotazione *f*
precoce, prenotazione *f* "first minute"
Führerschein *m* patente *f* di guida
Führungspersönlichkeit *f* personalità *f*
guida
Fundbüro *n* ufficio *m* degli oggetti smarriti
Fünfte Jahreszeit *f* stagione *f* di carnevale
Fürsorgepflicht *f* obbligo *m* di assistenza
Funkmikrophonanlage *f* impianto *m*
radio-microfono
Fusion *f* fusione *f*
Fusion *f* **unter Gleichberechtigten**
fusione *f* tra uguali

G

G7-Gruppe *f* **plus Russland (G8)**
gruppo *m* dei sette più Russia (G8)
Gabelflug *m* volo *m* con biglietto open jaw
Gang *m* corridoio *m* *(aereo)*; portata *f*,
piatto *m* *(cucina)*
Gangplatz *m* posto *m* corridoio

Ganzjahreskatalog *m* catalogo *m* annuale

Garantiefonds *m* fondo *m* di garanzia

Gartenschau *f* mostra *f* ortofrutticola

Gastarbeitercharter *m* charter *m* per lavoratori stranieri

Gastarbeiterermäßigung *f* sconto *m* per lavoratori stranieri

Gastaufnahmevertrag *m* contratto *m* d'albergo

Gästeankünfte *fpl* arrivi *mpl* degli ospiti

Gästebefragung *f* intervista *f* agli ospiti

Gästebetreuer *m* assistente *m* ospiti

Gästebuch *n* libro *m* degli ospiti

Gästefragebogen *m* questionario *m* per gli ospiti

Gästeführer *m* guida *f* turistica autorizzata

Gästehaus *n* pensione *f*

Gästeinformation informazione *f* per gli ospiti

Gästezimmer *n* stanza *f* per gli ospiti

Gastfreundschaft *f* ospitalità *f*

Gastgewerbe *n* industria *f* alberghiera

Gasthaus *n* trattoria *f*

Gasthof *n* locanda *f*

Gastronomie *f* gastronomia *f*

Gastronomiegewerbe *n* industria *f* gastronomica

gastronomische Einrichtung *f* infrastruttura *f* gastronomica

Gastschulaufenthalt *m* soggiorno *m* temporaneo in una scuola all'estero

Gastwirtshaftung *f* responsabilità *f* dell'albergatore

Gebiet *n*/**archäologisches** sito *m* archeologico

Gebietsgemeinschaft *f* cooperazione *f* regionale

Gebirge *n* catena *f* montuosa, montagne *fpl*

Gebirgsbahn *f* ferrovia *f* di montagna

Gebühr *f* tassa *f*, imposta *f*

gebührenfreies Telefonieren *n* chiamata *f* senza addebito, chiamata *f* a numero verde

gebührenpflichtige Straße *f* strada *f* a pedaggio

geführte Stadtrundfahrt *f* giro *m* turistico guidato

Gehaltsbuchhaltung *f* contabilità *f* del salario

Gelbes Lager *n* Gelbes Lager: campo *m* giallo *(recente cambiamento del processo di concentrazione e di riorganizzazio-*

ne nell'industria turistica tedesca, nel quale il cosiddetto "campo rosso" é costituito da Hapag Lloyd, Thomson Travel ed il gruppo TUI ed il "campo giallo" dal gruppo Karstadt, Lufthansa e Thomas Cook)

Geldabwertung *f* svalutazione *f* monetaria

Geldentwertung *f* inflazione *f*, deprezzamento *m* valutario

Geldmarkt *m* mercato *m* monetario

Geldpolitik *f* politica *f* monetaria

geldwerter Vorteil *m* vantaggio *m* in termini monetari

Geldwertstabilität *f* stabilità *f* monetaria

Geldzurückgarantie *f* garanzia *f* di rimborso

Gelegenheitsreiseveranstalter *m* operatore *m* turistico occasionale

Gelegenheitsverkehr *m* traffico *m* occasionale

Gelenkbus *m* autosnodato *m*

Gemeinsamer Markt *m* Mercato *m* Unico

Gemeinschaftsflug *m* volo *m* in code share

Gemeinschaftslizenz *f* licenza *f* comunitaria

Gemeinschaftsprodukt *n* prodotto *m* realizzato in collaborazione

Gemeinschaftsunterkunft *f* alloggio *m* collettivo

Gemeinschaftsunternehmen *n* impresa *f* comune

Gemeinschaftswerbung *f* pubblicità *f* collettiva

Genehmigung *f* licenza *f*, autorizzazione *f*

Generaldirektor *m* **im Hotelbereich** direttore *m* generale nel settore alberghiero

Generalist *m* generalista *m*

Generalkonsulat *n* consolato *m* generale

Generalvertretung *f* rappresentanza *f* generale

Generationswechsel *m* cambio *m* di generazione

Genossenschaft *f* cooperativa *f*, consorzio *m*

geographische Lage *f* posizione *f* geografica

Geographie *f* geografia *f*

Gepäck *n* bagaglio *m*

Gepäck *n*/**aufgegebenes** checked baggage, bagaglio *m* registrato

Gepäck n/**sperriges** bagaglio m voluminoso, bagaglio m ingombrante

Gepäckabfertigung f accettazione f bagagli

Gepäckaufbewahrung f deposito m bagagli

Gepäckaufgabe f am Gate accettazione f bagagli all'uscita

Gepäckaufkleber m etichetta f bagagli

Gepäckausgabe f consegna f bagagli

Gepäckbeförderung f trasporto m bagagli

Gepäckmarke f targhetta f di identificazione del bagaglio

Gepäcknetz n rete f portabagagli

Gepäckpool m procedimento m di accettazione bagagli per gruppi

Gepäckschalter m sportello m accettazione bagagli

Gepäckschein m scontrino m bagagli

Gepäckschließfach n deposito m bagagli automatico

Gepäcksuchsystem n sistema m automatizzato di ricerca bagagli

Gepäckträger m facchino m, portabagagli m

Gepäckwagen m carrello m portabagagli

Gerichtsstand m foro m competente, camera f arbitrale competenza giudiziaria

geringfügige Beschäftigung f attività f a reddito marginale, impiego m part-time

Gesamterlös m reddito m totale, ricavato m complessivo

Gesamtheit f **von Reiseleistungen** totalità f dei servizi di viaggio

Gesamtkapazität f capacità f totale

Gesamtkonzeption f concezione f complessiva

Gesamtrechnung f/**volkswirtschaftliche** (Abk.: VGR) fatturato m nazionale

Gesamtreiseausgaben fpl spese fpl complessive di viaggio

Geschäftsbesorgungsvertrag m contratto m di gestione d'affari

Geschäftsjahr n anno m finanziario, anno m fiscale

Geschäftsmodell n modello m d'affari

Geschäftsplattform f piattaforma f d'affari

Geschäftsreise f viaggio m d'affari

Geschäftsreisebüro n agenzia f di viaggi d'affari

Geschäftsreiseflugzeug n aereo m per viaggio d'affari

Geschäftsreisende f viaggiatrice f d'affari

Geschäftsreisender m viaggiatore m d'affari

Geschäftsreiseplanung f progettazione f di un viaggio d'affari

Geschäftsreiseverband m associazione f viaggi d'affari

Geschäftsstelle f ufficio m, azienda f

Geschäftsstrategie f strategia f d'affari

Geschäftstourismus m turismo m d'affari

Geschäftsverkehrsgesetz n/**elektronisches** (Abk.: EGG) legge f sul traffico commerciale elettronico

Geschenkgutschein m buono m acquisto

geschützter Feiertag m giorno m festivo ufficiale, festa f ufficiale

Geschwindigkeit f velocità f

Geschwindigkeitsbegrenzung f limite m di velocità

Gesellschaft f **des bürgerlichen Rechts** (Abk.: GbR) società f semplice, società f civile

Gesellschaft f **für Nebenbetriebe der Bundesautobahnen** (Tank & Rast) Società f per le Imprese di Servizio delle Autostrade Tedesche

Gesellschaft f **für Konsumforschung** (Abk.: GfK) Società f per la Ricerca di Mercato

Gesellschaft f **mit beschränkter Haftung** (Abk.: GmbH) società f a responsabilità limitata (s.r.l.)

gesellschaftsorientierter Tourismus m turismo m sociale

Gesellschaftsraum m sala f pubblica

Gesellschaftsreise f viaggio m collettivo, viaggio m in comitiva

Gesetz n **gegen Wettbewerbsbeschränkungen** (Abk.: GWB) legge f contro le limitazioni della concorrenza

Gesetz n **gegen unlauteren Wettbewerb** legge f contro la concorrenza sleale

Gesetz n **zur Regelung des Rechts der Allgemeinen Geschäftsbedingungen** (Abk.: AGBG) legge f per la regolamentazione del diritto delle condizioni generali di transazione

Gesetzliche Bestimmung f disposizione f legislativa, disposizione f di legge

Gesetzlicher Feiertag *m* giorno *m* festivo legale, festa *f* civile
Gesichtsbiometrie *f* biometria *f* facciale
Gesprächskreis *m* **Tourismusindustrie** gruppo *m* di discussione dell'industria turistica
Gesundheitsbestimmung *f* norma *f* sanitaria
Gesundheitstourist *m* turista *m* in vacanza salutare
Gesundheits- und Fitnesszentrum *n* centro *m* di salute e centro ginnico
Gesundheitsurlaub *m* vacanza *f* salutare
Gesundheitsvorsorge *f* **im Tourismus** assistenza *f* sanitaria nel turismo
Gesundheitswelle *f* onda *f* di benessere
Getränke *npl* bevande *fpl*
Gewährleistung *f* garanzia *f*
Gewässer *n* acque *fpl*, corso *m* d'acqua
Gewerbeanmeldung *f* denuncia *f* di inizio attività
Gewerbeaufsicht *f* ispettorato *m* del lavoro
Gewerbefreiheit *f* libertà *f* professionale
Gewerbeordnung *f* *(Abk.: GewO)* codice *m* delle attività lucrative indipendenti
Gewerkschaft *f* sindacato *m*
Gewinn *m* profitto *m*, guadagno *m*
Gewinnbeteiligung *f* partecipazione *f* agli utili, dividendo *m*
Gewinnreise *f* viaggio *m* in palio, viaggio *m* premio
Gewinnschwelle *f* punto *m* di equilibrio, punto *m* morto
Gewinn- und Verlustrechnung *f* conto *m* profitti e perdite, conto *m* economico
Gewinnwarnung *f* notifica *f* di profitto
Gläubiger *m* creditore *m*
Gläubigerschutz *m* tutela *f* dei creditori
Gleitflug *m* planata *f*
Gletscher *m* ghiacciaio *m*
Globales Luftverkehrbündnis *f* *(Allianz)* alleanza *f* del traffico aereo globale
Globalisierung *f* globalizzazione *f*
Globetrotter *m* giramondo *m*, globetrotter *m*
Glückskabinen *fpl* cabine *fpl* da crociera disponibili
Glücksspielreise *f* viaggio *m* legato al gioco d'azzardo
Goldener Umkehrpunkt *m* punto *m* ideale di inversione
Golfplatz *m* campo *m* da golf

Golfreise *f* viaggio *m* legato al gioco del golf
Golfschläger *m* mazza *f* da golf
Golfspiel *n* gioco *m* del golf
Golfstrom *m* corrente *f* del Golfo
Gondel *f* gondola *f*
Gondelbahn *f* funivia *f*, teleferica *f*
Gotik *f* gotico *m*
Gracht *f* canale *m*
grafische Benutzeroberfläche *f* interfaccia *f* grafica dell'utente
Grandhotel *n* grand hotel *m*
Grassteppe *f* savana *f*
Gratisstorno *n* storno *m* gratuito, ordine *m* di annullamento gratuito
Gratisübernachtung *f* pernottamento *m* gratuito
Graumarkt *m* mercato *m* grigio
Graumarktticket *n* biglietto *m* per il mercato grigio
Grenzübergang *m* passaggio *m* di frontiera, valico *m* di frontiera
grenzüberschreitender Tourismus *m* turismo *m* internazionale, turismo *m* frontaliero
grenzüberschreitender Verkehr *m* traffico *m* internazionale
Grenzverkehr *m/***Kleiner** traffico *m* di frontiera locale
grobe Fahrlässigkeit *f* negligenza *f* grave, colpa *f* grave
Großfluggesellschaft *f* compagnia *f* aerea principale
Großflugplatz *m* aerodromo *m* principale, aeroporto *m* principale
Großhandel *m* commercio *m* all'ingrosso
Großkundenabonnement *n* tesserino *m* di sottoscrizione per commercianti all'ingrosso
Großraumflugzeug *n* aereo *m* tipo jumbo *(jumbo jet)*
Großraumwagen *m* carrozza *f* a scompartimento unico
Großrechner *m* computer *m* principale
Gründerforum *n* **ITB** forum *m* di discussione della ITB per fondatori di imprese
Grundpflichten *fpl* obblighi *mpl* fondamentali
grüne Versicherungskarte *f* carta *f* verde, assicurazione *f* internazionale per veicoli
grüner Pfeil *m* *(Autoverkehr)* freccia *f* di colore verde con svolta a destra *(norme di circolazione)*

Gruppenermäßigung f sconto m di gruppo
Gruppenreise f viaggio m di gruppo, viaggio m in comitiva
Gruppenreisedienst m servizio m viaggio di gruppo
Gruppenversicherung f assicurazione f di gruppo
Gültigkeit f eines Flugscheins validità f di un biglietto aereo
Gütegemeinschaft f Buskomfort *(Abk.: GBK)* associazione f tedesca di operatori turistici specializzati nel settore di viaggi in autobus per la classificazione dei viaggi in autobus
Gütesiegel n marchio m di qualità
Gutschein m buono m, tagliando m, coupon m
Gutscheinsystem n sistema m a buoni
Gutschrift f nota f di credito, credito m

H

Haager Protokoll n Protocollo m dell'Aia
Haartrockner m asciugacapelli m, fon m
Hängebrücke f ponte m sospeso
Häufigreisender m viaggiatore m abituale
Hafen m porto m
Hafenabgabe f tasse fpl portuali
Hafenagent m agente m marittimo, agente m portuale
Hafenbahnhof m stazione f marittima
Hafengebühr f tasse fpl portuali
Hafengeld n diritti mpl portuali
Hafenkapitän m capitano m di porto
Hafenrundfahrt f giro m turistico del porto
Haff n laguna f
Haftpflicht f/reiserechtliche regime m di responsabilità degli operatori turistici
Haftpflichtversicherung f assicurazione f della responsabilità civile verso terzi
Haftung f bei Pauschalreisen responsabilità f per viaggi tutto compreso
Haftung f bei Schiffspassagen responsabilità f per i passaggi in navi
Haftungsanspruch m richiesta f di responsabilità
Haftungsbeschränkung f limitazione f di responsabilità
Haftungserklärung f dichiarazione f di responsabilità

Haftungsfreizeichnung f esonero m di responsabilità
Haftungsgarantie f garanzia f di responsabilità
Haftungsgrenze f limite m di responsabilità
Haftungsrecht n diritto m di responsabilità
Haftungsübernahme f assunzione f di responsabilità
Halbpension f mezza pensione f
Hallenbetrieb m sala f attività
Hallig f Hallig f *(piccola isola al largo della costa occidentale dello Schleswig Holstein)*
Haltestelle f fermata f
Handbuch n **der Luftverkehrsgesellschaften** manuale m delle compagnie aeree
Handel m commercio m
Handelsbilanz f bilancia f commerciale
Handelsgastronomie f gastronomia f in centri commerciali
Handelsgesetzbuch n *(Abk.: HGB)* codice m del commercio, codice m commerciale
Handelsherr m principale m
Handelsmakler m mediatore m di commercio *(broker)*
Handelsmarke f marchio m di fabbrica, marchio m commerciale
Handelsregister n registro m commerciale
Handelsvertreter m rappresentante m commerciale, agente m commerciale
Handelsvertretervertrag m contratto m d'agente commerciale
Handgepäck n bagaglio m a mano
handgeschriebene Unterschrift f firma f autografa
Handmikrofon n microfono m a mano
Hanse f lega f anseatica
Hansestadt f città f anseatica
Harmonisierung f armonizzazione f
Hauptbahnhof m stazione f centrale
Hauptcomputer m computer m centrale
Haupterwerbsreisebüro n agenzia f di viaggio con acquisizione primaria
Hauptland n paese m principale
Hauptleistung f prestazione f principale
Hauptreisezeit f stagione f di punta
Hauptsaison f alta stagione f
Hauptschlüssel m chiave f primaria *(passe-partout)*

Hauptschuldner *m* debitore *m* principale
Haupturlaubsreise *f* vacanza *f* principale
Hauptveranstalter *m* organizzatore *m* turistico principale
Hauptzahlmeister *m* capo *m* commissario
Haus *n* **des Gastes** centro *m* ospiti, casa *f* degli ospiti
Hausbar *f* bar *m* mobile, bar *m*
Hausboot *n* casa *f* galleggiante
Hausdame *f* addetta *f* alle pulizie
hauseigenes Reservierungssystem *n* sistema *m* di prenotazione privato
Haushaltsdefizit *n* deficit *m* di bilancio
Haushaltsfehlbetrag *m* disavanzo *m* pubblico
Haushaltsplan *m* bilancio *m* preventivo
Haushaltspolitik *f* politica *f* di bilancio
Haushaltsstabilität *f* stabilità *f* di bilancio
Hausmesse *f* esibizione *f* interna
Hausordnung *f* regolamento *m* della casa
Haus- und Wohnungstausch *m* scambio *m* di case e di appartamenti
Havarie *f* avaria *f*
Heck *n* poppa *f (mar.)*; coda *f (aer.)*; parte *f* posteriore *(auto)*
Heilbad *n* stazione *f* termale *(luogo)*; bagno *m* terapeutico *(attività)*
Heilbrunnen-Betrieb *m* stabilimento *m* con sorgente termale
Heilklimatischer Kurort *m* località *f* climatica
Heilquelle *f* sorgente *f* termale
Heimarbeit *f* lavoro *m* a domicilio
Heimverkauf *m* vendita *f* a domicilio
Heimweh *n* nostalgia *f*
Heißluftbad *n* bagno *m* d'aria calda
Heliport *m* eliporto *m*
Hilfsdienst *m/telefonischer* servizio *m* di assistenza telefonica *(hotline)*
Hilfsfunktion *f* funzione *f* ausiliare
Hinweispflicht *f* obbligo *m* d'avviso, obbligo *m* dell'operatore turistico di informare
Historische Städte *fpl* **Deutschlands** cooperazione *f* del marketing di città storiche della Germania
Hobby-Ferienkurs *m* corsi *mpl* per il passatempo durante le vacanze
Hobbyreise *f* viaggio *m* hobby
Hochgeschwindigkeitsschiff *n* nave *f* ad alta velocità

Hochgeschwindigkeitsverkehr *m* traffico *m* ad alta velocità
Hochgeschwindigkeitszug *m* treno *m* ad alta velocità, treno *m* espresso
Hochkonjunktur *f* congiuntura *f* di prosperità
Hochsaison *f* alta stagione *f*
Hochschulreife *f/allgemeine* diploma *m* di maturità
Höchstversicherungssumme *f* somma *f* massima assicurata, capitale *m* massimo assicurato
Hochtouren *fpl* gite *fpl* in alta montagna
Höhere Gewalt *f* forza *f* maggiore
Hörerreise *f* viaggio *m* organizzato per gli ascoltatori di una stazione radio
hoheitliche Anordnung *f (Entzug der Landerechte, Grenzschließungen, Naturkatastrophen, Havarien, Zerstörung von Unterkünften)* ordinanza *f* ufficiale, direttiva *f* ufficiale *(ritiro o restrizione delle leggi sul diritto di atterraggio, sulla chiusura delle frontiere, sui disastri naturali, le avarie e sulla distruzione degli alloggi)*
Hoheitsgebiet *n/staatliches* territorio *m* sovrano nazionale
Holzklasse *f* terza classe *f*
Honorarkonsul *m* console *m* onorario
horizontale Kooperation *f* cooperazione *f* orizzontale
Hosenbügler *m* stiracalzoni *m*
Hospiz *n* ospizio *m*
Hostess *f* hostess *f*
Hotel *n* albergo *m*, hotel *m*
Hotel *n* **auf Schienen** albergo *m* su rotaie
Hotel *n* **Garni** albergo *m* garni
Hotel *n/schwimmendes* albergo *m* galleggiante
Hotelagent *m* agente *m* intermediario in albergo
Hotelausstellung *f* esposizione *f* in albergo
Hotelberufsfachschule *f* scuola *f* professionale alberghiera
Hoteldatenbank *f* banca *f* dati dell'albergo
Hoteldirektor *m* direttore *m* d'albergo
Hotelempfang *m* ricezione *f* dell'albergo *(reception)*
Hotelfachfrau *f* esperta *f* d'albergo
Hotelfachmann *m* esperto m d'albergo
Hotelfachschule *f* scuola *f* alberghiera
Hotelführer *m* guida *f* alberghiera

Hotelgutschein *m* buono *m* d'albergo
Hotelhalle *f* salone *m* d'albergo *(hall)*
Hotelismus *m* imitazione *f* di grandi hotels da parte dei transatlantici
Hotelkauffrau *f* operatrice *f* alberghiera, assistente *f* di gestione in albergo e nell'accoglienza
Hotelkaufmann *m* operatore *m* alberghiero, assistente *m* di gestione in albergo e nell'accoglienza
Hotelkategorie *f* categoria *f* d'albergo
Hotelkette *f* catena *f* alberghiera
Hotelklassifizierung *f* classificazione *f* alberghiera
Hotellerieverband *m* associazione *f* alberghiera
Hotelmanager *m* manager *m* d'albergo, direttore *m* d'albergo
Hotelmeister *m* esame *m* di stato per amministratori d'albergo
Hotelpension *f* pensione *f*
Hotelreservierungsvertrag *m* contratto *m* di prenotazione d'albergo
Hotelsafe *m* cassaforte *f* in albergo
Hotelschiff *m* hotel *m* galleggiante
Hotelsuchmaschine *f* motore *m* di ricerca alberghiero
Hotelzertifizierung *f* certificazione *f* alberghiera
Hotelzug *m* treno-albergo *m*
Hubschrauber *m* elicottero *m*
Hubschrauberbasis *f* eliporto *m*
Hugo *(unerwartet Verstorbener auf Reise)* human gone *(deceduto inatteso durante un viaggio)*
Hütte *f* capanna *f*
Hurrikan *m* uragano *m*
Hygienestandard *m* standard *m* igienico

I

Iata-Beförderungsbedingungen *fpl* condizioni *fpl* di trasporto della IATA
Iata-Diplom *n* certificato *m* IATA
Iata-Fachkraft *f* esperto *m* IATA
Iata-Haftungsgemeinschaft *f (Abk.: HG)* responsabilità *f* collettiva della IATA con le agenzie di viaggio DRV
Iata-Resolution *f* risoluzione *f* IATA
Iata-Verbindungskonferenz *f* Conferenza *f* IATA sul traffico aereo

Iata-Verkehrsgebiet *n* zona *f* di traffico IATA
Ich-AG *f* impresa *f* composta da un solo individuo
Identitätsprüfung *f* controllo *m* d'identità
IHK-Prüfung *f* esame *m* della camera di commercio
Imagekampagne *f* campagna *f* d'immagine
Imagewerbung *f* promozione *f* dell'immagine
Immission *f* immissione *f (di sostanze inquinanti)*
Impfpass *m / internationaler* certificato *m* internazionale di vaccinazione
Implant *n* dipartimento *m* di viaggio in un'impresa
Import *m* importo *m*
Inbegriffsversicherung *f* polizza *f* assicurativa di viaggio contro il furto del bagaglio
Incentive-Reise *f* viaggio *m* incentive
Incoming-Agentur *f* agenzia *f* specializzata nell'incoming
indirekte Reisekosten *pl* costi *mpl* di viaggio indiretti
Individualreise *f* viaggio *m* individuale
Individualreiserecht *n* diritto *m* del viaggio individuale
Individualtourismus *m* turismo *m* individuale
Industriekultur *f* cultura *f* industriale
Industrie- und Handelskammer *f (Abk.: IHK)* Camera *f* dell'Industria e del Commercio
Inflationsrate *f* tasso *m* d'inflazione
Informationsdatenbank *f* banca *f* dati
Informationsdienstleister *m* prestatore *m* di servizio informazioni
Informationsnorm *f/touristische (Abk.: TIN)* norma *f* sugli standard qualitativi per l'informazione turistica
Informationspflicht *f* obbligo *m* di fornire informazioni
Informationsreise *f* viaggio *m* d'informazione
Informationsschalter *m* sportello *m* informazioni
Informations- und Gedankenaustausch *m* scambio *m* di idee e di informazioni *(brainstorming)*
Infrastruktur *f* infrastruttura *f*
Initiativbewerbung *f* atto *m* di candidatura di propria iniziativa

Inkasso *n* incasso *m*
Inkassobüro *n* ufficio *m* d'incasso
Inkassostelle *f* ufficio *m* d'incasso
Inlandreise *f* viaggio *m* nazionale
Inlandsflug *m* volo *m* nazionale
Inlandsverkehr *m* traffico *m* nazionale
Innenkabine *f* cabina *f* interna
Innenmarketing *n* commercializzazione *f* interna, marketing *m* interno
Innenstadt *f* centro *m* urbano
innere Werbung *f* pubblicità *f* interna
Inselhüpfen *n* viaggio *m* da isola a isola
Inselkreuzfahrt *f* crociera *f* tra le isole
Insolvenz *f* insolvenza *f*
Insolvenzschutzversicherung *f* assicurazione *f* contro l'insolvenza
Insolvenzversicherungspflicht *f* obbligo *m* d'assicurazione contro l'insolvenza
Integration *f* integrazione *f*
integrierter Konzern *m* gruppo *m* industriale integrato *(orizzontale e verticale)*
Intercity *m (Abk.: IC)* treno *m* intercity
Intercity Express *m (Abk.: ICE)* treno *m* espresso nazionale ad alta velocità
interaktives Fernsehen *n* televisione *f* interattiva
Interessenvertretung *f* **der Reisebranche** rappresentanza *f* d'interessi dell'industria turistica
Internationale Tourismusbörse *f (Abk.: ITB)* Borsa *f* Internazionale del Turismo *(abr.BIT)*
Internationale Zivilluftfahrtbehörde *f* Autorità *f* Aeronautica Internazionale
internationaler Impfpass *m* certificato *m* internazionale di vaccinazione
Internationaler Luftverkehrsverband *m (Abk.: Iata)* Associazione *f* Internazionale dei Trasporti Aerei
Internationaler Währungsfonds *m (Abk.: IWS)* Fondo *m* Monetario Internazionale
Interregionalverkehr *m* traffico *m* interregionale
Inversion *f* inversione *f*
Investition *f* investimento *m*
Investitionsgüter *npl* beni *mpl* d'investimento
Investitionskredit *m* credito *m* d'investimento
ITB-Wissenschaftszentrum *n* centro *m* scientifico ITB

J

Jahresarbeitszeit *f* tempo *m* di lavoro annuale
Jahresdurchschnittstemperatur *f* temperatura *f* media annua
Jahresergebnis *n* **Bilanz** risultato *m* annuale dell'esercizio
Jahresfreizeit *f* tempo *m* libero durante l'anno
Jahres-Reiseschutz *m* **für Freizeit- und Geschäftsreisen** copertura *f* di viaggio annuale per viaggi di piacere e d'affari
Jahresurlaub *m* vacanza *f* annuale
Jahresurlaub *m/*zusammenhängender vacanza *f* annuale ininterrotta
Jahreszeit *f* stagione *f*
Jedermannsrecht *n* diritto *m* di ognuno
Jugendherberge *f* ostello *m* della gioventù
Jugendherbergsausweis *m* tessera *f* degli ostelli della gioventù
Jugendreise *f* viaggio *m* per giovani
Jugendtarif *m* tariffa *f* giovani
Jumbo-Fähre *f* traghetto *m* jumbo
Jungfernfahrt *f* viaggio *m* inaugurale di una nave

K

Kabine *f* cabina *f*
Kabinengepäck *n* bagaglio *m* di cabina
Kabinenseilbahn *f* funivia *f*
Kaffeefahrt *f* viaggio *m* promozionale
Kajüte *f* cabina *f*
Kalkulation *f* calcolo *m*
Kap *n* capo *m (geog.)*; promontorio *m*
Kapazität *f* capacità *f*, ricettività *(hotel)*
Kapazitätsauslastung *f* utilizzazione *f* della ricettività
Kapazitätsengpass *m* **beim Flugverkehr** congestione *f* aeroportuale
Kapazitätserhebung *f* rilevazione *f* della capacità
Kapitän *m* capitano *m*
Kapitalanlage *f* **in Wertpapieren** investimento *m* di capitale in azioni
Kapitalbedarf *m* fabbisogno *m* finanziario

Kapitalbilanz *f* bilancia *f* dei movimenti di capitale

Kapitalbindung *f* investimento *m* di capitale in titoli

Kapitalerhöhung *f* aumento *m* del capitale

Kapitalgesellschaft *f* società *f* di capitali

Kapitalmarkt *m* mercato *m* finanziario, mercato *m* dei capitali

Karawanserei *f* caravanserraglio *m*

Karibisches Meer *n* Mar *m* dei Caraibi

Karriereschub *m* spinta *f* alla carriera

Karrieresprung *m* salto *m* di carriera

Kartellbehörde *f* ufficio *m* cartelli, divisione *f* antitrust

Kartensystem *n* sistema *m* di pagamento con carta

Kartenverkauf *m* vendita *f* dei biglietti

Kassenzettel *m* scontrino *m* di cassa

Katakombe *f* catacomba *f*

Katalog *m* catalogo *m*

Katamaran *m* catamarano *m*

Kategorie *f* categoria *f*

Käufermarkt *m* mercato *m* dell'acquirente

Kauffrau *f* für Bürokommunikation operatrice *f* abilitata alla comunicazione d'ufficio

Kauffrau *f* für den Verkehrsservice operatrice *f* abilitata ai servizi di trasporto

Kauffrau *f* für Freizeit und Touristik operatrice *f* abilitata al tempo libero e al turismo

Kauffrau *f* für Reiseverkehr und Touristik operatrice *f* turistica abilitata e qualificata

Kauffrau *f* im Eisenbahn- und Straßenverkehr operatrice *f* abilitata al traffico ferroviario e stradale

Kaufgewohnheiten *fpl* abitudini *fpl* d'acquisto

Kaufkraft *f* potere *m* d'acquisto

Kaufmann *m* für Bürokommunikation operatore *m* abilitato alla comunicazione d'ufficio

Kaufmann *m* für den Verkehrsservice operatore *m* abilitato ai servizi di trasporto

Kaufmann *m* für Freizeit und Touristik operatore *m* abilitato al tempo libero e al turismo

Kaufmann *m* für Reiseverkehr und Touristik operatore *m* turistico abilitato e qualificato

Kaufmann *m* im Eisenbahn- und Straßenverkehr operatore *m* abilitato al traffico ferroviario e stradale

Kaufvertrag *m* contratto *m* di vendita, contratto *m* di compravendita

Kaution *f* cauzione *f*, deposito *m* cauzionale

Kellner *m* cameriere *m*

Kernkompetenz *f* competenza *f* principale

Kerosin *n* cherosene *m*

Kettencharter *m* volo *m* charter a rotazione settimanale

Kettenflug *m* volo *m* integrato in un sistema di rotazione

Ketten- und Systemgastronomie *f* servizio *m* gastronomico operante sotto lo stesso nome

Kibbuz *m* kibbutz *m*

Kilometerbegrenzung *f* limite *m* di chilometraggio

Kilometerleistung *f*/unbegrenzte resa *f* chilometrica illimitata

Kilometerpauschale *f* indennità *f* chilometrica

Kilometerpreis *m* prezzo *m* per chilometro

Kinderanimation *f* animazione *f* per bambini

Kinderbetreuung *f* assistenza *f* bambini

Kinderbett *n* letto *m* per bambino, lettino *m*

Kinderclub *m* club *m* per bambini

Kinderermäßigung *f* riduzione *f* per bambini

Kinderfahrkarte *f* biglietto *m* per bambini

Kinderpassagier *m* passeggero *m* bambino

Kindersitz *m* seggiolino *m*

Kindertarif *m* tariffa *f* bambini

Kinder- und Jugendtourismus *m* turismo *m* per bambini e giovani

Kinobestuhlungen *fpl* sedie *fpl* per cinema

Klartextanzeige *f* testo *m* in chiaro codice

Klassendefinition *f* der Fluggesellschaften definizione *f* di classe delle compagnie aeree

Klassenfahrt *f* gita *f* di classe

Klassifizierung *f* der Campingplätze classificazione *f* dei campeggi

Klassifizierung *f* der Hotels classificazione *f* degli alberghi

Klassifizierung *f* **der Kreuzfahrtschiffe** classificazione *f* delle navi da crociera
Klassifizierung *f* **der Reisebusse** classificazione *f* degli autobus turistici
Klassifizierung *f* **für Ferienwohnungen, -häuser und Privatzimmer** classificazione *f* degli appartamenti per le vacanze, delle residenze estive e delle stanze ad uso privato
klassische Kreuzfahrt *f* crociera *f* tradizionale
Klassizismus *m* classicismo *m*
Kleiderbügel *m* stampella *f*
Kleiner Grenzverkehr *m* piccolo traffico *m* di confine
Klimaanlage *f* condizionatore *m* d'aria
Klimatherapie *f* climatoterapia *f*
Klimatyp *m* tipo *m* di clima
Klimazone *f* zona *f* climatica
Kneipe *f* pub *m*, bar *m*
Kneippheilbad *n* stazione *f* termale che offre un trattamento idroterapico
Kneippkurort *m* luogo *m* di cura che offre un trattamento idroterapico
Knoten *m* nodo *m*
Knotenpunkt *m* punto *m* nodale, intersezione *f* stradale
Koch *m* cuoco *m*
Köchin *f* cuoca *f*
Kofferanhänger *m* etichetta *f* bagagli
Kofferkuli *m* carrello *m* portabagagli
Kollektivversicherung *f* assicurazione *f* collettiva
Kolonialstil *m* stile *m* coloniale
Kombi-Fährschiff *m* nave *f* passeggeri e merci
Kombi-Lohn *m* reddito *m* combinato
kombinierter Verkehr *m* trasporto *m* combinato
Komfortzimmer *n* camera *f* comfort
Kommanditist *m* socio *m* accomandante
Kommanditgesellschaft *f (Abk.: KG)* società *f* in accomandita semplice
Kommandowirtschaft *f* economia *f* dirigistica
Kommunikationsmittel *npl* mezzi *mpl* di comunicazione
Kommunikationsplattform *f* piattaforma *f* di comunicazione
Kommunikationspolitik *f* politica *f* di comunicazione
Kommunikations- und Informationssystem *n* **Luftverkehrssicherheit** *(Abk.: KISLS)* sistema *m* di comunicazio-

ne e di informazione della sicurezza del traffico aereo
Kompatibilität *f* compatibilità *f*
Kompensationszahlung *f* pagamento *m* di compensazione
Kompetenzzentrum *n* centro *m* di competenze
Komplementär *m* socio *m* accomandatario
Komplettschutz *m* protezione *f* completa
komprimieren *v* comprimere
Konferenz *f* conferenza *f*
Konferenzabteil *n* scompartimento *m* conferenze
Konferenzgebiet *n* **IATA** area *f* conferenze lata
Konferenzraum *m* sala *f* conferenze
Kongress *m* convegno *m*, congresso *m*
Kongressfachkraft *f* esperto *m* congressuale
Kongresshostess *f* assistente *f* congressuale, hostess *f* congressuale
Kongresshotel *n* albergo *m* congressuale
Kongresstourismus *m* turismo *m* congressuale
Kongress- und Tagungsangebot *n* **auf Flughäfen** offerta *f* di attrezzature per congressi e convegni negli aeroporti
Kongress- und Tagungsvereinigung *f* associazione *f* conferenze e convegni
Konjunktur *f* congiuntura *f (economica)*
Konjunkturflaute *f* ristagno *m* congiunturale
Konjunkturförderung *f* promozione *f* dell'attività economica
Konkurrenz *f* concorrenza *f*
Konkurs *m* fallimento *m*, bancarotta *f*
Konsul *m* console *m*
Konsularhilfe *f* assistenza *f* consolare
Konsulat *n* consolato *m*
Konsumflaute *f* ristagno *m* dei consumi
Konsumgüter *npl* beni *mpl* di consumo
Konsumklima *n* clima *m* d'affari
Kontinentales Frühstück *n* colazione *f* continentale
Kontingent *n* contingente *m*
Kontingentverwaltung *f* gestione *f* dei contingenti
Kontoabschluss *m* chiusura *f* del conto
Kontrollturm *m* torre *f* di controllo
Konventionen *fpl* convenzioni *fpl*
Konvergenz *f* convergenza *f*

Konvergenzkriterien *fpl* criteri *mpl* di convergenza
Konvertibilität *f* convertibilità *f*
Konzern *m* complesso *m*, gruppo *m* industriale
Konzernbilanz *f* bilancio *m* consolidato
Konzernfiliale *f* succursale *f* di un gruppo industriale
Konzernvertrieb *m* distribuzione *f* diretta attraverso le proprie filiali
Kooperation *f* cooperazione *f*
Kopfbahnhof *m* stazione *f* di testa
Kopplungsverkauf *m* vendita *f* abbinata
Korkengeld *n* corkage *m* (somma che il cliente di un ristorante paga per farsi stappare bottiglie di vino comprate altrove)
Kost *f* und **Logis** *f* vitto *m* e alloggio *m*
Kosten *pl*/**fixe** costi *mpl* fissi
Kosten *pl*/**variable** costi *mpl* variabili
Kosteneinsparung *f* risparmio *m* sul costo
Kostensegment *n* segmento *m* dei costi
Kostensenkungsprogramm *n* programma *m* di riduzione dei costi
Kosten- und Erlösentwicklung *f* sviluppo *m* dei guadagni e delle perdite
Kredit *m* credito *m*
Kreditgenossenschaft *f* cooperativa *f* di credito
Kreditkarte *f* carta *f* di credito
Kreditor *m* creditore *m*
Kreisverkehr *m* circolazione *f* rotatoria
Kreuzfahrerclub *m* club *m* di coloro che vanno in crociera
Kreuzfahrt *f* crociera *f*
Kreuzfahrt *f*/**klassische** crociera *f* classica
Kreuzfahrt *f* mit dem Flugzeug (Kreuzflug) crociera *f* con l'aereo
Kreuzfahrtgesellschaft *f* compagnia *f* di crociera
Kreuzfahrtkonferenz *f* conferenza *f* sulle crociere
Kreuzfahrtschiff *n* nave *f* da crociera
Kreuzfahrtstudie *f* studio *m* sulle crociere
Kriseninformation *f* durch das Auswärtige Amt informazione *f* sulle crisi da parte del ministero degli affari esteri
Krisenmanagement *n* gestione *f* delle crisi
Krisenprävention *f* prevenzione *f* delle crisi
Kriterium *n* der Hotelklassifizierung criterio *m* della classificazione alberghiera

Küche *f* cambusa *f* (Flugzeug)
Küchenmeister *m* capocuoco *m*
Küchenpersonal *n* personale *m* di cucina
Kulanzregelung *f* regola *f* di buona fede
Kulturhauptstadt *f* Europas capitale *f* europea della cultura
Kulturlandschaft *f* paesaggio *m* trasformato dall'intervento dell'uomo
Kulturmonat *m* mese *m* culturale
kulturorientierter Tourismus *m* turismo *m* orientato alla cultura
Kulturschock *m* choc *m* culturale
Kulturstraße *f* Europas strada *f* culturale europea
Kulturtourismus *m* turismo *m* culturale
Kumulrisiko *n* rischio *m* d'accumulazione
Kunde *m* cliente *m*, acquirente *m*
Kundenberatungsschalter *m* banco *m* di consulenza
Kundenbetreuer *m* assistente *m* clienti
Kundenbewirtung *f* accoglienza *f* clienti
Kundenbindungsprogramm *n* programma *m* di fidelizzazione del consumatore
Kundendienst *m* servizio *m* clienti
Kundengeldabsicherung *f* assicurazione *f* per la sicurezza di pagamenti anticipati
Kundenkarte *f* in der Reisebranche carta *f* clienti nel settore turistico
Kundenwunsch *m* preferenza *f* del cliente, richiesta *f* del cliente
Kundenzufriedenheit *f* soddisfazione *f* del cliente
Kündigung *f* des Reisevertrags annullamento *m* del contratto di viaggio
Kündigung *f* von Mitarbeitern dimissione *f* del personale
Kundin *f* cliente *f*, acquirente *f*
Kunst *f*/**Romanische** arte *f* romanza
Kunstschätze *mpl* patrimoni *mpl* artistici, tesori *mpl* artistici
Kur *f* cura *f*, trattamento *m*, terapia *f*
Kurabgabe *f* tassa *f* di soggiorno
Kurgast *m* ospite *m* di un luogo di cura
Kurhaus *n* stabilimento *m* termale
Kurheim *n* casa *f* di cura
Kurhotel *n* albergo *m* termale
Kurierdienst *m* servizio *m* di corriere
Kurierflug *m* volo *m* del corriere
Kuriergepäck *n* bagaglio *m* spedito per corriere
Kurkarte *f* tessera *f* per le terme
Kurklinik *f* clinica *f* termale, sanatorio *m*

Kurmittelhaus *n* centro *m* termale
Kurmittelhaus *n*/**zentrales** centro *m*
  termale
Kurort *m* luogo *m* di cura
Kurs *m* rotta *f (navigazione)*; corso *m*
  (lezione); quotazione *f (borsa)*
Kursanatorium *n* sanatorio *m* termale
Kursbuch *n* orario *m* ferroviario
Kursbuchstelle *f* ufficio *m* di vendite e
  informazioni sugli orari ferroviari nazionali
  ed internazionali
Kurswagen *m* carrozza *f* diretta
Kurswagensystem *n* sistema *m* di
  carrozze dirette
Kurtaxe *f* tassa *f* di soggiorno, tassa *f* per i
  visitatori di un luogo di cura
Kurverwaltung *f* amministrazione *f*
  termale
Kurzaufenthalt *m* soggiorno *m* breve
kurzentschlossene Buchung *f* preno-
  tazione *f* all'ultimo minuto, prenotazione *f*
  last minute
Kurzfristflug *m* volo *m* all'ultimo minuto,
  volo *m* last minute
Kurzkreuzfahrt *f* crociera *f* breve
Kurzstrecke *f* **im Flugverkehr** volo *m* a
  breve raggio
Kurzstreckenverkehr *m* traffico *m* a
  breve distanza
Kurzurlaub *m* vacanza *f* breve
Kurzurlaubsreise *f* viaggio *m* di vacanza
  breve
Kurzzeitparkplatz *m* parcheggio *m* di
  breve durata
Küste *f* costa *f*
Küstenkreuzfahrt *f* crociera *f* costiera
Küstenland-Werbegemeinschaft *f*
  cooperazione *f* di marketing dei paesi
  della riviera tedesca *(Deutsches Küsten-
  land)*
Kuvert *n* coperto *m*

L

Ladeneinheit *f* filiale *f* di una catena di
  negozi *(shop-in-shop)*
Lagune *f* laguna *f*
Land *n* paese *m*
Landausflug *m* gita *f* in campagna
  (scampagnata); escursione *f* a terra *(durante una crociera)*

Landeanflug *m* avvicinamento *m* per
  l'atterraggio
Landebahn *f* pista *f* di atterraggio
Landegebühr *f* tassa *f* di atterraggio
Landenge *f* istmo *m*
Länderbrief *m* nota *f* informativa sulle
  destinazioni turistiche per le agenzie
Länderinformationsdatenbank *f* banca
  f dati con informazioni sulle destinazioni
  turistiche
Länderprogramm *n* programma *m* di
  destinazione turistica
Landesgartenschau *f* mostra *f* ortofrutti-
  cola regionale
Landessprache *f* lingua *f* nazionale
Landesüblichkeit *f* consuetudine *f* di un
  paese
Landeswährung *f* valuta *f* nazionale
Landezeit *f* orario *m* di atterraggio
Landgasthof *m* locanda *f* di campagna
Landschaftsschutzgebiet *n* riserva *f*
  naturale
Land-Schiff-Kombination *f* combinazio-
  ne *f* terra-mare
Landung *f* sbarco *m (mar.)*; atterraggio *m*
  (aer.)
Landungskarte *f* carta *f* di sbarco
Landungssteg *m* pontile *m*, passerella *f*
  di sbarco
Längenkreis *m* meridiano *m*
Langstrecke *f* percorso *m* a lunga distan-
  za
Langstreckenflugverkehr *m* traffico *m*
  aereo a lunga distanza
Langstreckenzug *m* treno *m* a lungo
  percorso
Langzeitgast *m* ospite *m* a lunga perma-
  nenza
Langzeiturlaub *m* vacanza *f* lunga
Lärm *m* rumore *m*
Lastschriftverfahren *n* procedimento *m*
  di addebito
Laufkundschaft *f* clientela *f* di passaggio
Leerbettgebühr *f* tassa *f* per un letto
  libero
Leereinfahrt *f* **mit anschließender
  Besetztausfahrt** trasporto *m* passegge-
  ri di solo ritorno
Leerfahrt *f* viaggio *m* a vuoto
Leiharbeit *f* lavoro *m* in affitto, lavoro *m*
  temporaneo
Leihkatalog *m* catalogo *m* in prestito
Leihwagen *m* auto *f* da noleggio
Leinpfad *m* strada *f* di alaggio

Leistungen fpl/**nicht in Anspruch genommene** prestazioni fpl di servizi delle quali non ci si è avvalsi

Leistungsänderungsvorbehalt m prestazione f di servizio con riserva di apportare modifiche

Leistungsgesellschaft f meritocrazia f, società f dell'efficienza

Leistungsstörung f disturbo m del servizio

Leistungsträger m prestatore m di servizi, fornitore m di servizi

Leistungsträgerabrechnung f fatturazione f da parte del prestatore di servizi

Leistungsträgerhaftung f responsabilità f del prestatore di servizi

Leistungsvergleichssystem n analisi f comparativa delle prestazioni di servizio

Leitbild n modello m, ideale m, linea f di guida

Leitbild n/**touristisches** modello m turistico, ideale m turistico, linea f di guida per il turismo

Leitveranstalter m organizzatore m turistico dirigente

Leitweg m percorso m, itinerario m

Lenk- und Ruhezeiten fpl tempo m di guida e di riposo

Lenkungsausschuss m comitato m direttivo, comitato m di coordinamento

Lesereise f viaggio m di lettura

Leserreise f pacchetto m turistico speciale per i lettori di quotidiani e riviste

Leuchtfeuer n faro m, segnale m luminoso

Levante f levante m

Liberalisierung f liberalizzazione f

Liberalisierung f im **Luftverkehr** liberalizzazione f del traffico aereo

Lieferfristenüberschreitung f ritardo m dei termini di consegna

Liegen- und Schirmverleih m noleggio m di sdraia e ombrelloni

Liegeplatz m cuccetta f, posto m d'ormeggio

Liegewagen m carrozza f cuccette

Lift m ascensore m

Limousine f mit **Chauffeur** limousine f con autista

linienähnlicher Verkehr m traffico m dei servizi simili a quelli di linea

Linienbus m autobus m di linea

Linienflug m volo m di linea

Linienflug m/**touristischer** volo m di linea turistico

Linienfluggesellschaft f compagnia f di bandiera

Linienflugverkehr m traffico m aereo di linea

Linienmaschine f aereo m di linea

Linienreederei f compagnia f di navigazione di linea

Linienschifffahrt f navigazione f di linea

Linientaufe f battesimo m dell'equatore

Linienverkehr m traffico m di linea

Liquidation f liquidazione f

Liquidität f liquidità f

Lizenz f licenza f

Lizenzgebühr f tassa f di licenza

Lizenzierung f concessione f di licenza

Lobbyarbeit f attività f di gruppi di pressione, attività f di lobby

Lockvogelangebot n prezzo m di richiamo

Logbuch n giornale m di bordo

Logistik f logistica f

Lohnnebenkosten pl oneri mpl complementari

lohnsteuerpflichtiger Anteil m quota f del contribuente

Lokomotive f locomotiva f

Lösegeldversicherung f assicurazione f sui rapimenti

Lotse m pilota m

Lotsengebühr f tassa f di pilotaggio

Lotsenversetzschiff n barca f per il trasferimento del pilota

Lounge f sala f d'aspetto

Luftbeförderungsrecht n legge f sul trasporto aereo

Luftfahrtausstellung f esibizione f aerea

Luftfahrtbundesamt n (Abk.: LBA) Autorità f Tedesca dell'Aviazione Civile

Luftfahrtgesellschaft f compagnia f aerea, aviolinea f

Luftfahrtstatistik f statistica f dei trasporti aerei

Luftfahrt-Unfallversicherung f assicurazione f contro gli incidenti aerei

Luftfahrtunternehmen n impresa f di trasporti aerei

Luftfahrtvereinbarung f accordo m sul trasporto aereo

Luftfracht f trasporto m via aerea

Lufthoheit f sovranità f aerea

Luftkissenboot *n* veicolo *m* a cuscino d'aria, hovercraft *m*
Luftkorridor *m* corridoio *m* aereo
Luftkurort *m* luogo *m* di cura climatico
Luftraumgrenze *f* limite *m* dello spazio aereo
Luftraumnutzung *f* utilizzazione *f* dello spazio aereo
Luftreiseverkehr *m* traffico *m* aereo
Luftrettungssystem *n* sistema *m* di salvataggio aereo
Luftschiff *n* aeronave *f*
Luftsicherheitsgebühr *f* tassa *f* per la sicurezza aerea
Luftsicherheitspauschale *f* quota *f* forfetaria per la sicurezza aerea
Luftstraße *f* via *f* aerea, aerovia *f*
Luftstraßennetz *n* rete *f* di itinerari aerei
Luftverkehr *m* **der dritten Ebene** traffico *m* aereo di terzo livello
Luftverkehrsabkommen *n* accordo *m* sul traffico aereo
Luftverkehrszulassungsordnung *f* (*Abk.: LZO*) disposizione *f* sull'ammissione al traffico aereo
Luftverkehrsgesellschaft *f* compagnia *f* aerea
Luftverkehrsgesetz *n* legge *f* sui trasporti aerei
Luftverkehrskauffrau *f* operatrice *f* di volo
Luftverkehrskaufmann *m* operatore *m* di volo
Luftverkehrsmarkt *m* mercato *m* del traffico aereo
Luftverkehrsstatistik *f* statistica *f* del traffico aereo
Luftverkehrstarifwesen *n* sistema *m* tariffario del traffico aereo
Luftverkehrsunternehmen *n* impresa *f* di trasporti aerei, compagnia *f* aerea
Luftversicherungsvertrag *m* contratto *m* di assicurazione aerea
Luftwiderstand *m* resistenza *f* dell'aria
Luftzone *f* zona *f* aerea
Lunchpaket *n* pranzo *m* al sacco, pacchetto *m* pranzo
Luxusbus *m* autobus *m* di lusso
Luxushotel *n* albergo *m* di lusso
Luxusklasse *f* classe *f* di lusso
Luxusreise *f* viaggio *m* di lusso
Luxuszimmer *n* camera *f* di lusso

M

Maastrichter Vertrag *m* Trattato *m* di Maastricht, Trattato *m* sull'Unione Europea
Maastricht-Kriterien *npl* criteri *mpl* di Maastricht
Magisches Viereck *n* quadrato *m* magico del bersaglio economico *(ideale punto di bilancio delle quattro mete economiche)*
Magnetschnellbahn *f* treno *m* a levitazione magnetica veloce
Magnetschwebebahn *f* treno *m* a levitazione magnetica, maglev *m (teleferica magnetica giapponese)*
Magnetschwebebahn-Trasse *f* rotta *f* del treno a levitazione magnetica, tracciato *m* maglev
Magnetstreifenkarte *f* scheda *f* magnetica, carta *f* magnetica
Magnetstreifenticket *n* biglietto *m* magnetico
Maghreb-Staat *m* stato *m* del Maghreb *(unione di stati del Nord Africa)*
Mahlzeit *f* pasto *m*
Mahnung *f* ammonimento *m*, sollecito *m* di pagamento
Mangel *m* mancanza *f*, difetto *m*, deficienza *f*
Mängelanzeige *f* lettera *f* di reclamo, notifica *f* dei difetti
Mängelprotokoll *n* protocollo *m* di segnalazione delle deficienze
Mangelzeitraum *m* periodo *m* di guasto
Manipulation *f* manipolazione *f*
Margenbesteuerung *f* tassa *f* sul reddito ricavato da attività di intermediazione nella vendita di pacchetti e servizi turistici *(margin tax)*; tassazione *f* dei margini
Marke *f* marca *f*, marchio *m* di fabbrica
Markenartikel *m* articolo *m* di marca
markenloses Produkt *n* prodotto *m* non di marca, articolo *m* senza marchio
Markenpolitik *f* politica *f* del marchio
Markenpräferenz *f* preferenza *f* del marchio
Markenzeichen *n* marchio *m* di fabbrica depositato
Marketing *n* commercializzazione *f*, marketing *m*
Marketing-Mix *m* miscela *f* delle tecniche di commercializzazione *(marketing mix)*
Marketingstrategie *f* strategia *f* di marketing

Marketingvereinbarung *f* zwischen
Luftverkehrsgesellschaften accordo
m di marketing tra compagnie aeree
Marketingzusammenarbeit *f* cooperazione *f* di marketing
Markt *m* mercato *m*
Marktbeherrschung *f* controllo *m* del
mercato, dominio *m* del mercato
Marktforschung *f* ricerca *f* di mercato,
analisi *f* di mercato
Marktforschungsunternehmen *n*
società *f* di ricerche di mercato
**Markt-, Media- und Meinungsfor-
schungsinstitut** *n* istituto *m* di ricerche
di mercato, di comunicazione di massa e
d'indagine demoscopica
Marktnischenkonzept *n* concetto *m*
nicchia *(strategia di mercato)*
Marktplatz *m*/**elektronischer** mercato *m*
elettronico
Marktpotential *n* potenziale *m* di mercato
Marktsegment *n* segmento *m* di mercato
Markt- und Standortanalyse *f* analisi *f*
di mercato e studio *m* dell'ubicazione
Marktuntersuchung *f* ricerca *f* di merca-
to, analisi *f* di mercato
Marktuntersuchung *f*/**touristische**
ricerca *f* di mercato turistica
Marktvolumen *n* volume *m* di mercato
Marktwirtschaft *f* economia *f* di mercato
Maschine *f* macchina *f*, macchinario *m*
Massageabteilung *f* reparto *m* massaggi
Massentourismus *m* turismo *m* di massa
Maßnahmenplanung *f* pianificazione *f*
delle misure di provvedimento
Matratze *f* materasso *m*
Mautgebühr *f* pedaggio *m*
Maximalentfernung *f* in **Meilen** *(Luft-
verkehr)* distanza *f* massima in miglia
(navigazione aerea)
Medienkonvergenz *f* convergenza *f* dei
media
Medienreise *f* viaggio *m* mediale
Medien- und Tourismusereignis *n*
evento *m* legato alla comunicazione di
massa e al turismo
Meer *n* mare *m*, oceano *m*
Meeresbucht *f* baia *f*
Mehrbettkabine *f* cabina *f* multipla
Mehrbettzimmer *n* stanza *f* con più letti
Mehrfrequenzwahlverfahren *n (Abk.:
MFV)* segnalazione *f* in multifrequenza
Mehrkosten-Schutz *m* copertura *f* delle
spese addizionali

Mehrtagesberechtigungskarte *f*
tessera *f* utente valida per più giorni
Mehrtageskarte *f* biglietto *m* valido per
più giorni
Mehrtagesreise *f* viaggio *m* di più giorni
Mehrwertsteuer *f* imposta *f* sul valore
aggiunto *(abr. IVA)*
Meile *f* miglio *m*
Meilenbonus *m* bonus *m* miglia, premio
m miglia
Meilenerwerb *m* accumulo *m* miglia
Meilenguthaben *n* credito *m* miglia
accumulate
Meilenkonto *n* conto *m* miglia accumulate
Meilenlimit *n* limite *m* miglia da accumulare
Meilensystem *n* sistema *m* accumulo
miglia
Meinungsforschung *f* indagine *f* demo-
scopica
Meldeschlusszeiten *fpl* bei inner-
deutschen Direktlinienflügen termini
mpl di registrazione per voli di linea do-
mestici diretti
Meldezettel *m* **Hotel** modulo *m* di regi-
strazione alberghiera, registrazione *f*
alberghiera
Mengennachlass *m* sconto *m* all'in-
grosso, sconto *m* di quantità
Menü *n* menu *m*
Meridian *m* meridiano *m*, linea *f* di longi-
tudine
Messegelände *n* area *f* fieristica, zona *f*
espositiva
Messehostess *f* assistente *f* di fiera,
hostess *f* di fiera
Messetourismus *m* turismo *m* di fiera
Metropole *f* metropoli *f*
Miete *f* affitto *m*, pigione *f*
Mietkauf *m* prestito *m* locativo, leasing *m*
Mietomnibusverkehr *m* traffico *m* degli
autobus da noleggio
Mietvertrag *m* contratto *m* d'affitto,
contratto *m* di locazione
Mietwagen *m* automobile *f* da noleggio
Mietwagennachweis *m* attestato *m* di
idoneità a guidare un auto da noleggio,
licenza *f* per il servizio di autonoleggio
Mietwagenreservierungsprogramm *n*
programma *m* di prenotazione per il no-
leggio d'auto
Mietwagenverband *m* associazione *f* di
compagnie d'autonoleggio
Mikrozensus *m* microcensimento *m*,
censimento *m* per campione

Minderung *f* riduzione *f*, rimborso *m*, deprezzamento *m*
Minderungsanspruch *m* diritto *m* di riduzione, diritto *m* di rimborso
Mindestaufenthalt *m* periodo *m* minimo di soggiorno
Mindeststandard *m* standard *m* minimo
Mindestteilnehmerzahl *f* numero *m* minimo di partecipanti
Mindestübergangszeit *f* tempo *m* minimo di transito aeroportuale
Mineral- und Moorheilbad *n* stazione *f* di cura termale che offre trattamenti con minerali e fanghi
Minibar *f* minibar *m*
Minijob-Regelung *f* regolamentazione *f* dei lavori interinali
Mischkalkulation *f* calcolo *m* composto
Mitarbeiter(in) *m(f)* collaboratore(-trice) *m(f)*
Mitarbeitereffizienz *f* efficienza *f* del personale
Mitarbeitergespräch *n* riunione *f* del personale, assemblea *f* del personale
Mitarbeiterunterrichtung *f* istruzione *f* del personale *(briefing)*
Mitfahrersparpreis *m* tariffa *f* speciale per accompagnatori
Mitfahrzentrale *f* agenzia *f* di autostop organizzato
Mitflugzentrale *f* agenzia *f* di passaggi aerei organizzati
Mitläuferverkehr *m* trasporto *m* ferroviario simultaneo di passeggeri e dei loro veicoli
Mitreisende *m(f)* compagno(-a) *m(f)* di viaggio
Mittag *m* mezzogiorno *m*
Mittag *m* Mezzogiorno *m (Italia meridionale: squilibrio economico-sociale tra il Nord fortemente industrializzato e l'ancora rurale Sud)*
Mittagessen *n* pranzo *m*
Mitteleuropäische Zeit *f (Abk.: MEZ)* ora *f* dell'Europa centrale, tempo *m* medio dell'Europa centrale
Mittelmeer *n* Mediterraneo *m (mare)*
Mittelmeerraum *m* Mediterraneo *m (area)*
Mittelplatz *m* posto *m* centrale, posizione *f* centrale
mittelständische Personenschifffahrt *f* associazione *f* tedesca di piccole e medie compagnie marittime di trasporto passeggeri

mittelständische Unternehmen *npl* piccole e medie imprese *fpl*
Mittelstand *m* classe *f* media, ceto *m* medio
Mittelstrecke *f* rotta *f* a medio raggio *(aer.)*; percorso *m* medio *(sport)*
Mittelstreckenverkehr *m* traffico *m* delle rotte a medio raggio
Mittlerer Osten *m* Medio Oriente *m*
Mitwirkungspflicht *f* obbligo *m* di co-operazione, obbligo *m* di partecipazione
Mitwohnzentrale *f* agenzia *f* di accomodazioni in appartamenti condivisi
Mobilfunk *m* comunicazione *f* radiomobile, telefono *m* mobile cellulare
Mobilfunknetz *n* rete *f* radiomobile, rete *f* radiomobile per cellulari
Mobilheim *n* caravan *m*
Mobilitätsbilanz *f* bilancio *m* mobile
Modemanschluss *m* connessione *f* del modem, porta *f* seriale del modem
Moderator *m* moderatore *m*, presentatore *m*
Monsun *m* monsone *m*
Montgolfiere *f* mongolfiera *f*
Moorheilbad *n* stazione *f* di cura termale che offre trattamenti con fango
Moratorium *n* moratoria *f*, proroga *f*, dilazione *f*
Motel *n* motel *m*
Motivation *f* motivazione *f*
Motorboot *n* barca *f* a motore
Motorboot *n/***bordeigenes** imbarcazione *f* a motore
motorisierte Pannenhilfe *f* soccorso *m* stradale mobile
Motorschiff *n* nave *f* a motore
Mündungsgebiet *n* **von Flüssen** foce *f* del fiume, bocca *f* dell'estuario
Multi-Dokumentendrucker *m* stampante *f* multifunzionale
Multimedia multimedia
Multiplikator *m* moltiplicatore *m*
Museumsbahn *f* ferrovia a *f* storica
Museumsreisen *fpl* viaggi *mpl* con itinerari museali
Musikfest *n* festa *f* della musica
Müßiggang *m* inizio *m* attivita
Muttergesellschaft *f* società *f* madre, società *f* dominante

N

Nachbarschaftsverkehr *m* traffico *m* aereo di confine

Nachdiplomstudium *n (Abk.: NDS)* studio *m* post universitario

Nachfolgegesellschaft *f* società *f* subentrante

Nachfrage *f*/**touristische** richiesta *f* di servizi turistici

Nachfrager *m* cliente *m*

Nachfragerückgang *m* regresso *m* della domanda

Nachfragesteigerung *f* incremento *m* della domanda

nachhaltige Regionalentwicklung *f* sviluppo *m* regionale sostenibile

nachhaltiger Tourismus *m* turismo *m* sostenibile, ecoturismo *m*, turismo *m* naturale

Nachkalkulation *f* valutazione *f* finale dei costi di produzione, computisteria *f*

Nachlass *m* sconto *m*, riduzione *f*

Nachrichtenverbindungssystem *n* sistema *m* di comunicazione

Nachsaison *f* bassa stagione *f*

Nachtbetriebsbeschränkung *f* orario *m* di chiusura notturna

Nachtbus *m* autobus *m* notturno

Nachtflug *m* volo *m* notturno

Nachtflugverbot *n* divieto *m* di volo notturno

Nachtreiseverkehr *m* traffico *m* turistico notturno

Nachtreisezug *m* treno *m* notturno

Nachwuchsförderung *f* agevolazione *f* a favore dei giovani

Nachwuchsjournalist(in) *m(f)* giornalista *m(f)* apprendista

Naher Osten *m* Vicino Oriente *m*

Naherholung *f* svago *m* locale, ricreazione *f* locale

Naherholungsgebiet *n* area *f* di ricreazione nelle immediate vicinanze, zona *f* di svago limitrofa al centro urbano

Naherholungsverkehr *m* traffico *m* di villeggiatura limitrofo al centro urbano

Nahverkehr *m* trasporto *m* locale, traffico *m* locale

Nahverkehr *m* **im Grenzgebiet** traffico *m* frontaliero locale

Nahverkehrszug *m* treno *m* locale

Namensschild *m* distintivo *m* portanome

Nasscharter *m* volo *m* charter compreso di equipaggio

Nationalität *f* nazionalità *f*

Nationalitätskennzeichen *n* targa *f* di identificazione della nazione, contrassegno *m* nazionale

Nationalpark *m* parco *m* nazionale

Naturdenkmal *n* monumento *m* naturale

Naturpark *m* parco *m* naturale

Naturreiseapotheke *f* cassetta *f* di pronto soccorso naturale

Naturschutzgebiet *n* riserva *f* naturale

Naturstrand *m* spiaggia *f* naturale

Naue *f* barca *f* da trasporto modificata a battello per escursioni turistiche in Svizzera

Nebenerwerbsreisebüro *n* agenzia *f* supplementare di viaggi

Nebenkosten *pl* spese *fpl* accessorie, extracosti *mpl*

Nebenleistungen *fpl* servizi *mpl* supplementari, prestazioni *fpl* accessorie

Nebensaison *f* bassa stagione *f*

Nehrung *f* lingua *f* di terra, cordone *m* litoraneo

Neigezug *m* pendolino *m*

Nettopreis *m* prezzo *m* netto

Nettotarif *m* tariffa *f* netta

Netzcarrier *m* compagnia *f* di bandiera

Netzkarte *f* abbonamento *m* ferroviario

Netzwerk *n* rete *f*

Netzwerkverwalter *m* amministratore *m* di rete

Neuaufteilung *f* **der Meere** nuova partizione *f* dei mari

Neubuchung *f* nuova prenotazione *f*

Neue Medien *npl* nuovi media *mpl*

nicht in Anspruch genommene Leistungen *fpl* prestazioni *fpl* di servizi delle quali non ci si è avvalsi

Nichtbesteuerungssachverhalt *m* azione *f* non tassabile

Nichtdurchführung *f* **der Reise** cancellazione *f* del viaggio, annullamento *m* del viaggio

Nichterfüllung *f* inadempienza *f*

Nicht-Linienverkehr *m* traffico *m* non di linea

Nicht-Linienverkehr *m*/**turnusmäßiger** traffico *m* indotto non di linea

Nichtraucher *m* non fumatore *m*

Nichtraucherabteil *n* scompartimento *m* non fumatori

Nichtraucherbereich *m* zona *f* non
   fumatori, area *f* non fumatori
Nichtraucherflug *m* volo *m* non fumatori
Nichtreisende *m(f)* non passeggero(-a)
   m(f), non viaggiatore(-trice) *m(f)*
Nichtstun *n*/**süßes** dolce far niente *m*
Niederlassungsfreiheit *f* libertà *f* di
   domicilio, diritto *m* di stabilimento e di
   libera prestazione di servizi
Nischenprodukt *n* prodotto *m* nicchia
Non-Stop-Flug *m* volo *m* non stop, volo
   m diretto
Nord-Ost-Passage *f* passaggio *m* a
   Nord-Est
Nord-Ostsee-Kanal *m* Canale *m* di Kiel
Nord-West-Passage *f* passaggio *m* a
   Nord-Ovest
Nordlicht *n* luce *f* polare, aurora *f* boreale
Nordsee-Inselverkehr *m* traffico *m* tra le
   isole del Mare del Nord
Nostalgiereise *f* viaggio *m* nostalgico
Notausgang *m* uscita *f* di emergenza
Notbremse *f* freno *m* di emergenza
Notenbank *f* banca *f* di emissione
Notlandung *f* atterraggio *m* di emergenza
Notruf *m* **bei der Schifffahrt** *(SOS)*
   chiamata *f* di soccorso in mare *(SOS)*
Notrufsäule *f* colonnina *f* di emergenza
Notrutsche *f* scivolo *m* di emergenza
Nullprovision *f* commissione *f* zero
Nummernschild *n* targa *f*
   d'immatricolazione
Nur-Flug-Geschäft *n* servizio *m* di solo
   voli
Nutzenschwelle *f* punto *m* di equilibrio

O

Oase *f* oasi *f*
Obelisk *m* obelisco *m*
Oberbett *n* piumino *m*
Oberdeck *n* copriletto *m*
Oberkellner *m* capocameriere *m*
Objektfinanzierungsform *f* forma *f* di
   finanziamento finalizzata
Obliegenheit *f* dovere *m*, obbligo *m*
Obligation *f* obbligazione *f*
obligatorisch obbligatorio, coercitivo
Obligo *n* obbligo *m*, garanzia *f*
O-Bus filobus *m*
Odeon *n* auditorio *m*

offene Handelsgesellschaft *f (Abk.:
   OHG)* società *f* in nome collettivo *(s.n.c)*
offene Stadt *f* città *f* militarmente neutrale
   (Accordo di Haager)
Offener Himmel *m (Liberalisierung im
   Luftverkehr)* accordo *m* "open sky", deregolamentazione *f*
öffentliche Investitionsförderung *f*
   incentivo *m* statale all'investimento
öffentlicher Personennahverkehr *m*
   (Abk.: ÖPNV) trasporto *m* pubblico locale
öffentlicher Verkehr *m* trasporto *m*
   pubblico
öffentliches Gut *n* bene *m* pubblico,
   proprietà *f* pubblica
öffentliches Verkehrsmittel *n* mezzo *m*
   di trasporto pubblico
Öffentlichkeitsarbeiten *fpl* relazioni *fpl*
   pubbliche
Oftreisender *m* viaggiatore *m* frequente
Öko-Audit-Verfahren *n* sistema *m*
   comunitario di ecogestione e audit ambientale
Ökobank *f* cooperativa *f* tedesca di eco-
   banche *(banche etiche)*
Ökobilanz *f* ecobilancio *m*
Ökologie *f* ecologia *f*
ökonomisches Prinzip *n* principio *m*
   economico
Ökosteuer *f* **für Touristen** ecotassa *f*
   turistica
Ökotourismus *m* turismo *m* ecologico,
   ecoturismo *m*
Okzident *m* occidente *m*
Oligopol *n* oligopolio *m*
Olympische Spiele *npl* giochi *mpl*
   olimpici, olimpiadi *fpl*
Omnibusbahnhof *m*/**zentraler** stazione
   f centrale di autobus
Omnibuslinienverkehr *m* traffico *m* degli
   autobus di linea
Online-Auktion *f* asta *f* online
Online-Buchung *f* prenotazione *f* in rete
operative Planung *f* pianificazione *f*
   operativa
Opportunitätskosten costi *mpl* opportu-
   nità
Optionsvertrag *m* contratto *m* di opzione
Orangerie *f* aranceto *m*
Organisationshilfe *f* Fondo *m* di Garanzia per il rimpatrio di turisti in caso di
   insolvenza o di fallimento di una compa-
   gnia aerea o di un operatore turistico
Orient *m* oriente *m*

Orkan *m* uragano *m*
Ortsbeschreibung *f* topografia *f*, descrizione *f* del territorio
Ortsrand *m* periferia *f*
Ortszeit *f* tempo *m* locale
Ortszentrum *n* centro *m*, centro *m* città
Ozean *m* oceano *m*
Ozeanflug *m* volo *m* transoceanico
Ozeanreise *f* viaggio *m* transoceanico

P

Pachtvertrag *m* contratto *m* di locazione
Paketboot *n* nave *f* postale
Paketreise *f* pacchetto *m* turistico
Paketreiseveranstalter *m* organizzatore *m* di pacchetti turistici
Panne *f* panne *f* *(auto)*; guasto *m*
Pannendienst *m* servizio *m* di soccorso stradale
Pannenhilfe *f*/**motorisierte** soccorso *m* stradale mobile
Pantheon *n* panteon *m*
Parahotellerie *f* settore *m* para alberghiero
Pariser Luftverkehrsabkommen *n* Convenzione *f* di Parigi sulla navigazione aerea
Parkautomat *m* parchimetro *m*
Parkhaus *n* parcheggio *m* per autoveicoli, autosilo *m*, garage *m*
Parkplatz *m* parcheggio *m*, posteggio *m*
Parkscheibe *f* disco *m* orario
Parkuhr *f* parchimetro *m*
Parthenope *f* *(Neapel: antiker Name der Stadt)* Partenope *f* *(Napoli: antico nome della città)*
Parthenopeier *m* *(Neapolitaner)* partenopeo *m* *(napoletano)*
Partnerausschuss *m* Comitato *m* dei soci, Assemblea *f* dei soci
partnerschaftliche Vorgehensweise *f* procedura *f* di partecipazione
Partnertarif *m* tariffa *f* socio
Passagetarifwerk *n* tabella *f* delle tariffe di volo per passeggeri
Passagevertrag *m* contratto *m* di passaggio
Passagier *m* passeggero *m*
Passagier *m*/**blinder** passeggero *m* clandestino

Passagierabfertigung *f* accettazione *f* passeggeri
Passagiercharta *f* Carta *f* dei Diritti del Passeggero *(traffico aereo)*
Passagierdeck *n* ponte *m* passeggeri
Passagierinformationssystem *n* sistema *m* d'informazione passeggeri
Passagiermanifest *n* lista *f* passeggeri
Passagierrecht *n* diritto *m* del passeggero
Passagierschiff *n* nave *f* passeggeri, nave *f* da crociera
Passantenhotel *n* albergo *m* di transito
Passat *m* aliseo *m*
passive Buchung *f* registrazione *f* passiva
passives Segment *n* segmento *m* passivo
Passkontrolle *f* controllo *m* passaporti
Patronatserklärung *f* lettera *f* di patronage
Pauschalangebot *n* offerta *f* globale, offerta *f* forfetaria
Pauschale *f* importo *m* forfetario, importo *m* globale
Pauschalflugreiseverkehr *m* traffico *m* aereo dei viaggi "tutto compreso"
Pauschalpreis *m* prezzo *m* forfetario, prezzo *m* del pacchetto turistico
Pauschalreise *f* viaggio *m* "tutto compreso", pacchetto *m* viaggio
Pauschalreiseanteil *m* parte *f* del viaggio "tutto compreso"
Pauschalreiseanzahl *f* numero *m* dei viaggi "tutto compreso"
Pauschalreisen *fpl* vacanze *fpl* "tutto compreso", pacchetti *mpl* vacanze
Pauschalreiserecht *n* normativa *f* sulla vendita di pacchetti turistici
Pauschaltarif *m* tariffa *f* forfetaria
Pendelbus *m* autobus *m* navetta
Pendelluftverkehr *m* traffico *m* aereo pendolare
Pendelverkehr *m* **ohne Arrangement** servizio *m* di solo navetta
Pendelverkehrsdienst *m* servizio *m* di navetta
Pendelverkehrsdienst *m*/**umgekehrter** servizio *m* di navetta inverso *(servizio di solo andata o di solo ritorno)*
Pension *f* pensione *f*
Personal *n* personale *m* *(staff)*
Personal *n*/**fliegendes** personale *m* di volo

Personalausweis *m* carta *f* d'identità
Personal- und Organisationsentwick-lung *f* sviluppo *m* delle risorse umane e dell'organizzazione
Personenfernverkehr *m (Schiene)* traffico *m* ferroviario a lunga distanza
Personennahverkehr *m (Schiene)* traffico *m* ferroviario locale
Personenbeförderungsgesetz *n (Abk.: PBefG)* legge *f* sul trasporto passeggeri
Personenfähre *f* traghetto *m* passeggeri
Personengesellschaft *f* società *f*, associazione *f* di persone
Personenkilometer *m (Abk.: Pkm)* passeggero-chilometro *m*
Personenschaden *m* danno *m* alle persone
Personenschifffahrt *f* trasporto *m* marittimo di passeggeri
Personentransport *m* trasporto *m* passeggeri
persönlicher Einsatzplan *m* piano *m* d'azione personale
Pfandbrief *m* obbligazione *f*, lettera *f* di pegno
Pfandrecht *n* diritto *m* di pegno
Pflichtimpfung *f* vaccinazione *f* obbligatoria
Piktogramm *m* icona *f*, pittogramma *m*
Pilgerfahrt *f* pellegrinaggio *m*
Pilot *m* pilota *m*
Piste *f* pista *f (di aeroporto, sciistica)*
Planflug *m* volo *m* di linea, volo *m* previsto
planmäßige Ankunft *f* arrivo *m* previsto
planmäßiger Abflug *m* partenza *f* prevista
Planung *f/operative* pianificazione *f* operativa
Planungsbüro *n* **Luftraumnutzer** ufficio *m* per la pianificazione e il coordinamento dello spazio aereo
Planwirtschaft *f* economia *f* pianificata
Planwirtschaft *f/zentrale* economia *f* pianificata centrale
Plastikgeld *n* carta *f* di credito
Platz *m* piazza *f*
Platzbuchungsanlage *f/elektronische* sistema *m* elettronico di prenotazione posti
Platzkarte *f* biglietto *m* con prenotazione posto
Platzzahl *f* numero *m* dei posti *(a sedere)*

Plausibilitätsprüfung *f* esame *m* di plausibilità, testo *m* di ammissione
Podiumsdiskussion *f* podio *m* di discussione, forum *m* di discussione
Polarkreis *m* circolo *m* polare
Polarlicht *n* luce *f* polare, aurora *f* boreale
Polartaufe *f* battesimo *m* polare
politischer Tourismus *m* turismo *m* politico
polizeiliche Fahndungsdaten *pl* dati *mpl* sulla criminalità emersi da investigazioni poliziesche
polypolistische Konkurrenz *f* concorrenza *f* polipolistica *(tra diversi poli)*
Pool *m* accordo *m* tra compagnie *(pool)*
Poolbar *f* bar *m* della piscina
Portal *n* portale *m*
Portier *m* portiere *m (d'albergo)*; portinaio *m*
Positionierung *f* posizionamento *m*, sintonizzazione *f*
Positionierungsfahrt *f* navigazione *f* di trasferimento
Positionierungsflug *m* volo *m* di trasferimento
Post *f/elektronische* posta *f* elettronica
Postgepäck *n* pacchetto *m* postale
Postschiff *n* battello *m* postale, nave *f* postale
Postversandauftrag *m* ordine *m* di spedizione postale
prädikatisierter Tourismusort *m* località *f* turistica certificata
Prämie *f* premio *m (bonus)*
Prämienpartner *m* premio *m* socio
Prämienticket *n* biglietto *m* premio
Preis *m* prezzo *m*, costo *m*, premio *m*, ricompensa *f*
Preisabstandsgebot *n* regolamentazione *f* dei prezzi a tutela della concorrenza
Preisänderungsvorbehalt *m* clausola *f* di revisione, prezzo *m* soggetto a cambiamenti o alterazioni
Preisangebots- und Preisdatenbank *f* banca *f* dati sui prezzi e sulle offerte
Preisberechnung *f* calcolo *m* del prezzo, quotazione *f*
Preisbindung *f* accordo *m* sui prezzi, sistema *m* di prezzi imposti
Preiserhöhung *f* **bei Pauschalreisen** aumento *m* del prezzo dei viaggi "tutto compreso"

Preisindex *m* **Reisen** indice *m* dei prezzi al consumo dei viaggi
Preiskategorie *f* categoria *f* di prezzo
Preisklarheit *f* trasparenza *f* del prezzo
Preis-Leistungs-Verhältnis *n* rapporto *m* prezzo-prestazioni
Preisliste *f* listino *m* prezzi
Preisnachlass *m* ribasso *m*, sconto *m*
Preisnotierung *f* quotazione *f* diretta
Preissenkung *f* calo *m* dei prezzi
Preisstabilität *f* stabilità *f* dei prezzi
Preisstaffel *f* scala *f* dei prezzi
Preis- und Konditionenpolitik *f* politica *f* dei prezzi e delle condizioni
Preisvergleichssystem *n* sistema *m* di comparazione prezzi
Presseinformationsreise *f* viaggio *m* informativo riservato ai giornalisti
Pressereise *f* viaggio *m* stampa
primärer Sektor *m* settore *m* primario
privater Sicherheitsdienst *m* servizio *m* privato di sicurezza
privater Verkehr *m* traffico *m* privato, trasporto *m* privato
Privatflugverkehr *m* traffico *m* aereo dei voli privati
Privatinsel *f* isola *f* privata
Privatisierung *f* privatizzazione *f*
Privatquartier *n* alloggio *m* privato
Privatvermieter *m* locatore *m* privato, affittacamere *m* privato
Privatvermieterin *f* locatrice *f* privata, affittacamere *f* privata
Pro Rata Charter *m* accordo *m* pro rata per voli charter
Probezeit *f* periodo *m* di prova
Produkt *n* prodotto *m*
Produkt *n*/**markenloses** prodotto *m* non di marca, articolo *m* senza marchio
Produktdifferenzierung *f* differenziazione *f* del prodotto
Produktivität *f* produttività *f*
Produktivitätssteigerung *f* incremento *m* della produttività
Produkt- und Verkaufsschulung *f* corso *m* di formazione sul prodotto e sulla tecnica di vendita
produzierter Verkehr *m* traffico *m* prodotto
Profanarchitektur *f* architettura *f* secolare, architettura *f* profana
profilieren *v* profilare, contrassegnare
Prognose *f* previsione *f*, prognosi *f*, pronostico *m*

Prognosefaktor *m* fattore *m* di prognosi
Programmpartner *m* programma *m* soci
Projektarbeit *f* lavoro *m* di elaborazione di un progetto
Projektfinanzierung *f* finanziamento *m* di un progetto
Projekt *n* **SLOT** progetto *m* SLOT *(sistema locale di offerta turistica)*
Promenade *f* passeggiata *f* pubblica, lungomare *m*
Propellerflugzeug *n* aereo *m* a propulsione
Prophylaxemaßnahme *f* misura *f* di profilassi, misura *f* di precauzione
Propyläen propilene *m*
Prospekt *m* catalogo *m*, opuscolo *m*
Prospektangabe *f* indicazione *f* delle informazioni e delle offerte contenute in un catalogo
Prospekthaftung *f* obbligo *m* di informare sul contenuto di un catalogo
Prospektwahrheit *f* correttezza *f* delle informazioni contenute in un catalogo
Protektionismus *m* protezionismo *m*
Provision *f* provvigione *f* • **auf Provision** a provvigione
Provisionsanspruch *m* diritto *m* alla provvigione
provisionsbereinigter Airline-Netto-umsatz *m* bilancio *m* netto del flusso dei capitali relativo alle transazioni tra le compagnie aeree e le agenzie di viaggio
Provisionsrückerstattungssystem *n* sistema *m* rimborso provvigioni
Provisionsvergütung *f* für **Vermittlungsgeschäfte** provvigione *f* per agenti di vendita
Provisionsvorauszahlung *f* provvigione *f* anticipata
prozentuale Provision *f* percentuale *f* di provvigione
Prozesskosten *fpl* spese *fpl* processuali
Prozessoptimierung *f* ottimizzazione *f* del processo
Prozessor *m* processore *m*
Prüfungsbogen *m* foglio *m* d'esame
Prüfungsvorbereitung *f* preparazione *f* all'esame
Pub *m* bar *m*, pub *m*
Publikumsmesse *f* fiera *f* pubblica

Q

Qualität f qualità f
Qualitätsmanagement n gestione f della qualità, direzione f della qualità
Qualitätsmanager(in) m(f) **im Tourismus** responsabile m(f) della qualità nel settore turistico (qualificazione professionale offerta dalla Camera dell'Industria e del Commercio Tedesca)
Qualitätspolitik f politica f della qualità
Qualitätssicherung f garanzia f di qualità
Qualitätssiegel n sigillo m di qualità
Qualitätssymbol n simbolo m di qualità
qualitatives Wachstum n incremento m qualitativo
Qualle f medusa f
Quarantäne f quarantena f
Quartier n alloggio m, quartiere m
Quellenland n paese m d'origine, paese m di residenza
Quellmarkt m mercato m d'origine, mercato m del paese di residenza
Querschnittsdarstellung f rappresentazione f della sezione trasversale
Querschnittsveröffentlichung f pubblicazione f della sezione trasversale
Quittung f ricevuta f (voucher); quietanza f

R

Rabatt m sconto m, riduzione f
Rabattgesetz n legge f sugli sconti
Rabattverbot n **beim Verkauf von Pauschalreisen** divieto m di praticare sconti sulle vendite di viaggi "tutto compreso"
Rabattverein m associazione f sconti
Radaranlage f apparato m radar, sistema m radar
Radarkontrolle f controllo m radar
Raddampfer m piroscafo m a ruote
Radionachrichten fpl notizie fpl radio
Radreiseanalyse f analisi f statistica dei viaggi in bicicletta
Radtour f giro m in bicicletta
Radurlaub m vacanza f in bicicletta
Radwanderung f escursione f in bicicletta
Rahmenabkommen n accordo m quadro

Rahmenbedingungen fpl condizioni fpl quadro
Rahmendienstleistungsvertrag m contratto m quadro per prestazione di servizi
Rahmenprogramm n programma m sociale, programma m quadro
Rampenfinger m pontile m d'imbarco per passeggeri
Rasiervergrößerungsspiegel m specchio m da barba con ingranditore
Rasthaus n autogrill m, area f di servizio
Raststätte f area f di servizio (in autostrada)
Rat m **für Denkmalpflege** consiglio m per la conservazione dei monumenti storici
Rathaus n municipio m
Rationalisierung f razionalizzazione f
Raucher m fumatore m
Raucherabteil n scompartimento m fumatori, area f fumatori
Raumplanung f pianificazione f del territorio, piano m regolatore
Rechenzentrum n centro m del computer
Rechnung f conto m, bolletta f, fattura f
Rechnungswesen n contabilità f, ragioneria f
Recht n **im Tourismus** legalità f nel turismo
Rechtsanspruch m diritto m legale
Rechtsschutzversicherung f assicurazione f della protezione giuridica, assicurazione f della tutela giudiziaria
Rechtsverbindlichkeit f obbligo m legale
Reede f rada f (naut.)
Reederei f compagnia f marittima, compagnia f navale
Reformpolitik f politica f riformista
Regeltarif m tariffa f normale, tariffa f standard
Regel- und Margenbesteuerung f tassazione f che costituisce la regola e dei margini
Regen m/**saurer** pioggia f acida
Regenmantel m impermeabile m
Regiebetrieb m impresa f amministrativa, azienda f autonoma
Region f regione f
Regionalbahn f ferrovia f regionale
Regionaldienst m servizio m regionale
Regionalentwicklung f/**nachhaltige** sviluppo m regionale sostenibile

Regionalfluggesellschaft *f* compagnia *f* aerea regionale

Regionalflughafen *m* aeroporto *m* regionale

Regionalisierung *f* des Nahverkehrs regionalizzazione *f* del trasporto locale

Regionalluftverkehr *m* traffico *m* aereo regionale

Regionalmesse *f* für Touristiker fiera *f* regionale per operatori turistici

Regulierung *f* regolazione *f*

Rehabilitationskur *f* cura *f* di riabilitazione

Reise *f* viaggio *m*, giro *m*, vacanza *f*, gita *f*

Reise *f*/abgebrochene viaggio *m* interrotto

Reiseabonnement *n* sottoscrizione *f* del viaggio

Reiseabbruch *m* interruzione *f* di un viaggio

Reiseagentur *f* agenzia *f* di viaggi

Reiseanalyse *f* (Abk.: RA) analisi *f* di viaggio ("RA" è un'indagine di mercato rappresentativa che descrive il comportamento dei turisti tedeschi, le loro attitudini di viaggio, le motivazioni e i loro interessi)

Reiseandenken *n* ricordo *m* di viaggio, souvenir *m*

Reiseanmeldung *f* prenotazione *f* di un viaggio

Reiseapotheke *f* farmacia *f* portatile, cassetta *f* di pronto soccorso

Reiseassistent(in) *m(f)* assistente *m(f)* turistico

Reiseaufkommen *n* volume *m* dei viaggi

Reiseausfallkosten-Versicherung *f* assicurazione *f* per il rimborso delle spese di viaggio e l'indennità di trasferta

Reiseausgaben *fpl* spese *fpl* di viaggio, costi *mpl* di viaggio

Reisebank *f* cambio *m*, banca *f* di cambio

Reisebarometer *n* barometro *m* turistico (analisi di mercato realizzata dall'Istituto di Scienze Turistiche Tedesco allo scopo di studiare gli sviluppi turistici della ex Germania dell'Est)

Reisebedarf *m* occorrente *m* di viaggio (beni di necessità per il viaggio)

Reisebedingungen *fpl* condizioni *fpl* di viaggio

Reisebeginn *m* inizio *m* del viaggio

Reisebegleiter *m* accompagnatore *m*, assistente *m* turistico, compagno *m* di viaggio

Reisebegleiterin *f* accompagnatrice *f*, assistente *f* turistica, compagna *f* di viaggio

Reisebeilage *f* allegato *m* fuori catalogo

Reiseberater(in) *m(f)* consulente *m(f)* di viaggio

Reisebestätigung *f* conferma *f* del viaggio

Reisebetreiber *m* gestore *m* turistico

Reisebiographie *f* biografia *f* di viaggio (progetto di ricerca turistica)

Reisebranche *f* industria *f* turistica, mercato *m* turistico

Reisebuchung *f* online prenotazione *f* in rete (online)

Reisebüro *n* agenzia *f* di viaggi

Reisebüro *n*/elektronisches agenzia *f* di viaggi elettronica

Reisebüro *n*/touristisches agenzia *f* turistica di viaggi

reisebüroähnliche Stelle *f* agenzia *f* ufficiosa di viaggi

Reisebüro-Bahn-Beirat *m* der DB-Agenturen (Abk.: RBB) comitato *m* consultivo delle agenzie di viaggi e dei servizi ferroviari delle Agenzie delle Ferrovie Tedesche

Reisebürobeirat *m* comitato *m* consultivo delle agenzie di viaggi

Reisebürofachkraft *f* personale *m* qualificato d'agenzia di viaggi

Reisebürokette *f* catena *f* di agenzie di viaggi

Reisebürokooperation *f* cooperazione *f* tra le agenzie di viaggi

Reisebürospiegel *m* indagine *f* mensile sulle agenzie di viaggi tedesche

Reisebürostammtisch *m* riunione *f* periodica degli agenti di viaggio

Reisebürostudie *f* indagine *f* sulle agenzie di viaggi

Reisebüroverordnung *f* ordinanza *f* disciplinare delle attività delle agenzie di viaggi

Reisebus *m* autobus *m* turistico

Reisebusfahrer *m* conducente *m* di autobus turistici

Reisedauer *f* durata *f* del viaggio

Reisedevisenfonds *m* fondo *m* monetario per gli scambi internazionali

Reisedienst *m* servizio *m* viaggi

Reisedokument *n* documento *m* di viaggio

Reiseende *n* fine *f* del viaggio

Reiseentscheidung *f* decisione *f* di fare un viaggio

Reise-Erlebniscenter *n* centro *m* viaggi d'avventura della "World of TUI" di Berlino

Reisefehler *m* difformità *f* dei servizi turistici

Reisefieber *n* febbre *f* della partenza

Reiseflughöhe *f* altitudine *f* di crociera

Reiseführer *m* guida *f* turistica *(persona)*; guida *f* turistica *(libro)*

Reisegepäck *n* bagaglio *m*

Reisegepäckversicherung *f* assicurazione *f* bagagli

Reisegeschwindigkeit *f* velocità *f* di crociera

Reisegruppe *f* gruppo *m* di viaggio, comitiva *f* di viaggio

Reisegutschein *m* buono *m* di viaggio, coupon *m* di viaggio, voucher *m* di viaggio

Reisehandbuch *n* manuale *m* turistico, guida *f* turistica *(libro)*

Reisehäufigkeit *f* frequenza *f* dei viaggi, periodicità *f* dei viaggi

Reisehaftpflichtversicherung *f* assicurazione *f* della responsabilità civile verso terzi

Reiseinformationssystem *n* sistema *m* informazione viaggi

Reiseintensität *f* intensità *f* del viaggio

Reisejournalismus *m* giornalismo *m* turistico

Reisekatalog *m* catalogo *m* di viaggi

Reiseklima-Indikator *m* indicatore *m* del mercato turistico

Reisekosten *pl* spese *fpl* di viaggio, costi *mpl* di viaggio

Reisekostenabrechnung *f (Abk.: RKA)* conteggio *m* finale delle spese di viaggio

Reisekostenerstattung *f* risarcimento *m* delle spese di viaggio

Reisekostenkontrolle *f* controllo *m* delle spese di viaggio

Reisekostensoftware *f* software *m* per il calcolo dei costi di viaggio

Reisekostenvergütung *f* rimborso *m* delle spese di viaggio

Reisekostenvorschuss *m* anticipo *m* sulle spese di viaggio

Reisekostenzuschuss *m* contributo *m* per le spese di viaggio

Reisekrankenversicherung *f* assicurazione *f* sanitaria per le malattie contratte in viaggio

Reisekrankheit *f* malattia *f* contratta in viaggio, chinetosi *f*

Reiseländer *npl* destinazioni *fpl* turistiche

Reiseländerinformation *f* informazione *f* generale sulle destinazioni turistiche

Reiseleistung *f* prestazione *f* turistica

Reiseleiter *m* **am Aufenthaltsort** guida *f* turistica locale

Reiseleiter *m* guida *m* turistica, accompagnatore *m* turistico

Reiseleiterin *f* guida *f* turistica, accompagnatrice *f* turistica

Reiseleiter-Zertifikat *n* attestato *m* di abilitazione alla professione di guida turistica

Reiseleitung *f* amministrazione *f* viaggi *(attività)*; guida *f* turistica *(persona)*

Reiselektüre *f* letteratura *f* sui luoghi di vacanza, lettura *f* per la vacanza

Reiselust *f* voglia *f* di viaggiare

Reisemanagement *n* gestione *f* dei viaggi, gestione *f* amministrativa dei servizi turistici

Reisemanagementsystem *n* sistema *m* di gestione viaggi

Reisemangel *m* inadempimento *m* delle prestazioni oggetto del pacchetto turistico

Reisemarkt *m* mercato *m* turistico

Reisemesse *f* fiera *f* turistica

Reisemittel *n* budget *m* di viaggio

Reisemittler *m* agente *m* di viaggio

Reisemobil *n* caravan *m*

Reisen *n* **bildet** viaggiare *m* insegna

Reisendenwechsel *m* modifica *f* del nominativo del passeggero, sostituzione *f* del passeggero

Reisenebenkosten *pl* spese *fpl* accessorie di viaggio

Reisepass *m* passaporto *m*

Reisepassnummer *f* numero *m* di passaporto

Reiseplan *m* itinerario *m* turistico

Reiseplaner *m* pianificatore *m* di viaggio

Reiseplanung *f* programmazione *f* del viaggio

Reisepolice *f* polizza *f* viaggio

Reisepreis *m* costo *m* del viaggio

Reisepreis-Sicherung *f* preservazione *f* del costo del viaggio

Reiserecht *n* legge *f* sulla regolamentazione dei viaggi

reiserechtliche Haftpflicht *f* regime *m* di responsabilità degli operatori turistici
Reiserichtlinie *f* normativa *f* di riferimento dei contratti turistici
Reiseroute *f* rotta *f* turistica, itinerario *m* turistico
Reiserücktrittskostenversicherung *f* assicurazione *f* contro le spese di annullamento del viaggio
Reiseruf *m* chiamata *f* radiofonica personale, avviso *m* radiofonico personale
Reisescheck *m* assegno *m* turistico *(traveller's cheque)*
Reisesicherheit *f* sicurezza *f* del viaggio
Reisespesen *pl* spese *fpl* di viaggio
Reisesteckbrief *m* segnalazione *f* dei dati principali del viaggio
Reisestelle *f* dipartimento *m* viaggi in un'impresa
Reisetasche *f* borsa *f* di viaggio
Reiseteil *m* **bei Zeitungen** rubrica *f* viaggi nelle riviste
Reise- und Freizeitportal *n* portale *m* del turismo e del tempo libero
Reiseunfähigkeit *f* incapacità *f* di viaggiare
Reiseunfallversicherung *f* polizza *f* assicurativa contro gli infortuni in viaggio
Reiseunterbrechung *f* interruzione *f* di un viaggio
Reiseunterlage *f* documento *m* di viaggio
Reiseunternehmen *n* azienda *f* turistica, impresa *f* turistica
Reiseveranstalter *m* organizzatore *m* turistico, operatore *m* turistico
Reiseveranstaltermarkt *m* mercato *m* degli operatori turistici
Reiseveranstalterrisiko *n* rischio *m* degli operatori turistici
Reiseverbot *n* divieto *m* di viaggiare
Reiseverhalten *n* condotta *f* di viaggio
Reiseverkaufsfernsehen *n* stazione *f* di televendita di viaggi
Reiseverkehrsbilanz *f* bilancio *m* del traffico turistico
Reiseverkehrskauffrau *f* operatrice *f* di viaggio qualificata
Reiseverkehrskaufmann *m* operatore *m* di viaggio qualificato
Reiseverkehrsmittelnutzung *f* utilizzazione *f* dei trasporti pubblici e privati
Reiseverlauf *m* itinerario *m* turistico
Reisevermittlung *f* agenzia *f* di viaggio

Reiseversicherung *f* assicurazione *f* di viaggio
Reisevertrag *m* contratto *m* di viaggio
Reisevertragsrecht *n* normativa *f* sui contratti di viaggio
Reisevorfinanzierung *f* finanziamento *m* anticipato del viaggio
Reisewarnung *f* avviso *m* di partenza
Reiseweg *m* itinerario *m* turistico, percorso *m* turistico
Reisewegänderung *f* cambiamento *m* di percorso
Reisezahlungsmittel *npl* mezzi *mpl* di pagamento del viaggio
Reisezeit *f* stagione *f* turistica
Reiseziel *n* meta *f* turistica
Reisezug *m* treno *m* turistico
Reisezug-Fahrplankonferenz *f* conferenza *f* sugli orari ferroviari
Reisezweck *m* scopo *m* del viaggio
Reklamation *f* reclamo *m*
religionsbedingter Tourismus *m* turismo *m* religioso
Renaissance *f* rinascimento *m*
Rendite *f* rendita *f*
Rentabilität *f* redditività *f*, margine *m* di guadagno
Repräsentationsauslagen *fpl* spese *fpl* di rappresentanza
Reservat *n* riserva *f*
Reservierung *f* prenotazione *f*
Reservierungsbestätigung *f* conferma *f* di prenotazione
Reservierungsgebühr *f* tassa *f* di prenotazione
Reservierungsleiter(in) *m(f)* responsabile *m(f)* delle prenotazioni
Reservierungssystem *n* sistema *m* di prenotazione
Reservierungssystem *n*/**computergestütztes** sistema *m* di prenotazione computerizzato
Reservierungssystem *n*/**hauseigenes** sistema *m* di prenotazione privato
Reservierungsterminal *n* terminale *m* per le prenotazioni
Resolution *f* risoluzione *f*
Restaurant *n* ristorante *m*
Restaurantdirektor *m* direttore *m* di sala
Restaurantfachfrau *f* esperta *f* dei servizi di ristorazione
Restaurantfachmann *m* esperto *m* dei servizi di ristorazione

Restaurantpersonal *n* personale *m* di sala
Restmeilen *fpl* miglia *fpl* restanti
Restplatzbörse *f* borsa *f* dei voli last-minute
Rettungsboot *n* barca *f* di salvataggio
Rettungsflug *m* volo *m* di salvataggio
Revier *n* sezione *f*, distretto *m*, area *f*
Revierfahrt *f* zona *f* di pilotaggio per le manovre di atterraggio
Rezeption *f* ricezione *f (reception)*
Rezession *f* recessione *f*
Rhein-Werbegemeinschaft *f* cooperativa *f* di mercato della regione del Reno
Richtlinie *f (Abk.: RL)* direttiva *f*, norma *f*
Richtungscode *m* indicatore *m* di direzione, codice *m* di condotta
Risiko *n* **der Nichtbeförderung** rischio *m* di mancata spedizione, rischio *m* di mancato trasporto
Risikoaufschlag *m* entità *f* di risarcimento per rischi non sostenibili
Risikoperson *f* persona *f* a rischio, assicurato *m*
Risikoübernahme *f* accettazione *f* di un rischio
Rokoko *m* rococò *m*
Rollbahn *f* pista *f (di decollo, di atterraggio, di scivolo o di rullaggio)*
Rollbahn *f* **zur Startposition** posizione *f* di partenza sulla pista decollo
Rollfeld *n* pista *f*
Romanische Kunst *f* arte *f* romanza
Romantische Straße *f* Strada *f* Romantica *(itinerario turistico in Germania)*
römisch-irisches Bad *n* bagno *m* romano-irlandese *(bagno totale di aria riscaldata o bagno di vapore caldo a temperatura graduata; Heißluft-Ganzschwitzbad mit abgestuften Lufttemperaturen)*
Ro-Ro-Fähre *f* traghetto *m* "roll-on/roll-off", traghetto *m* a caricamento orizzontale
Rotes Lager *n* Rotes Lager: campo *m* rosso *(recente processo di concentrazione e riorganizzazione dell'Industria del Turismo Tedesca ed Europea, nel quale il così chiamato "campo rosso" è formato dalla Hapag Lloyd, Thomson Travel e dalla TUI Group e il "campo giallo" dalla Karstadt concern, Lufthansa e Thomas Cook)*
Route *m*/**touristische** rotta *f* turistica
Routenplaner *m* progettista *m* di percorso
Rückantwortkarte *f* lettera *f* di risposta

Rückbeförderung *f* rimpatrio *m*
Rückerstattung *f* rimborso *m*
Rückfahrkarte *f* biglietto *m* di andata e ritorno
Rückflug *m* volo *m* di ritorno
Rückflugbestätigung *f* conferma *f* del volo di ritorno
Rückgang *m* **des Schadstoffausstoßes** diminuzione *f* dell'emissione di agenti inquinanti
Rückholservice *m* servizio *m* di rimpatrio, servizio *m* di recupero
Rückinformation *f* informazione *f* di ritorno *(feedback)*
Rückkehr *f* ritorno *m*
Rücklage *f* fondo *m* di riserva
Rückreise *f* viaggio *m* di ritorno
Rückreise *f*/**vorzeitige** viaggio *m* di ritorno prematuro
Rückreiseversicherung *f* assicurazione *f* contro le spese di annullamento viaggio in caso di interruzione
Rucksack *m* sacchetto *m*, zaino *m*
Rucksackreise *f* viaggio *m* con zaino
Rucksack-Reisende *mpl* viaggiatori *mpl* con lo zaino
Rückstellung *f* riserva *f*
Rücktransportkosten *pl* costi *mpl* di rimpatrio
Rücktritt *m* **von Reisebuchung** cancellazione *f* della prenotazione del viaggio
Rücktrittskosten *pl* spese *fpl* di annullamento, penalità *fpl* di annullamento
Rückvergütung *f* rimborso *m*
Rückversicherung *f* riassicurazione *f*
Ruderboot *n* barca *f* a remi
Rufpassage *f* accredito *m* di un biglietto pagato da terzi *(sponsor)*
Rügeobliegenheit *f* obbligo *m* di notifica dei difetti
Ruhe *f* riposo *m* pomeridiano
Ruheraum *m* sala *f* di riposo, area *f* di riposo
Ruhezone *f* zona *f* di riposo
Rundblick *m* panorama *m*
Rundfahrt *f* giro *m* turistico, gita *f* panoramica
Rundfahrt *f* **mit geschlossenen Türen** giro *m* turistico a porte chiuse
Rundflug *m* giro *m* in aereo, volo *m* di diporto
Rundgang *m* giro *m* a piedi
Rundreise *f* giro *m* turistico, gita *f*, viaggio *m*

Rundreisecoupon *m* voucher *m* per un giro turistico
Rundreisefahrkarte *f* biglietto *m* circolare
Rundreiseleiter *m* accompagnatore *m* turistico

S

Sabbat *m* sabato *m*, Sabbat *m*
Sachprämie *f* premio *m* materiale
Sachschaden *m* danno *m* materiale
Sachverständigenbeirat *m* comitato *m* consultivo di esperti
Safari-Schlafzelt *n* tenda *f* da campeggio per safari
Saison *f* stagione *f*
Saisonarbeitskraft *f* lavoratore *m* stagionale
Saisonbetrieb *m* stabilimento *m* stagionale, impianto *m* stagionale
Saisonhotellerie *f* settore *m* alberghiero stagionale
Saisonkarte *f* abbonamento *m* stagionale *(entrata, biglietto)*; menu *m* stagionale *(carta)*
Saisonverlängerung *f* prolungamento *m* della stagione turistica
Salon-Speisewagen *m* salone *m* della carrozza ristorante
Sammelfahrschein *m* biglietto *m* cumulativo, biglietto *m* collettivo
Sammelpunkt *m* punto *m* d'incontro
Sammelvisum *n* visto *m* collettivo
Sanatorium *n* sanatorio *m*
Sandstrand *m* spiaggia *f* sabbiosa
sanfter Tourismus *m* turismo *m* sostenibile, ecoturismo *m*
Sanierungskonzept *n* concetto *m* di risanamento
Satellitensystem *n* **Tourismus** sistema *m* turistico satellitare
Sauberkeits- und Hygienekontrolle *f* attività *f* di monitoraggio e di controllo sullo stato di pulizia e igiene
Sauna *f* sauna *f*
Sauna-Landschaft *f* complesso *m* sauna
saurer Regen *m* pioggia *f* acida
S-Bahn *f* metropolitana *f* scoperta
Schadenersatz *m* risarcimento *m* danni

Schadenersatzanspruch *m* diritto *m* all'indennizzo
Schadenersatzklage *f* citazione *f* per risarcimento danni
Schadensanzeige *f* notificazione *f* di danno
Schadenshaftung *f* obbligo *m* di risarcimento
Schadensregulierung *f* liquidazione *f* dei danni
Schäre *f* scoglio *m*, faraglione *m*
Schaffner(in) *m(f)* bigliettaio(-a) *m(f)*, controllore *m*
Schallmauer *f* muro *m* del suono
Schalter *m* sportello *m* *(hotel, agenzia)*
Schankerlaubnis *f* licenza *f* per la vendita e la somministrazione di alcolici
Schattenwirtschaft *f* economia *f* clandestina, economia *f* occulta
Schaufelraddampfer *m* piroscafo *m* a ruote, piroscafo *m* a pale
Schauplatz *m* scena *f*, luogo *m*, teatro *m*
Scheckkartengarantie *f* garanzia *f* sulla carta assegni
Scheinbuchung *f* prenotazione *f* fittizia
Scheinvoucher *m* buono *m* fittizio, voucher *m* fittizio
Schengener Abkommen *n* Accordo *m* di Schengen
Schiedsgericht *n* tribunale *m* arbitrale, corte *f* arbitrale
Schiedsgerichtsverfahren *n* procedimento *m* arbitrale
Schienenkreuzfahrt *f* crociera *f* in treno
Schienenverkehr *m* traffico *m* ferroviario
Schiff *n* nave *f*, barca *f*
Schifffahrt *f* navigazione *f*
Schifffahrt-Konferenz *f* conferenza *f* nautica
Schifffahrtsgesellschaft *f* compagnia *f* navale, compagnia *f* marittima
Schifffahrtskauffrau *f* operatrice *f* marittima qualificata
Schifffahrtskaufmann *m* operatore *m* marittimo qualificato
Schifffahrtsverkehr *m* traffico *m* marittimo
Schiffsanlegestelle *f* banchina *f*, molo *m*, approdo *m* per navi
Schiffsbeförderungsrecht *m* legge *f* sulla regolamentazione del trasporto marittimo di passeggeri
Schiffsbesetzungs- und Ausbildungsordnung *f (Abk.: SBAO)* normativa *f*

tedesca sulla determinazione del totale dell'equipaggio a bordo e sulla regolamentazione dell'apprendistato

Schiffsdeck *n* ponte *m* di coperta, pontile *m*

Schiffsfahrschein *m* biglietto *m* d'imbarco *(nave)*

Schiffsmanifest *n* elenco *m* dei passeggeri a bordo, manifesto *m* di carico

Schiffspassage *f* transito *m* in nave, viaggio *m* in nave

Schiffsregister *n* registro *m* di bordo, registro *m* di flotta

Schiffsreise *f* crociera *f*

Schiffstagebuch *n* diario *m* di bordo, giornale *m* di bordo

Schiffstaufe *f* battesimo *m* di una nave

Schirmherrschaft *f* patrocinio *m*

Schlafsaal *m* dormitorio *m*

Schlafsitz *m* sedile-letto *m*

Schlafwagen *m* vagone *m* letto, carrozza *f* letto, autobus *m* con cuccette

Schlafwagenabteil *n* scompartimento *m* vagone letto

Schlafwagenschaffner *m* controllore *m* del vagone letto

Schlafzimmer *n* stanza *f* da letto

Schlammbad *n* bagno *m* di fango

Schlauchbootfahrt *f* giro *m* in canotto pneumatico

Schlepper *m* rimorchiatore *m*, chiatta *f* da rimorchio

Schlepplift *m* sciovia *f (skilift)*

Schleuse *f* chiusa *f*

Schlichtungsrunde *f* bei Tarifauseinandersetzungen collegio *m* arbitrale per la determinazione delle tariffe

Schlosshotel *n* albergo *m* castello

Schlüsselrolle *f* ruolo *m* chiave

Schlusstermin *m* für Anmeldungen termine *m* ultimo di registrazione

Schmalspurbahn *f* ferrovia *f* a scartamento ridotto

Schmiergeld *n* moneta *f* corrotta, denaro *m* corrotto

Schneekanone *f* innevatore *m*

Schneeketten *fpl* catene *fpl* da neve

Schnellbahnnetz *n* rete *f* ferroviaria ad alta velocità

Schnellbus *m* autobus *m* espresso, autobus *m* accelerato

Schnellfähre *f* traghetto *m* veloce

Schnellschiff *n* nave *f* veloce

Schnellstraße *f* autostrada *f*, strada *f* a scorrimento veloce

Schnellzug *m* treno *m* veloce, treno *m* espresso

Schnitzeljagd *f* caccia *f* alla carta *(autore del gergo turistico, Braunschweig)*

Schnupperwoche *f* settimana *f* di prova

Schönheitsfarm *f* istituto *m* di bellezza

schrittweise inoffizielle Eröffnung *f* eines Hotels apertura *f* non ufficiale graduale di un albergo

Schuldner *m* debitore *m*, accreditato *m*

Schulfahrt *f* gita *f* scolastica

Schulferienregelung *f* regolamentazione *f* delle vacanze scolastiche

schulische Berufsausbildung *f* formazione *f* professionale scolastica

Schulungsangebot *n* offerta *f* dei corsi di formazione

Schulungshotel *m* formazione *f* alberghiera

Schulungsmaßnahme *f* misura *f* di provvedimento scolastica

Schutzimpfung *f* vaccinazione *f* preventiva

Schwarzes Brett *n* lavagna *f*, bacheca *f*

Schwarzgastronomie *f* servizio *m* gastronomico illegale, gastronomia *f* abusiva

Schwarztouristik *f* turismo *m* illegale

Schwestergesellschaft *f* compagnia *f* affiliata, consorella *f*

Schwimmbad *n* piscina *f*

schwimmendes Hotel *n* albergo *m* galleggiante

Schwimmweste *f* giubbetto *m* di salvataggio

Seebad *n* stabilimento *m* balneare

Seegang *m* moto *m* ondoso

Seeheilbad *n* stabilimento *m* di cura balneare

Seekrankheit *f* mal *m* di mare

Seemannsgarn *n* racconto *m* d'avventure di mare, storia *f* d'avventure di mare

Seemeile *f* miglio *m* marino

Seenotrettungsübung *f* esercitazione *f* di salvataggio in mare

Seepassage *f* transito *m* oceanico, passaggio *m* oceanico

Seerechtsänderungsgesetz *n*/**Zweites** secondo emendamento *m* del diritto marittimo

Seerechtskonferenz *f* conferenza *f* sul
diritto marittimo
Seereise *f* crociera *f*, viaggio *m* in nave
Seereisenveranstalter *m* organizzatore
m di crociere
Seeschifffahrtsorganisation *f* organiz-
zazione *f* della navigazione marittima
Seetouristik *f* turismo *m* marittimo
Segelboot *n* barca *f* a vela, veliero *m*
Segelschiff *n* nave *f* a vela
Segelyacht *f* panfilo *m* a vela, yacht *m* a
vela
Sehenswürdigkeit *f* attrazione *f* turistica,
panorama *m*, località *f* di notevole inte-
resse
Seilbahn *f* funivia *f*, funicolare *f*
Seilschwebebahn *f* teleferica *f*, funivia *f*
Sektor *m*/**primärer** settore *m* primario
Sektor *m*/**sekundärer** settore *m* secon-
dario
Sektor *m*/**tertiärer** settore *m* terziario
sekundärer Sektor *m* settore *m* secon-
dario
Sekundenschlaf *m* colpo *m* di sonno
Selbstabhilfe *f* rimedio *m* personale
Selbstbedienungsrestaurant *n* risto-
rante *m* self-service
Selbstbedienungsterminal *n* terminale
m self-service
Selbstbehalt *m* partecipazione *f* dell'i-
scritto alle spese, franchigia *f*
Selbstdeklarierung *f* autodichiarazione *f*
Selbstfahrer *m* automobilista *m*, condu-
cente *m* della propria auto o di un auto
noleggiata senza autista
Selbstkostenpreis *m* prezzo *m* di costo
Selbstvermarktung *f* promozione *f*
diretta
Selbstverpflegung *f* pasto *m* self-service
Selbstverpflichtung *f* impegno *m* volon-
tario
Seminar *n* seminario *m*
Seniorenreise *f* viaggio *m* per gli anziani
Seniorentarif *m* tariffa *f* anziani
Seniorenzielgruppe *f* popolazione *f*
target di anziani
Senior-Experten-Service *m* (AbK.: SES)
Volontari Seniores Professionali, V.S.P.
*(organizzazione tedesca non lucrativa di
professionisti in pensione che offre corsi
di formazione professionale, di aggiornamento e di qualificazione per specialisti e dirigenti sia in Germania che
all'estero)*

serielle Schnittstelle *f* interfaccia *f*
seriale
Service-Gebühr *f* supplemento *m*
Servicepersonal *n* **auf Passagierflug-
zeugen** personale *m* di servizio di volo
Sessellift *m* seggiovia *f*
Sextant *m* sestante *m*
Sextourismus *m* turismo *m* sessuale
Sicherheitsbeamte *m* agente *m* di
sicurezza
Sicherheitscheck *m* controllo *m* di
sicurezza
Sicherheitsdienst *m*/**privater** servizio *m*
di sicurezza privato
Sicherheitsgebühr *f* tassa *f* per la
sicurezza *(legale, fiscale)*
Sicherheitsgurt *m* cintura *f* di sicurezza
Sicherheitskontrolle *f* controllo *m* di
sicurezza
Sicherheitsstandards *mpl* **in der
Luftfahrt** standards *mpl* di sicurezza
aerea
Sicherheitstraining *n* corso *m* di adde-
stramento alla sicurezza, corso *m* di
salvataggio
Sicherheitsübung *f* esercitazione *f* alla
sicurezza
Sicherheitsvorkehrung *f* misura *f*
preventiva di sicurezza
Sicherheitsvorschrift *f* regolamento *m*
di sicurezza
Sicherheitszuschlag *m* soprattassa *f* per
la sicurezza
Sicherungsschein *m* polizza *f* contro le
indennità d'insolvenza
Sichtvermerk *m* visto *m*, girata *f* *(comm.)*
Signatur *f*/**elektronische** firma *f* elettro-
nica
Signaturgesetz *n* legge *f* sulla firma
Simultanübersetzung *f* traduzione *f*
simultanea
Sitzabstand *m* distanza *f* tra i sedili
Sitzladefaktor *m* fattore *m* di portata dei
posti a sedere
Sitzmeile *f* posto-miglio *m*
Sitzplan *m* piano *m* dei posti a sedere,
mappa *f* dei posti a sedere
Sitzplantafel *f* tavola *f* del piano dei posti
a sedere
Sitzplatz *m* posto *m* a sedere
Sitzplatz *m*/**freier** posto *m* libero
Sitzplatzkapazität *f* capacità *f* dei posti a
sedere
Sitzplatznummer *f* numero *m* di posto

Sitzplatzreservierung f prenotazione f del posto a sedere

Sitzreihenanordnung f platea f

Sitzung f conferenza f, udienza f, seduta f

Skigebiet n regione f sciistica, area f sciistica

Skipass m tesserino m di risalita per impianti sciistici *(ski-pass)*

Skipper-Risiko n assicurazione f contro il rischio di annullamento viaggio per errore o imperizia dello skipper *(clausola vessatoria o di responsabilità civile di bordo)*

Skischlepplift m sciovia f

Skitagespass m ski-pass m giornaliero

Skiurlaub m vacanza f sciistica

Skizirkus m circo m sugli sci, circuito m sciistico

Skonto n sconto m

Slotvergabe f concessione f di slots

Snackbar f tavola f calda

Soforthilfe-Versicherung f mit 24h-Notruf-Service assicurazione f sanitaria di pronto soccorso 24 ore su 24

Sofortmaßnahme f procedura f d'emergenza, misura f d'emergenza

Solarium n solario m

Solidarhilfeabkommen n accordo m per l'assistenza di turisti in caso di emergenza *(v. Fondo di Garanzia)*

Sommelier m sommelier m

Sommerfahrplan m orario m estivo

Sommerferien pl vacanze fpl estive

Sommerfrische f villeggiatura f, luogo m di villeggiatura estivo

Sommersaison f stagione f estiva

Sommerzeit f ora f estiva, ora f legale

Sonderfahrt f viaggio m speciale, gita f speciale, giro m particolare

Sonderform f des Linienverkehrs forma f speciale del traffico di linea

Sondertarif m tariffa f speciale

Sonderwirtschaftszone f zona f economica speciale *(e.g. ex regioni della Germania dell' est)*

Sonderzug m treno m speciale

Sonnenbrand m scottatura f solare

Sonnenbrille f occhiali mpl da sole

Sonnendeck n ponte m tenda *(ponte sopra quello di coperta per proteggere dal sole e dalla pioggia)*; ponte m sole

Sonnenschirm m ombrellino m parasole, ombrellone m

Sonnenschutz m protezione f solare

Sonntag m/autofreier domenica f senz'auto

Sonntagsausflug m gita f domenicale

Sonn- und Feiertagsvergütung f compenso m per il lavoro straordinario nei giorni festivi e di domenica

sonstige Buchungsstelle f ulteriore agenzia f di prenotazione viaggi

Sorten fpl valute fpl estere

Sortiment n assortimento m, gamma f di prodotti

Sortimentsgestaltung f composizione f dell'assortimento

Sozialtourismus m turismo m sociale

sozialverantwortlicher Tourismus m turismo m socialmente responsabile

Sozialversicherung f assicurazione f sociale

Sozialversicherungsbeitrag m contributo m della previdenza sociale

Sozialvorschrift f im Straßenverkehr regolamento m viario per imporre il flusso e la sicurezza del traffico stradale

soziodemographisches Zielgruppenmerkmal n caratteristica f socio demografica del gruppo target

Spanne f margine m

Sparpreis m prezzo m economico

Sparprogramm n programma m di risparmio, programma m di sgravio

Spaßbad n piscina f ricreativa

Spaßgesellschaft f società f orientata al divertimento

Spazierfahrt f gita f, giro m di piacere

Speicherkarte f carta f smart *(memory card)*

Speisesaal m sala f da pranzo

Speisewagen m vagone m ristorante

sperriges Gepäck n bagaglio m ingombrante, bagaglio m voluminoso

Spesen pl spese fpl di viaggio, costi mpl di viaggio

Spezialbüro n für Schiffsreisenverkauf agenzia f di viaggio specializzata nella vendita di crociere

Spezialreiseveranstalter m organizzatore m di viaggi specializzato

Spezialsortiment n assortimento m speciale

Spezialveranstalter m organizzatore m turistico specializzato

Spielkasino n casinò m

Spitzenverkehr m traffico m dell'ora di punta

Spontanreisende *m* viaggiatore *m* spontaneo, passeggero *m* dell'ultimo minuto

Sport *m* **im Urlaub** sport *m* durante le vacanze

Sporteinrichtung *f* impianto *m* sportivo, infrastruttura *f* sportiva

Sportgepäck *n* attrezzatura *f* sportiva, borsa *f* sportiva

Sportgerät *n* attrezzo *m* sportivo

Sport-Spezialreisen-Veranstalter *m* organizzatore *m* turistico specializzato in vacanze sportive

Sportstation *f* **für Winterferien** infrastruttura *f* sportiva per vacanze invernali, stazione *f* turistica per sport invernali

Sporttourismus *m* turismo *m* sportivo

Sport-Urlaubsreise *f* vacanza *f* sportiva, viaggio *m* sportivo

Sportveranstaltung *f* evento *m* sportivo

Sprachdialogsystem *n* sistema *m* di linguaggio dialogale

Sprachführer *m* manuale *m* di conversazione

Sprachreise *f* viaggio *m* linguistico

staatliches Hoheitsgebiet *n* territorio *m* sovrano nazionale

Staatsangehörigkeit *f* nazionalità *f*, cittadinanza *f*

Staatsbäder *npl* terme *fpl* statali

Staatsbürgerschaft *f* cittadinanza *f*, nazionalità *f*

Staatshaftung *f* responsabilità *f* pubblica

Staatsquote *f* quota *f* statale, quota *f* pubblica

Staatszugehörigkeitskennzeichen *n* targa *f* nazionale, targa *f* di identificazione nazionale

Stabilisator *m* stabilizzatore *m*

Stadtbilderklärer *m* guida *f* turistica *(termine usato nell'ex Germania dell'Est)*

Stadtbus *m* autobus *m* di città

Städte-Forum *n* **Niedersachsen** associazione *f* delle città e delle località turistiche della Bassa Sassonia

Städte-Information *f* ufficio *m* informazioni turistiche nelle città dell'ex Germania dell'Est *(come il centro informazione di Freiberg)*

Städtekooperation *f* cooperazione *f* tra città

Städtepartnerschaft *f* gemellaggio *m* di città

Städtereise *f* gita *f* in città, giro *m* della città

Städtewerbegemeinschaft *f* libero accordo *m* di marketing tra città

Stadtführer *m* guida *f* della città *(libro)*

Stadtführung *f* visita *f* guidata della città

Stadtführung *f* **per Handy** visita *f* della città a piedi guidata con telefono cellulare

Stadtrundfahrt *f* giro *m* turistico della città

Stadt-Schnellbahn *f* metropolitana *f* suburbana

Stadtzentrum *n* centro *m* città, centro *m* storico

Stammdaten *pl* dati *mpl* generali, dati *mpl* ordinari

Stammdatenverwaltung *f* amministrazione *f* dei dati generali

Stammtisch *m* **Reisebüro** riunione *f* periodica degli agenti di viaggio

Standardisierung *f* **von technischen Normen** standardizzazione *f* delle norme tecniche

Standardlinienbus *m* *(Abk.: Stlb)* autobus *m* di linea ordinario

Standardpassagierflugschein *m* biglietto *m* aereo ordinario

Standardüberlandlinienbus *m* *(Abk.: Stülb)* autobus *m* di linea interurbana ordinario

Standardverkehrsdokument *n* documento *m* di circolazione ordinario

Standortfaktor *m* fattore *m* di localizzazione

Standseilbahn *f* funicolare *f*, funivia *f*

Stapellauf *m* varo *m* *(naut.)*; lancio *m*

Stärken-Schwächen-Profil *n* profilo *m* delle forze e delle debolezze

Starkwindbänder *npl* correnti *fpl* a getto molto forti

Starrluftschiff *n* aeronave *f*, dirigibile *m*

Startbahn *f* pista *f* di decollo

Starterlaubnis *f* **eines Flugzeuges** permesso *m* di decollo

Start- und Landezeiten *fpl* tempi *mpl* di decollo e di atterraggio

Startzeit *f* orario *m* di decollo, orario *m* di partenza

stationäre Vorsorge *f* misura *f* di prevenzione clinica stazionaria

Stätten *fpl* **der Reformation** luoghi *mpl* della Riforma

Statusmeile *f* stato *m* delle miglia accumulate

Stauprognose *f* prognosi *f* d'ingorgo, previsione *f* di traffico

Stauung *f* ingorgo *m*, ristagno *m*, congestione *f*

Stauung *f* **von Schiffen im Hafen** congestione *f* portuale

Stauung *f* **von Zügen im Bahnhof** congestione *f* ferroviaria

Stecker *m* spina *f*

Stelle *f***/reisebüroähnliche** agenzia *f* ufficiosa di viaggi

Stellenabbau *m* **Personal** riduzione *f* del personale, riduzione *f* dei posti di lavoro

Stellenmarkt *m* mercato *m* del lavoro

Sternfahrt *f* rally *m* (auto, moto)

Steuer *f* tassa *f*, imposta *f*

Steuerbord *n* tribordo *m*

steuerlicher Vorteil *m* vantaggio *m* fiscale, agevolazione *f* fiscale

Steward *m* assistente *m* di bordo, steward *m*

Stewardess *f* assistente *f* di bordo, hostess *f*

Stiftung *f* **Naturschutz** Fondazione *f* per la Protezione della Natura

Stille Gesellschaft *f* società *f* inattiva, società *f* occulta

Stornierung *f* cancellazione *f*, annullamento *m*, storno *m*

Storno *n* storno *m*

Stornobedingung *f* clausola *f* di annullamento

Stornogebühr *f* tassa *f* di cancellazione

Stornokosten *pl* spese *fpl* di annullamento, costi *mpl* di storno

Stornokosten-Schutz *m* copertura *f* delle spese di annullamento (polizza di annullamento viaggio in caso di impossibilità di partenza, di modifica o interruzione del viaggio)

Stornokostenstaffel *f* tabella *f* delle tariffe di annullamento

Stornopauschale *f* polizza *f* che include le spese di annullamento

Stornowelle *f* cancellazione *f* di massa

Strand *m* spiaggia *f*

Strandbad *n* stabilimento *m* balneare, lido *m*

Strandbenutzungsgebühr *f* somma *f* da pagare per l'utilizzo della spiaggia

Strandentfernung *f* distanza *f* dalla spiaggia

Strandhotel *n* albergo *m* sulla spiaggia

Strandkorb *m* capanno *m* da spiaggia

Strandlage *f* situazione *f* della spiaggia, posizione *f* della spiaggia

Strandnähe *f* luogo *m* vicino alla spiaggia, località *f* nelle vicinanze della spiaggia

Strandpromenade *f* lungomare *m*

Straßenbahn *f* tram *m*

Straßenbenutzungsgebühr *f* pedaggio *m* stradale

Straßenhilfsdienst *m* servizio *m* di soccorso stradale

Straßenkarte *f* mappa *f* stradale, cartina *f* stradale

Straßen- und Autobahngebühr *f* pedaggio *m* stradale e autostradale

Straßenverkehrsunternehmen *n* impresa *f* operante nel settore trasporti, spedizioniere *m* stradale

Straßenzustandsbericht *m* rapporto *m* sulle condizioni stradali

Strategie *f* strategia *f*

Straußwirtschaft *f* trattoria *f* popolare delle zone vinicole tedesche aperta quattro mesi l'anno dove si vendono vini di produzione propria

Streckenfahrschein *m* biglietto *m* del percorso

Streckenflug *m* rotta *f* aerea

Streckenführung *f***/festgelegte** itinerario *m* fisso, itinerario *m* prestabilito

Streckenrecht *n* legge *f* sulla navigazione aerea

Stromruckfähre *f* traghetto *m* che naviga contro corrente

Student(in) *m(f)* studente (-essa) *m(f)*

Studentenermäßigung *f* sconto *m* studenti

Studienfach *n* materia *f* di studio

Studienkreis *m* **für Tourismus und Entwicklung** gruppo *m* di studio sul turismo e sullo sviluppo sostenibile

Studienreise *f* viaggio *m* di studio

Studienreiseleiter *m* guida *m* turistica per viaggi di studio

Studienreiseveranstalter *m* organizzatore *m* di viaggi di studio

Studio *n* studio *m*

Subcharter *m* sub-charter *m*

Subsidiaritätsprinzip *n* principio *m* di sussidiarietà

Suite *f* appartamento *m* d'albergo, suite *f*

Sund *m* stretto *m* di mare scandinavo, canale *m*

Superprovision *f* provvigione *f* supplementare

süßes Nichtstun *n* dolce far niente *m*

Symposium *n* simposio *m*, discussione *f* accademica

System *n*/**duales** sistema *m* duale

T

Tachoscheibe *f* tachimetro *m*

Tag *m* **des offenen Denkmals** giornata *f* delle porte aperte

Tagesausflug *m* gita *f* giornaliera, escursione *f* giornaliera

Tagesausflugsverkehr *m* traffico *m* dei gitanti, traffico *m* del turismo giornaliero

Tagesbesucher *m* visitatore *m* giornaliero

Tageserholungsstätte *f* casa *f* di riposo con accoglienza diurna

Tagesgericht *n* piatto *m* del giorno, specialità *f* del giorno

Tageskarte *f* biglietto *m* giornaliero, menu *m* del giorno *(in ristorante)*

Tagesordnung *f* ordine *m* del giorno

Tagesrandverbindung *f* collegamento *m* aereo d'inizio o fine giornata

Tagesrückfahrkarte *f* biglietto *m* giornaliero di ritorno

Tagesverbindung *f* collegamento *m* giornaliero

Tageszimmer *n* stanza *f* diurna

Tagung *f* incontro *m*, congresso *m*, conferenza *f*

Tagungsauslagen *fpl* spese *fpl* di conferenza

Tagungsfachfrau *f* esperta *f* del settore congressuale

Tagungsfachmann *m* esperto *m* del settore congressuale

Tagungsraum *m* stanza *f* delle conferenze, camera *f* dei congressi

Tagungsstätte *f* impianto *m* congressuale, infrastruttura *f* congressuale

Tagungstourismus *m* turismo *m* congressuale

Talfahrt *f* declino *m* *(economia)*; discesa *f* *(sci)*; navigazione *f* a valle *(mar.)*

Tangentialreisende *m* passeggero *m* in transito con scalo tecnico intermedio

Tankstelle *f* stazione *f* di rifornimento

Tarif *m* tariffa *f*, rata *f*, contratto *m* collettivo

Tarifbezeichnung *f* indicazione *f* tariffaria

Tarifgemeinschaft *f* associazione *f* interaziendale

Tarifhandbuch *n* tariffario *m*

Tarifinformation *f* informazione *f* tariffaria

Tarifpflicht *f* obbligatorietà *f* delle tariffe

Tarifsenkung *f* riduzione *f* di tariffa, ribasso *m* tariffario

Tarifsystem *n* sistema *m* tariffario

Tarifverbund *m* unione *f* tariffaria

Tarifvertrag *m* contratto *m* collettivo sui salari

Taxi *n* tassì *m*, taxi *m*, auto *m* pubblica

Taxifahrer *m* taxista *m*, tassista *m*

Taxiflug *m* taxi *m* aereo

Taxirufsäule *f* colonnina *f* telefonica per la chiamata taxi

Taxistand *m* posteggio *m* taxi, stazionamento *m* taxi

Technischer Überwachungsverein *m* *(Abk.: TÜV)* Organo *m* Tecnico di Ispezione, associazione *f* autonoma tedesca per la verifica tecnica della sicurezza degli impianti

Teilcharter *m* sub-charter *m*

Teilkasko *n* casco *m* parziale *(assicurazione)*

Teilkostenrechnung *f* valutazione *f* marginale dei costi

Teilnehmerliste *f* lista *f* dei partecipanti, lista *f* dei delegati

Teilnehmerzahl *f* **bei Gruppen** numero *m* dei partecipanti

Teilpauschalreise *f* pacchetto *m* turistico parziale

Teilstornierung *f* cancellazione *f* parziale, storno *m* parziale

Teilstrecke *f* tratto *m*, sezione *f* di percorso

Teilverpflegung *f* servizio *m* di mezza pensione

Teilzahlung *f* pagamento *m* rateale, pagamento *m* parziale

Teilzeitbeschäftigung *f* lavoro *m* a tempo parziale, lavoro *m* part-time

Teilzeitgesetz *n* legislazione *f* sul lavoro part-time

Telearbeit *f* telelavoro *m*

telefonische Auslandsverbindung *f* chiamata *f* internazionale

telefonischer Hilfsdienst *m* servizio *m* di assistenza telefonica *(hotline)*

telefonischer Service *m* servizio *m* telefonico, servizio *m* di call center

Telekonferenz *f* teleconferenza *f*

Temperaturschwankung *f* oscillazione *f* di temperatura, variazione *f* di temperatura

Tempolimit *n* limite *m* di velocità

Tempomat *m* sistema *m* di controllo della velocità di crociera

Tenderboot *n* nave *f* d'appoggio e di rifornimento

Terminal *n* terminale *m*

Terrasse *f* terrazza *f (arch.)*; patio *m*, terrazzo *m (geol.)*

Terroranschlag *m* attacco *m* terroristico

tertiärer Sektor *m* settore *m* terziario

Teuerungsrate *f* quota *f* di rincaro, tasso *m* di inflazione

Textverarbeitung *f* elaborazione *f* di testi *(word processing)*

Themenkreuzfahrt *f* crociera *f* a tema

Themenpark *m* parco *m* a tema, parco *m* tematico

Thermalbad *n* stazione *f* termale

Therme *f* terme *fpl*

Ticketgroßhändler *m* grossista *m* di biglietti turistici, consolidatore *m*

Tickethinterlegung *f* consegna *f* del biglietto alla partenza, deposito *m* biglietti

ticketlose Abrechnung *f* fatturazione *f* senza emissione di biglietto cartaceo, prenotazione *f* elettronica

ticketloses Fliegen *n* volo *m* con prenotazione che funge da titolo di viaggio

Ticketnummer *f* numero *m* del biglietto

Ticketzentrale *f* biglietteria *f* centrale

Tide *f* marea *f*

Tidenhafen *m* porto *m* situato in una zona di forti maree

Timesharing *n* multiproprietà *f (timesharing)*

Tochtergesellschaft *f* compagnia *f* affiliata, compagnia *f* sussidiaria

Tour *f* giro *m*, escursione *f*, gita *f*, viaggio *m*

Touriseum *n* il primo grande ed articolato museo *m* del turismo di Merano

Tourism Watch *(Informationsdienst m Dritte Welt-Tourismus)* Tourism Watch *(servizio d'educazione e informazione sul turismo nel "terzo mondo")*

Tourismus *m* turismo *m*

Tourismus *m***/freizeitorientierter** turismo *m* di svago

Tourismus *m***/gesellschaftsorientierter** turismo *m* sociale

Tourismus *m***/grenzüberschreitender** turismo *m* internazionale, turismo *m* frontaliero

Tourismus *m***/nachhaltiger** turismo *m* sostenibile, ecoturismo *m*, turismo *m* naturale

Tourismus *m***/religionsbedingter** turismo *m* religioso

Tourismus *m***/sanfter** turismo *m* sostenibile, ecoturismo *m*, turismo *m* naturale

Tourismus *m***/umweltorientierter** turismo *m* ecologico, ecoturismo *m*

Tourismus *m***/umweltverträglicher** turismo *m* sostenibile

Tourismus *m***/wirtschaftsorientierter** turismo *m* d'affari

Tourismusbehörde *f* autorità *f* turistica

Tourismusbeirat *m* comitato *m* consultivo sul turismo

Tourismusbetrieb *m* impianto *m* turistico, infrastruttura *f* turistica, attività *f* turistica

Tourismusbewusstsein *n* consapevolezza *f* turistica

Tourismusbranche *f* industria *f* del turismo, commercio *m* del turismo

Tourismuscamping *n* campeggio *m* turistico, campeggio *m* per turisti

Tourismuserhebung *f* indagine *f* turistica, indagine *f* sul turismo

Tourismusfachmesse *f* fiera *f* campionaria turistica, salone *m* professionale del turismo, borsa *f* turistica

Tourismusfachwirt *m* economo *m* del turismo *(qualifica professionale certificata dalla Camera dell'Industria dell'Artigianato e del Commercio corrispondente ad una laurea breve in Economia del Turismo e delle Risorse)*

Tourismusförderung *f* promozione *f* turistica, promozione *f* del turismo

Tourismusforum *n* forum *m* di discussione sul turismo

Tourismusführer *m* guida *f* turistica *(libro)*; guida *f* al turismo

Tourismusgipfel *m* vertice *m* sul turismo

Tourismusimmobilie *f* immobile *m* turistico

Tourismuskonzeption *f* concezione *f* turistica

Tourismusmarketing *n* marketing *m* turistico

Tourismusmesse f fiera f del turismo, fiera f del turista
Tourismusökonomie f economia f turistica
Tourismusorganisation f organizzazione f turistica, organizzazione f del turismo
tourismusorientierter Studiengang m corso m di formazione di indirizzo turistico
Tourismuspräsidium n comitato m turistico
Tourismusstatistikrichtlinie f direttiva f sulla metodologia statistica del turismo
Tourismusstudium n studio m sul turismo
Tourismusverband m consorzio m turistico
Tourismusvertretung f eines Landes ufficio m turistico di una nazione
Tourismuswirtschaft f economia f turistica
Tourismuszentrale f centrale f di controllo del turismo
Tourist m turista m(f)
Touristenklasse f classe f turistica
Touristenklasse-Syndrom n sindrome f da classe turistica
Touristenpolizei f polizia f turistica
Touristik f turismo m
Touristikbahn f ferrovia m turistica
Touristiker m professionista m del turismo
Touristikfachkraft f esperto m del turismo, professionista m del turismo
Touristikflug m volo m turistico, volo m charter
Touristikhaftpflichtversicherung f assicurazione f turistica della responsabilità civile
Touristikindustrie f industria f del turismo, industria f turistica
Touristikjahr n anno m turistico, anno m del turismo
Touristikmesse f fiera f del turismo
Touristikreferent m referente m turistico
Touristikunternehmen n impresa f turistica
Touristikziel n destinazione f turistica, meta f turistica
Touristikzug m treno m turistico
Tourist-Information f informazione f al turista
touristische Arbeitsgemeinschaft f comitato m di lavoro degli operatori turistici

touristische Informationsnorm f (Abk.: TIN) norma f sugli standard qualitativi per l'informazione turistica
touristische Marktuntersuchung f ricerca f di mercato turistica
touristische Nachfrage f domanda f di servizi turistici
touristische Route f rotta f turistica, itinerario m turistico
touristische Vorgangsverwaltung f amministrazione f delle transazioni turistiche
touristische Wertschöpfungskette f catena f del valore del turismo
touristischer Linienflug m volo m di linea turistico
touristisches Angebot n offerta f di servizi turistici
touristisches Leitbild n ideale m turistico, modello m turistico, linea f di guida per il turismo
touristisches Reisebüro n agenzia f turistica di viaggi
Traditionsschifffahrt f navigazione f tradizionale
Tragflügelboot n aliscafo m
Trajektschiff n traghetto m
Tram f tram m
Tramper m autostoppista m
Trampschifffahrt f navigazione f non di linea
Tramp- und Anforderungsverkehr m traffico m del trasporto aereo non regolare di persone o beni su richiesta di terzi
Transaktion f/abrechnungspflichtige transazione f con obbligo di fatturazione
Transatlantikflug m volo m transatlantico, volo m transoceanico
Transatlantikreise f viaggio m transatlantico (nave)
Transeuropäisches Netz n rete f transeuropea
Transfer m trasferimento m, transfer m
Transferbereich m area f di trasferimento, area f di transfer
Transferbus m autobus m per i trasferimenti, autobus m transfer
Transit m transito m
Transitbereich m des Flughafens area f di transito aeroportuale
Transitvereinbarung f accordo m multilaterale di transito
Transkontinentalzug m treno m transcontinentale

Transportdokument *n* documento *m* di trasporto

Transportmittel *npl* mezzi *mpl* di trasporto

Transportvereinbarung *f* accordo *m* di trasporto di merci e passeggeri

Trassenpreis *m* pedaggio *m* chilometrico ferroviario

Traumstrand *m* spiaggia *f* da sogno

Traumurlaub *m* viaggio *m* da sogno, vacanza *f* da sogno

Treffpunkt *m* punto *m* d'incontro

Treibstoff *m* carburante *m*, benzina *f*

Treidelpfad *m* alzaia *f*, strada *f* di traino

Trend *m* tendenza *f*, trend *m*

Trendsportreisen *fpl* viaggi *mpl* legati agli sport di tendenza

Trendstudie *f* analisi *f* delle tendenze

Treuhandanstalt *f* istituto *m* d'amministrazione fiduciaria *(per la privatizzazione industriale)*

Treuhandgesetz *n* legge *f* fiduciaria

Triebwagenzug *m* autotreno *m*, elettrotreno *m*

Trinkgeld *n* mancia *f*

Trinkhalle *f* chiostro *m* di ristoro, bancarella *f* dei rinfreschi

Triumphbogen *m* arco *m* di trionfo

Trockencharter *m* volo *m* noleggiato senza equipaggio

Trolleybus *m* filobus *m*

Tropenkrankheit *f* malattia *f* dei tropici

Tumulus *m* tumulo *m*

Turnus *m* turno *m*, rotazione *f*

Turnuskreuzfahrt *f* crociera *f* circolare

turnusmäßiger Nicht-Linienverkehr *m* traffico *m* indotto non di linea

U

U-Bahn *f (BE)* metropolitana *f*, sotterranea *f*

Überbuchung *f* prenotazione *f* eccedente

Überfahrt *f* traversata *f* transoceanica, passaggio *m*

Überflugzeit *f* orario *m* effettivo di sorvolo o di passaggio

Überführung *f* trasferimento *m*, transfer *m*

Überführungsfahrt *f* navigazione *f* di trasferimento

Überführungsflug *m* volo *m* di trasferimento

Überführungskosten *pl* spese *fpl* di rimpatrio della salma in caso di decesso *(assicurazione)*

Übergepäck *n* bagaglio *m* in eccedenza

Überkapazität *f* eccesso *m* di capacità ricettiva

Überkreuzflug-Ticket *n* biglietto *m* di andata e ritorno utilizzato solo in una direzione

Überlandbus *m* autobus *m* interurbano, corriera *f* interurbana

Übernachtung *f* pernottamento *m*

Übernachtung *f* mit Frühstück pernottamento *m* e colazione *f (bed and breakfast)*

Übernachtungsgast *m* ospite *m* con pernottamento

Übernachtungskosten *pl* spese *fpl* di pernottamento

Übernachtungspreis *m* prezzo *m* del pernottamento

Übernachtungsvertrag *m* contratto *m* per il pernottamento

Übernachtungszahlen *fpl* pernottamenti *mpl* nel gergo turistico

Überschallflugzeug *n* aero *m* supersonico

Überschallknall *m* scoppio *m* supersonico

Überschussbeteiligung *f* partecipazione *f* alle eccedenze

Übersetzung *f* traduzione *f*

Überstunden *fpl* ore *fpl* di lavoro straordinario

Umbuchung *f* modifica *f* di prenotazione, cambio *m* di prenotazione

Umbuchungsgebühr *f* penale *f* di modifica prenotazione

umgekehrter Pendelverkehrsdienst *m* servizio *m* di navetta inverso *(servizio di solo andata o di solo ritorno)*

Umkehrpunkt *m* **Flugtarifberechnung/fiktiver** punto *m* di inversione fittizio nel calcolo delle tariffe aeree

Umkehrpunkt *m*/**Goldener** punto *m* ideale di inversione

Umland *n* area *f* circostante, dintorni *mpl*

Umlauf *m* giro *m*, rotazione *f*, circolazione *f (monetaria)*

Umleitung *f* deviazione *f*

Umrechnungskurs *m* tasso *m* di cambio

Umsatz *m* volume *m* d'affari, fatturato *m*, vendite *fpl*
Umsatzrentabilität *f* redditività *f* delle vendite
Umsatzsteuer *f* imposta *f* sulle vendite
Umschreibung *f* cambiamento *m*, trascrizione *f*, voltura *f* (dir.)
Umschulung *f* riqualificazione *f* professionale
Umsteigeflug *m* volo *m* in coincidenza, coincidenza *f* aerea
Umsteigekarte *f* biglietto *m* di trasferimento, biglietto *m* con coincidenza aerea
Umtauschdokument *n* lettera *f* di cambio
Umwelt *f* ambiente *m*
Umweltdachmarke *f* im Deutschland-Tourismus (Viabono) marchio *m* principale di qualità ambientale nel turismo tedesco (Viabono)
Umweltgroschen *m* penny *m* ambientale (programma premio promosso dall' Assicurazione Europea Co. per progetti di protezione ambientale nella sfera turistica)
umweltorientierter Tourismus *m* turismo *m* ambientale, turismo *m* ecologico, ecoturismo *m*
Umweltpreis *m* premio *m* ambientale
Umweltschutz *m* protezione *f* dell'ambiente
umweltverträglicher Tourismus *m* turismo *m* ambientale sostenibile, turismo *m* sostenibile
Umweltverträglichkeitsprüfung *f* (Abk.: UVP) esame *m* dell'impatto sull'ambiente, valutazione *f* del rischio ambientale
Umweltzeichen *n* etichetta *f* ecologica, marchio *m* ambientale
unbegrenzte Kilometerleistung *f* resa *f* chilometrica illimitata
Unfallversicherung *f* assicurazione *f* contro gli infortuni, polizza *f* infortuni
Ungeziefer *n* parassita *m*, insetto *m* nocivo
Universalmesse *f* fiera *f* universale, fiera *f* generale
Universitätsstudium *n* mit Tourismusschwerpunkt studio *m* universitario con indirizzo turistico
UN-Seerechtskonferenz *f* conferenza *f* delle Nazioni Unite sul diritto marittimo
Unterbringung *f* sistemazione *f*, alloggiamento *m*

Unterbringungsklasse *f* categoria *f* di alloggiamento
Untergrundbahn *f* metropolitana *f*
Unterhaltung *f* divertimento *m*, passatempo *m*, conversazione *f*
Unterhaltungskünstler *m* intrattenitore *m*, animatore *m*
Unterhaltungsprogramm *n* programma *m* di intrattenimento
Unterhaltungsprogramm *n* an Bord programma *m* di intrattenimento a bordo
Unterkunft *f* alloggio *m*
Unternehmensform *f* tipo *m* di impresa, tipo *m* di organizzazione imprenditoriale
Unternehmensführung *f* gestione *f* aziendale
Unternehmensfusion *f* fusione *f* aziendale, integrazione *f* aziendale
Unternehmensidentität *f* identità *f* aziendale
Unternehmenskonzept *n* concetto *m* aziendale
Unternehmenskultur *f* cultura *f* aziendale
Unternehmensleitbild *n* principio *m* aziendale, identità *f* aziendale
Unternehmensprofil *n* profilo *m* aziendale
Unternehmensrentabilität *f* redditività *f* aziendale
Unternehmensübernahme *f* acquisizione *f* di un'impresa, operazione *f* di buy-out
Unternehmensversicherung *f* assicurazione *f* commerciale
Unternehmer *m* imprenditore *m*
Unterorganisation *f* organizzazione *f* subordinata
Unterrichtungspflicht *f* obbligo *m* di informare
Unterschrift *f*/handgeschriebene firma *f* autografa
Unterversicherung *f* assicurazione *f* parziale
Untervertrag *m* subappalto *m*
Unterwasser-Hotelsiedlung *f* complesso *m* alberghiero subacqueo
Unterwassersport *m* sport *m* subacqueo
Unterwassertunnel *m* tunnel *m* sottomarino
Unterwegsaufenthalt *m* fermata *f* di sosta, scalo *m* intermedio, pausa *f* intermedia
Unverfälschbarkeit *f* genuinità *f*

Urheberrecht *n* diritto *m* d'autore *(copyright)*

Urlaub *m* vacanza *f,* ferie *fpl*

Urlaub *m* **auf Balkonien oder Terrassien** vacanza *f* trascorsa a casa

Urlaub *m* **auf dem Bauernhof** vacanza *f* in fattoria

Urlaub *m* **mit Segel- und Motoryacht** vacanza *f* in panfilo a vela e a motore

Urlauberparlament *n* Parlamento *m* dei Villeggianti

Urlaubsanspruch *m* diritto *m* ad un periodo annuale di ferie retribuite

Urlaubsbedürfnis *n* bisogno *m* di vacanza

Urlaubsbilder *npl* fotografie *fpl* della vacanza

Urlaubsdomizil *n* domicilio *m* di vacanza

Urlaubsform *f* tipo *m* di vacanza

Urlaubsfreude *f* divertimento *m* della vacanza *(diritto al risarcimento del danno da vacanza rovinata)*

Urlaubsgeld *n* sussidio *m* per le ferie

Urlaubshotel *n* albergo *m* per vacanze

Urlaubskauf *m* **auf Raten** vacanza *f* a credito

Urlaubsmotiv *n* motivo *m* della vacanza

Urlaubsort *m* luogo *m* di vacanza

Urlaubsreise *f* viaggio-vacanza *m,* villeggiatura *f,* viaggio *m*

Urlaubsreiseabsicht *f* intenzione *f* di andare in vacanza

Urlaubsreisemarkt *m* mercato *m* dei viaggi-vacanza

Urlaubsreiseverhalten *n* comportamento *m* durante i viaggi-vacanza

Urlaubssplitting *n* frammentazione *f* delle vacanze

Urlaubszeit *f* periodo *m* di vacanza

Urlaubsziel *n* destinazione *f* della vacanza

V

Vakanzabfrage *f* richiesta *f* della disponibilità ricettività

Vakanzliste *f* elenco *m* della disponibilità ricettività

Vakanzprüfung *f* verifica *f* della disponibilità ricettiva

variable Kosten *pl* costi *mpl* variabili

Vatikanstadt *f* Stato *m* del Vaticano

Verabredung *f* appuntamento *m*

Veranstalter *m* organizzatore *m,* operatore *m,* promoter *m*

Veranstalterhaftung *f* responsabilità *f* civile dell'organizzatore

Veranstaltermarke *f* marchio *m* dell'operatore

Veranstaltermarkt *m* mercato *m* degli operatori

Veranstalterreise *f* viaggio *m* organizzato, pacchetto *m* turistico

Veranstalterreisepaket *n* pacchetto *m* turistico organizzato

Veranstaltung *f* evento *m,* manifestazione *f*

Veranstaltungsausrüstung *f* attrezzatura *f* per manifestazioni

Veranstaltungskauffrau *f* organizzatrice *f* di eventi, operatrice *f* di eventi

Veranstaltungskaufmann *m* organizzatore *m* di eventi, operatore *m* di eventi

Verband *m* associazione *f,* confederazione *f,* unione *f*

Verband *m* **der Fährschifffahrt & Fährtouristik** *(Abk.: VFF)* Associazione *f* Tedesca delle Compagnie di Navigazione e di Servizi Marittimi di Trasporto Passeggeri

Verband *m* **Deutsches Reisemanagement** *(Abk.: VDR)* Unione *f* Commercio Turismo e Attività di servizio della Germania

Verbandsklage *f* azione *f* giudiziaria collettiva

Verbindungsflugschein *m* biglietto *m* di trasferimento, biglietto *m* con coincidenza aerea

Verbindungskonferenz *f* Iata conferenza *f* IATA sul coordinamento del traffico aereo

Verbraucher *m* consumatore *m*

Verbraucherpreisindex *m* indice *m* dei prezzi al consumo

Verbraucherschutzgruppe *f* gruppo *m* di tutela del consumatore

Verbundfahrausweis *m* biglietto *m* integrato

Verbundwerbung *f* pubblicità *f* associata

Verdrängungswettbewerb *m* spiazzamento *m* competitivo

Vereinbarung *f* accordo *m*

Vereinheitlichung *f* **von Abrechnungsfragen** standardizzazione *f* delle domande sulle transazioni negoziali

Vereinigung *f* Cockpit Sindacato *m*
Tedesco dei Piloti
Verfallsoption *f* opzione *f*, diritto *m* di
recesso
Verfügbarkeit *f* disponibilità *f*
Verfügbarkeitsanzeige *f* display *m* della
disponibilità ricettiva
Vergabeverfahren *n* procedimento *m* per
l'assegnazione dei posti alloggio
Vergleich *m* accordo *m*, compromesso *m*,
transazione *f*
Vergleichsverfahren *n* procedura *f* di
conciliazione
Vergnügungsfahrt *f* gita *f* di piacere, giro
m di piacere
Vergnügungspark *m* parco *m* dei divertimenti
Vergünstigung *f* riduzione *f*, agevolazione *f*, facilitazione *f*
Vergütung *f* retribuzione *f*, rimborso *m*,
compenso *m*
Vergütungsmodell *n* modello *m* di
retribuzione
Verhaltenscodex *m* codice *m* di comportamento
Verhaltensmerkmal *n* caratteristica *f*
comportamentale
Verhandlung *f* negoziazione *f*, trattativa *f*,
deliberazione *f*
Verjährung *f* prescrizione *f*
Verkauf *m* vendita *f*, smercio *m*
Verkäufermarkt *m* mercato *m* dei venditori
Verkaufsassistent(in) *m(f)* assistente
m(f) di vendita
Verkaufserlöse *mpl* profitti *mpl* delle
vendite, ricavati *mpl* delle vendite
Verkaufsförderung *f* promozione *f* di
vendita
Verkaufshandbuch *n* manuale *m* di
vendita
Verkaufslizenz *f* licenza *f* di vendita
Verkaufspunkt *m* punto *m* di vendita
Verkaufssteuerung *f* controllo *m* delle
vendite, direzione *f* delle vendite
Verkaufswettbewerb *m* gara *f* d'appalto
Verkehr *m*/**linienähnlicher** traffico *m* dei
servizi simili a quelli di linea
Verkehr *m*/**privater** traffico *m* privato,
trasporto *m* privato
Verkehr *m*/**produzierter** traffico *m*
prodotto
Verkehrsamt *n* Ente *m* Nazionale del
Turismo

Verkehrsbüro *n* Ufficio *m* Nazionale del
Turismo
Verkehrsclub *m* circolo *m* turistico *(touring club)*
Verkehrsfachwirt(in) *m(f)* economo(-a)
m(f) dei trasporti, esperto(-a) *m(f)* del
settore trasporti
Verkehrsflugzeugführer(in) *m(f)* pilota
m(f), aviatore(-trice) *m(f)*
Verkehrsgebiet *n* area *f* di circolazione,
area *f* di traffico
Verkehrsgemeinschaft *f* cooperativa *f* di
trasporto
Verkehrsgewerbe *n* industria *f* dei
trasporti, industria *f* turistica
Verkehrsinstitution *f* istituzione *f* di
trasporti
Verkehrskonferenzgebiet *n* area *f*
riservata alla conferenza sulla circolazione
Verkehrsmittel *npl* mezzi *mpl* di trasporto, mezzi *mpl* di circolazione
Verkehrsobjekt *n* oggetto *m* di circolazione *(persone, beni, notizie)*
Verkehrsrecht *n* legge *f* sulla circolazione, legge *f* sul trasporto
Verkehrsstatistik *f* statistica *f* sulla
circolazione, statistica *f* sul trasporto
Verkehrsträger *m* spedizioniere *m*,
corriere *m*
Verkehrsträgerlizenz *f* licenza *f* di
spedizioniere
Verkehrsverband *m* consorzio *m* turistico
Verkehrsverbindung *f* collegamento *m*
stradale
Verkehrsverbund *m* associazione *f* del
trasporto, sistema *m* di trasporto integrato
Verkehrsverein *m* azienda *f* autonoma di
soggiorno, ufficio *m* turistico
Verlängerungsnacht *f* notte *f* supplementare, notte *f* extra
Verlängerungswoche *f* settimana *f*
prolungata
Verleih *m* noleggio *m*, agenzia *f* di noleggio
Verlust *m* perdita *f*, danno *m*
Verlustanzeige *f* denuncia *f* di smarrimento
Vermarktungsunternehmen *n* impresa *f*
di commercializzazione, commerciante *m*
Vermieter *m* locatore *m*, affittuario *m*,
noleggiatore *m*

Vermietstation f stazione f di noleggio
Vermietung f noleggio m
Vermittlung f mediazione f, agenzia f
Vermittlungsausschuss m comitato m di conciliazione
Vermittlungsgebühr f commissione f (finanza); tariffa f di mediazione
Vermittlungsleistung f prestazione f d'agenzia, capacità f di scambio
Vermittlungsvertrag m contratto m d'agenzia, contratto m di prestazioni di servizi
Vermögensaufstellung f inventario m patrimoniale
Veröffentlichung f pubblicazione f
Verordnung f prescrizione f, decreto m
Verpflegung f vitto m, vettovagliamento m
Verpflegungsmehraufwendung f razione f supplementare di cibo
Verpflegungspauschale f vitto m forfetario
verreisen v partire per un viaggio, viaggiare
Verrichtungsgehilfe m assistente m di vendita, commesso m, apprendista m
Versammlung f assemblea f, riunione f, raduno m
Versandhandel m vendita f per corrispondenza
Verschlüsselungstechnik f tecnica f di codificazione
Verschwiegenheitspflicht f obbligo m di segretezza, dovere m di discrezione
Versicherer m assicuratore m, sottoscrittore m, raccomandatario (marittimo)
Versicherte m(f) assicurato(-a) m(f)
Versicherung f **im Tourismus** assicurazione f turistica
Versicherungsbündel n pacchetto m assicurativo composto
Versicherungsfall m sinistro m
Versicherungskarte f/**grüne** carta f verde, assicurazione f internazionale per veicoli
Versicherungsnehmer m assicurato m
Versicherungspaket n pacchetto m assicurativo
Versicherungsschein m polizza f assicurativa
Versicherungsschein m **vom Block** titolo m assicurativo
Versicherungsschutz m copertura f assicurativa

Versicherungssteuer f tassa f assicurativa
Versicherungssumme f somma f assicurata
Versicherungsträger m assicuratore m, firmatario m
Versicherungsunternehmen n compagnia f di assicurazioni
Versicherungswert m valore m assicurato
Versorgungseinrichtung f impianto m di approvvigionamento, infrastruttura f di previdenza sociale
Verspätung f ritardo m
vertikale Integration f integrazione f verticale
vertikale Kooperation f cooperazione f verticale
Vertrag m contratto m, accordo m
Vertragsabschluss m stipulazione f di contratto
vertragsähnliches Vertrauensverhältnis n comportamento m di fiducia reciproca semi-contrattuale
Vertragsbruch m rottura f del contratto
Vertragserfüllung f adempimento m del contratto
Vertragshotel n albergo m sotto contratto
Vertragspartei f parte f contraente
Vertragspartner m contraente m
Vertragsübertragung f cessione f di contratto
Vertrauensschadenversicherung f assicurazione f contro il rischio dell'infedeltà dei dipendenti, assicurazione f contro l'appropriazione indebita
Vertreter m rappresentante m, agente m, sostituto m
Vertreterausschuss m comitato m dei rappresentanti
Vertretervertrag m contratto m di rappresentanza
Vertretung f rappresentanza f, agenzia f, distributore m
Vertrieb m/**branchenfremder** distribuzione f esterna alla categoria
Vertrieb m/**direkter** vendita f diretta, distribuzione f diretta
Vertrieb m/**elektronischer** distribuzione f elettronica
Vertriebsbindung f accordo m di distribuzione
Vertriebsgemeinschaft f associazione f distributori
Vertriebsgesellschaft f distributore m

Vertriebsliberalisierung f liberalizzazione f della distribuzione

Vertriebsstrategie f strategia f di vendita, strategia f di marketing

Vertriebsweg m canale m di distribuzione, canale m di vendita

Verwaltungsberufsgenossenschaft f *(Abk.: VBG)* associazione f di categoria professionale dell'amministrazione

Verwirkung f decadenza f, perenzione f, ammenda f

Verzeichnis n elenco m, indice m, registro m

Verzollung f sdoganamento m

Viadukt m viadotto m

Video n video m

Videokonferenz f videoconferenza f

Vielflieger m passeggero m abituale

Vielfliegermeilen fpl bonus mpl miglia per passeggeri abituali

Vielfliegerprogramm n programma m per passeggeri abituali

Viermonatsfrist f tempo m quattro mesi per la prenotazione di un pacchetto turistico o di un volo

Vier-Säulen-Modell n modello m della DRV basato su quattro pilastri *(nel frattempo ampliato ad un quinto pilastro per i membri associati; Federazione Tedesca delle Agenzie di Viaggio)*

Vignette f vignetta f

Visum n visto m

Visumsvorschrift f requisito m obbligatorio di visto

Visumzwang m obbligo m di visto

Vogelfluglinie f rotta f Amburgo–Copenhagen, collegamento m combinato tra Puttgarden e Rödby *(ferroviario e marittimo)*

Volksfest n festa f popolare

Volkswirtschaft f economia f nazionale

volkswirtschaftliche Gesamtrechnung f *(Abk.: VGR)* fatturato m nazionale, conto m economico nazionale

Volkswirtschaftslehre f economia f politica

Vollausschuss m Commissione f Parlamentare per il Turismo

Vollcharter m volo m charter, nave f passeggeri noleggiata

Vollhaftung f responsabilità f assoluta

Vollinkasso m incasso m assoluto

Vollkaskoversicherung f assicurazione f contro tutti i rischi, casco m totale

Vollkaufmann m commerciante m a tutti gli effetti

Vollkostenrechnung f fatturazione f integrale

Vollmacht f procura f legale, lettera f di procura

Vollpauschalreise f pacchetto m turistico completo

Vollpension f pensione f completa

Vollpreis m prezzo m intero

Vollreisebüro n agenzia f di servizi turistici

Vollsortiment n assortimento m completo

Vollstorno n storno m totale, revoca f totale

vollzahlender Fluggast m passeggero m con biglietto aereo pagato interamente

Volontariat n volontariato m, tirocinio m

Volumengeschäft n volume m d'affari

Vorabend-Check-in-Schalter m banco m check-in per le registrazioni anticipate alla sera prima della partenza

Voranmeldung f prenotazione f

Vorausbuchung f registrazione f anticipata

Vorausbuchungsfrist f termine f ultimo di prenotazione

Vorausmeldung f informazione f anticipata

voraussichtliche Abflugzeit f orario m di partenza previsto

voraussichtliche Ankunftszeit f orario m d'arrivo previsto

Vorauszahlung f pagamento m anticipato

Vorauszahlungsrabatt m sconto m per pagamenti anticipati

Vorbestellung f prenotazione f, pre-ordinazione f

Vorderer Orient m Vicino Oriente m

Vorerkrankung f malattia f preesistente

Voreröffnungsmanagement n pre-apertura f amministrativa *(periodi antecedenti e successivi alle contrattazioni)*

Vorfeldkontrolle f auf Flughäfen controllo m del traffico aeroportuale

Vorfinanzierung f prefinanziamento m

Vorgangsverwaltung f/touristische procedimento m amministrativo del turismo

Vorgehensweise f/partnerschaftliche procedura f di partecipazione

vorherige Platzreservierung f prenotazione f anticipata del posto

Vormerkung f annotazione f, opzione f, prenotazione f

Vorsaison *f* bassa stagione *f*
Vorsatz *m* intenzione *f*, proposito *m*, premeditazione *f*
Vorschusspflicht *f* obbligo *m* dell'anticipo
Vorsorge *f*/**stationäre** previdenza *f* stazionaria
vorsorgliche Buchung *f* registrazione *f* a scopo precauzionale
Vorsteuer *f* imposta *f* a monte, I.V.A. *f* *(Imposta sul Valore Aggiunto)* a dedurre
Vortragsbestuhlungen *fpl* sedie *fpl* per conferenza
Vortragsreise *f* viaggio-conferenza *m*
Vor- und Nach-Konferenz-Reise *f* viaggio *m* pre- e post-conferenza
Vorverkaufsstelle *f* botteghino *m*, biglietteria *f*, punto *m* di prevendita biglietti
Vorvertrag *m* contratto *m* preliminare
vorzeitige Rückreise *f* rientro *m* prematuro
Vorzugspreis *m* prezzo *m* preferenziale, prezzo *m* d'occasione

W

Wachstum *n* crescita *f*, incremento *m*
Wachstum *n*/**qualitatives** crescita *f* qualitativa
Wachstumserwartung *f* aspettativa *f* di crescita
Wachstumsprognose *f* prognosi *f* di crescita
Wagengattung *f* tipo *m* di carrozza
Wagenstandsanzeiger *m* cartello *m* indicatore di posizione vetture
Wahrnehmungsvermögen *n* facoltà *f* percettiva
Währung *f* valuta *f*, moneta *f*
Währungsabwertung *f* svalutazione *f* monetaria
Währungsangabe *f* denominazione *f* monetaria
Währungsrisiko *n* rischio *m* di cambio
Wallfahrt *f* pellegrinaggio *m*
Wallfahrtstourismus *m* turismo *m* di pellegrinaggio
Wanderausstellung *f* mostra *f* mobile, mostra *f* itinerante
Wandergebiet *n* zona *f* escursionistica
Wanderstudienreise *f* viaggio *m* di studio escursionistico

Wanderung *f* gita *f*, escursione *f*, migrazione *f*
Wanderverein *m* circolo *m* escursionistico
Wanderweg *m* sentiero *m* *(per escursioni)*
Wandlung *f* **Versicherungswesen** azione *f* redibitoria
Warmwassertourismus *m* turismo *m* di massa diretto verso le spiagge del Mediterraneo
Warschauer Abkommen *n* *(Abk.: WA)* Convenzione *f* di Varsavia
Warteliste *f* lista *f* d'attesa
Warteraum *m* stanza *f* d'attesa, sala *f* d'aspetto
Wartesaal *m* sala *f* d'aspetto
Warteschleife *f* circuito *m* d'attesa *(in volo)*
Wartung *f* assistenza *f*, manutenzione *f*
Wäschebeschließerin *f* addetta *f* alla biancheria, guardarobiera *f*
Wasserflugzeug *n* idrovolante *m*
Wasserkreuz *n* raccordo *m* marittimo
Wasserlinie *f* linea *f* di galleggiamento
Wasserpark *m* parco *m* marino
Wassersport *m* sport *m* acquatico
Wassersportfahrzeug *n* veicolo *m* sportivo acquatico
Wechselkurs *m* tasso *m* di cambio
Wechselkursschwankung *f* fluttuazione *f* monetaria
Wechselstube *f* ufficio *m* di cambio, cambio *m*
Wechseltarif *m* tariffa *f* combinata, tariffa *f* speciale generata dalla collaborazione della DB con altri spedizionieri
Wechselverkehr *m* trasporto *m* combinato *(cooperazione della DB con altri spedizionieri o trasportatori)*
Wegsicherung *f* sicurezza *f* stradale
Wegsicherungsfunktion *f* funzione *f* della sicurezza stradale
Wegstrecke *f* tratto *m* di strada, distanza *f*
Wegweiser *m* cartello *m* stradale, guida *f* stradale, segnaletica *f* di posizione
Weichwährungsticket *n* biglietto *m* acquistato con moneta debole
Weinkeller *m* cantina *f* vini, cantina *f*
Weinkellner *m* intenditore *m* di vini, sommelier *m*
Weißbuch *n* Libro *m* Bianco sul turismo
Weiße Flotte *f* flotta *f* bianca *(navi da crociera fluviale e barche escursionistiche di una regione fluviale o di una compagnia navale)*

Weiße Industrie f industria f del turismo
Weiterbildungslehrgang m corso m di aggiornamento
Weiterbildungsprüfung f valutazione f finale del corso di aggiornamento
Weiterbildungsveranstaltung f evento m formativo e di aggiornamento
Weiterflug m coincidenza f aerea, volo m in coincidenza
Wellenreiten n surfing m
Weltausstellung f fiera f mondiale, esposizione f mondiale
Weltbank f Banca f Mondiale
Weltenbummler m giramondo m, globetrotter m
Welterbe n patrimonio m mondiale
Weltgartenschau f mostra f ortofrutticola mondiale
Welthandelsorganisation f (Abk.: WHO) Organizzazione f Mondiale del Commercio
Weltkulturerbe n patrimonio m culturale mondiale
Weltneugierde f curiosità f sul mondo
Weltraumtourismus m turismo m spaziale
Weltreise f mit dem Flugzeug giro m del mondo in aereo
Weltreise f mit der Bahn giro m del mondo in treno
Weltreise f mit Kreuzfahrtschiffen giro m del mondo in nave
Welttourismusorganisation f (Abk.: WTO) Organizzazione f Mondiale del Turismo
Weltwirtschaftsgipfel m summit m mondiale (G7 + Russia)
Weltzeit f tempo m universale
Werbeetat m budget m pubblicitario
Werbefahrt f viaggio m promozionale
Werbefeldzug m campagna f pubblicitaria
Werbegemeinschaft f cooperativa f di mercato
Werbegeschenk n omaggio m pubblicitario
Werbekonzept n concetto m pubblicitario
Werbemittel npl mezzi mpl di pubblicità, strumenti mpl pubblicitari
Werbemittelvertrieb m distribuzione f del materiale pubblicitario
Werbung f pubblicità f, propaganda f
Werbung f/innere pubblicità f interna
Werft f cantiere m navale, aviorimessa f, hangar m (per aerei)
Werkvertrag m contratto m d'opera

Wertewandel m cambio m in valuta, variazione f dei valori
Wertpapier n titolo m, documento m di credito
Wertschöpfung f valore m aggiunto dell'economia
Wertschöpfungskette f/touristische catena f del valore aggiunto del turismo
Westeuropäische Zeit f (Abk.: WEZ) ora f di Greenwich
Wettbewerb m gara f, concorso m, concorrenza f
Wettbewerbsbeschränkung f limitazione f della concorrenza
Wettbewerbsfähigkeit f competitività f, facoltà f concorrenziale
Wettbewerbsprodukt n prodotto m concorrenziale
Wettbewerbsvergleich m confronto m competitivo
Wettbewerbsvorteil m vantaggio m concorrenziale
Wiedereinreisevisum n visto m di rientro
Wiederholungskunde m cliente m recidivo, cliente m abituale
Willy-Scharnow Institut m für Tourismus, Freie Universität Berlin istituto m Willy Scharnow per il turismo, università Freie di Berlino
Willy-Scharnow-Stiftung f Fondazione f Willy Scharnow
Windjammer m barcone m
Windjammerkreuzfahrt f crociera f in barcone, traversata f in barcone
Winkelmessgerät m goniometro m
Winterfahrplan m orario m invernale
Winterferiendorf n villaggio m turistico invernale
Winterreiseverkehr m traffico m del turismo invernale
Wintersaison f stagione f invernale
Wintersport m sport m invernale
Wintersportveranstaltung f manifestazione f sportiva invernale
Wintertourismus m turismo m invernale
Winterurlaub m vacanza f invernale
Winzerfest n festival m del vino
Wirbelsturm m ciclone m, uragano m
Wirtschaftlichkeit f redditività f, economicità f, profittabilità f
Wirtschaftsdirektor(in) m(f) responsabile m(f) della ristorazione

Wirtschaftsfaktor *m* **Tourismus** fattore *m* economico del turismo

Wirtschaftsförderung *f* promozione *f* dello sviluppo economico

wirtschaftsorientierter Tourismus *m* turismo *m* d'affari

Wirtschaftsstandort *m* dominio *m* economico, luogo *m* economico

Wirtschafts- und Währungsunion *f* *(Abk.: WWU)* Unione *f* Economica e Monetaria *(abr. EMU)*

Wirtschaftsunion *f* unione *f* economica

Wirtschaftswachstum *n* crescita *f* economica

Wirtshaus *n* osteria *f*, taverna *f*, trattoria *f*

Wochenendbindung *f* regola *f* del fine settimana

Wochenendcamping *n* campeggio *m* di fine settimana

Wochenendtarif *m* tariffa *f* di fine settimana

Wochenkarte *f* biglietto *m* settimanale

Wohlfahrtsökonomie *f* economia *f* assistenziale pubblica

Wohnanhänger *m* roulotte *f*

Wohncontainer *m* fabbricato *m* ad uso abitazione, casa *f* container

Wohneinheit *f* unità *f* residenziale, unità *f* di alloggiamento dell'equipaggio

Wohnmobil *n* camper *m*, caravan *m*

Wohnumfeld *n* contesto *m* residenziale

Wohn- und Nutzungsrecht *n* **an in- und ausländischen Immobilien** diritto *m* d'usufrutto e di godimento di beni immobili nazionali e stranieri *(multiproprietà)*

Wohnungsnahbereich *m* area *f* residenziale

Wohnungstausch *m* scambio *m* d'appartamento

Wohnwagen *m* roulotte *f*

Wohnwagentourist *m* camperista *m*

Wuppertaler Schwebebahn *f* treno *m* a levitazione di Wuppertal

Y

Yacht *f* panfilo *m*, yacht *m*

Yachthafen *m* porticciolo *m*, porto *m* per panfili, porto *m* turistico

Z

Zähleinheit *f* **für Übernachtung** numero *m* dei pernottamenti

Zahlgast *m* ospite *m* pagante

Zahlmeister *m* commissario *m* di bordo, ufficiale *m* pagatore

Zahlpax *m* passeggero *m* pagante

Zahlungsaufschub *m* dilazione *f* di pagamento

Zahlungsbilanz *f* bilancia *f* dei pagamenti

Zahlungseinnahme *f* provento *m* derivato da servizi a pagamento

Zahlungsmittel *npl* mezzi *mpl* di pagamento

Zahlungsunfähigkeit *f* insolvenza *f*

Zahlungsverfahren *n* modalità *f* di pagamento

Zahlungsverkehr *m* transazione *f* monetaria, operazione *f* di pagamento

Zahlungsverzug *m* disavanzo *m*, ritardo *m* dei pagamenti, morosità *f*

Zahnradbahn *f* ferrovia *f* a cremagliera

Zeesenboot *n* peschereccio *m* della zona costiera della regione del Mecklenburg-Vorpommern

Zeitarbeit lavoro *m* interinale

Zeitkarte *f* biglietto *m* stagionale, abbonamento *m*

Zeitverschiebung *f* cambiamento *m* d'orario, posticipazione *f*

Zeitvertreib *m* passatempo *m*, trastullo *m*

Zeitwert *m* valuta *f* corrente

Zeitzone *f* fuso *m* orario

Zelt *n* tenda *f*

Zenitalregen *m* pioggia *f* monsonica

Zentrale *f* centrale *f*, centralino *m*

zentrale Auftragsverwaltung *f* amministrazione *f* centrale dei lavori, gestione *f* centrale degli ordini

zentraler Omnibusbahnhof *m* stazione *f* centrale di autobus

zentrales Kurmittelhaus *n* centro *m* termale

Zentraleinheit *f* unità *f* centrale di elaborazione

Zentralrechner *m* computer *m* centrale, elaboratore *m* principale

Zertifikat *n* **in Tourismus mit den Schwerpunkten Management und regionale Fremdenverkehrsplanung**

certificato *m* turistico con specializzazione nella gestione del turismo e nella pianificazione turistica regionale

Zertifizierung *f* certificazione *f*

Zielgebiet *n* meta *f* turistica, regione *f* turistica, area *f* turistica

Zielgebietsagentur *f* agenzia *f* di viaggi specializzata nell'incoming

Zielgebietsarbeitsgemeinschaft *f* gruppo *m* di lavoro dell'area turistica

Zielgebietsbus *m* autobus *m* destinato al traffico stagionale nelle zone di meta turistica

Zielgebietsmanagement *n* gestione *f* delle mete turistiche

Zielgruppe *f* gruppo *m* target, destinatari *mpl*

Zielgruppenmerkmal *n/soziodemographisches* caratteristica *f* socio demografica del gruppo target

Zielmarkt *m* mercato *m* dell'utenza

Zielort *m* destinazione *f* finale, meta *f* *(turistica)*

Zielortagentur *f* agenzia *f* di viaggi specializzata nell'incoming

Zielverkehr *m* traffico *m* di destinazione turistica, turismo *m* outgoing *(turismo in partenza)*

Zimmer *n* camera *f*

Zimmerausstattung *f* arredamento *m*

Zimmerbuchung *f* prenotazione *f* di una camera

Zimmerkellner *m* auf Kreuzfahrtschiffen cameriere *m* di bordo *(steward)*

Zimmerkellnerin *f* auf Kreuzfahrtschiffen cameriera *f* di bordo, hostess *f* di bordo

Zimmermädchen *n* cameriera *f*

Zimmernachweis *m* agenzia *f* affittacamere, servizio *m* alloggi

Zimmerreservierung *f* prenotazione *f* di una camera, agenzia *f* affittacamere

Zimmerservice *m* servizio *m* in camera

Zimmervermittlung *f* agenzia *f* affittacamere, servizio *m* alloggi

Zivildienstreise *f* viaggio *m* in servizio civile *(tariffa speciale della DB per coloro che prestano servizio civile obbligatorio)*

Zivilluftfahrtbehörde *f* Autorità *f* Aeronautica *(Ente Nazionale per l'Aviazione Civile)*

Zivilluftfahrtkonferenz *f* conferenza *f* dell'Aviazione Civile

Zodiac *n* zodiaco *m*

Zoll *m* dogana *f*, frontiera *f*, dazio *m*

Zollabfertigung *f* operazione *f* doganale

Zollabgabe *f* tassa *f* doganale

Zollausschlussgebiet *n* zona *f* franca, area *f* extradoganale, area *f* duty-free

Zollbehörde *f* autorità *f* doganale

Zollbestimmung *f* disposizione *f* doganale

zollfreier Einkauf *m* acquisto *m* esente da dazio

zollfreier Laden *m* negozio *m* duty-free, negozio *m* esente da dazio

Zollgrenzbezirk *m* zona *f* doganale di confine

Zollkontrolle *f* controllo *m* doganale

Zollkreuzer *m* motovedetta *f*

Zollpassierschein *m* lasciapassare *m* doganale

zollpflichtig soggetto a dazio

Zollunion *f* unione *f* doganale

Zubringerbus *m* autobus *m* navetta

Zubringerflug *m* volo *m* di collegamento interno

Zubringerdienst *m* servizio *m* di navetta

Zubuchung *f* prenotazione *f* supplementare

Zug *m* treno *m*

Zugabfahrt *f* partenza *f* del treno

Zugankunft *f* arrivo *m* del treno

Zugauskunft *f* informazione *f* ferroviaria

Zugbegleiter(in) *m(f)* capotreno *m(f)*

zugesicherte Eigenschaft *f* qualità *f* assicurata, qualità *f* garantita

Zuggattung *f* categoria *f* di treno, tipo *m* di treno

zügige Abhilfe *f* und Kulanz *f* *(Abk.: ZAK)* rimedio *m* ed imparzialità *f* rapidi

Zugreservierung *f* *(Sitzplatz)* prenotazione *f* di un posto sul treno

Zukunftsfähigkeit *f* sostenibilità *f*

Zusage *f* adesione *f*, promessa *f*

zusammenhängender Jahresurlaub *m* vacanza *f* annuale ininterrotta

Zusammenkunft *f* incontro *m*, riunione *f*, seduta *f*

Zusammenschluss *m* associazione *f*, unione *f*, fusione *f* *(comm.)*

Zusatzabkommen *n* accordo *m* di collaborazione, accordo *m* supplementare

Zusatz-Haftpflichtversicherung *f* für Mietwagen im Ausland assicurazione *f* supplementare della responsabilità civile per auto noleggiate all'estero

Zusatzleistung *f* **gegen Aufpreis**
prestazione *f* supplementare di servizi a
sovrapprezzo

Zusatzverkauf *m* vendita *f* addizionale

Zusatzversicherung *f* assicurazione *f*
complementare, assicurazione *f* supplementare

Zuschauerreise *f* viaggio *m* per telespettatori

Zuschlag *m* sovrapprezzo *m*, supplemento *m*

Zustellbett *n* letto *m* aggiunto

Zuwanderungsgesetz *n* legge *f* sull'immigrazione

Zwangsumtausch *m* cambio *m* forzato

Zweibettkabine *f* cabina *f* doppia, cabina
f con due letti singoli

Zweibettzimmer *n* camera *f* doppia,
camera *f* con due letti singoli

Zweibuchstabenkürzel *n* **für Fluggesellschaften** codice *m* di identificazione
a due sigle per le compagnie aeree

Zweikanal-Abfertigungsverfahren *n*
procedura *f* di sdoganamento a doppio
canale *(sistema rosso-verde)*

Zweites Seerechtsänderungsgesetz *n*
emendamento *m* secondo del diritto
marittimo

Zweitregister *n* registro *m* secondario

Zweit- und Drittreise *f* secondo e terzo
viaggio *m*

Zweitwohnsitz *m* secondo domicilio *m*,
seconda residenza *f*

Zweitwohnungssteuer *f* tassa *f* patrimoniale sulla seconda casa

zwischen den Jahren durante gli anni

Zwischenaufenthalt *m*/**exterritorialer**
sosta *f* intermedia extraterritoriale

Zwischendeck *n* interponte *m*

Zwischenlandung *f* scalo *m* intermedio

Zwischenrechung *f* fattura *f* intermedia,
conto *m* provvisorio

Zwischenübernachtung *f* sosta *f* per il
pernottamento

Anhänge

Inhalte

Deutsche Abkürzungen

AA Auswärtiges Amt *n*

AAGG/ DB Arbeitsausschuss *m* der Gesamtgemeinschaft deutscher DER-Vertretungen mit DB Lizenz

ABB Allgemeine Beförderungsbedingungen *fpl*

ABR Amtliches Bayerisches Reisebüro *n*

ABRV Allgemeine Bedingungen *fpl* für die Reiserücktrittskostenversicherung

ABtBR Allgemeine Bedingungen *fpl* für die Versicherung von touristischen Beistandleistungen und Rücktransportkosten

ADAC Allgemeiner Deutscher Automobil Club *m*

ADFC Allgemeiner Deutscher Fahrrad-Club *m*

ADL Arbeitsgemeinschaft *f* Deutscher Luftfahrtunternehmen

ADV Arbeitsgemeinschaft *f* Deutscher Verkehrsflughäfen

ADZ Allgemeine Deutsche Zimmerreservierung *f*

AEG Allgemeines Eisenbahngesetz *n*

AFI Alpenforschungsinstitut *n*

AG Aktiengesellschaft *f*

AGB Allgemeine Geschäftsbedingungen *fpl*

AGBG Gesetz *n* zur Regelung des Rechts der Allgemeinen Geschäftsbedingungen

AgV Arbeitsgemeinschaft *f* der Verbraucher

AMA Stuttgarter Messeverbund *m* von Auto und Motorradausstellung und Wintertourismus

ARB Allgemeine Reisebedingungen *fpl*

Arge ALP Arbeitsgemeinschaft *f* der Alpenländer

ARK Aktion *f* zur Rettung des Kulturerbes

ARZ Autoreisezug *m*

ASA Arbeitsgemeinschaft *f* Südliches Afrika

ASD Arbeitsmedizinischer und Sicherheitstechnischer Dienst *m* der Berufsgenossenschaft

ASR Arbeitskreis *m* selbstständiger Reisebüros

AST Anruf-Sammeltaxi *n*

ATE Arbeitskreis *m* Trekking- und Expeditionstourismus

Atis Anerkannte Tourist-Informationsstelle *f*

Auma Ausstellungs- und Messe-Ausschuss *m* der Deutschen Wirtschaft

AvD Automobilclub *m* von Deutschland

AVR Allgemeine Bedingungen *fpl* für die Versicherung von Reisegepäck

AZP Abrechnungszentrale *f* Personenverkehr

BAV Bundesaufsichtsamt *n* für das Versicherungswesen

BAV Bundesverband *m* der Autovermieter Deutschlands

BCSD Bundesvereinigung *f* City- und Stadtmarketing Deutschland

BetrVG Betriebsverfassungsgesetz *n*

BeschFG Beschäftigungsförderungsgesetz *n*

BFS Bundesanstalt *f* für Flugsicherung

BGB Bürgerliches Gesetzbuch *n*

BIP Bruttoinlandsprodukt *n*

BO Kraft Betriebsordnung *f* Kraftverkehr

BRAG Bundesverband *m* der
Reiseleiter, Animateure und
Gasteführer

BSP Bruttosozialprodukt *n*

BTW Bundesverband *m* der
Deutschen Tourismuswirt-
schaft

BUND Bund *m* für Umwelt- und
Naturschutz Deutschland

CBR Caravan, Boot und Internationaler Reisemarkt

CRS Computerreservierungssystem *n*

DANTE Arbeitsgemeinschaft *f* für
Nachhaltige Tourismus-
Entwicklung

DAV Deutscher Alpenverein *m*

DB Deutsche Bahn *f*

Dehoga Deutscher Hotel- und Gast-
stättenverband *m*

DER Deutsches Reisebüro *n*

DFS Deutsche Flugsicherung *f*

DGfR Deutsche Gesellschaft *f* für
Reiserecht

DGU Deutsche Gesellschaft *f* für
Umwelterziehung

DHV Deutscher Heilbäderverband *m*

DIHK Deutscher Industrie- und
Handelskammertag *m*

DLH Deutsche Lufthansa *f*

DNR Deutscher Naturschutzring
m

DRV Deutscher Reisebüro- und
Reiseveranstalter Verband *m*

DSFT Deutsches Seminar für
Tourismus *n*

DTV Deutscher Tourismusverband *m*

DZT Deutsche Zentrale *f* für
Tourismus

EB Europabus *m*

EC Eurocity *m*

EGG Elektronisches Geschäftsverkehrsgesetz *n*

EKH Eigenkapitalhilfeprogramm
n

EU Europäische Union *f*

EVO Eisenbahnverkehrsordnung
f

EWS Europäisches Währungssystem *n*

EZB Europäische Zentralbank *f*

Fama Fachverband *m* Messen
und Ausstellungen

FDSV Fachverband *m* deutscher
Sprachreise-Veranstalter

Fewo Ferienwohnung *f*

GBK Gütegemeinschaft *f* Buskomfort

GewO Gewerbeordnung *f*

GfK Gesellschaft *f* für Konsumforschung

GmbH Gesellschaft *f* mit beschränkter Haftung

GWB Gesetz *n* gegen Wettbewerbsbeschränkungen

HG Iata-Haftungsgemeinschaft *f*

HGB Handelsgesetzbuch *n*

HUGO Heute unerwartet gestorbe-
nes Objekt *n*

Iata Internationaler Luftverkehrsverband *m*

IC Inter-City *m*

ICE Inter-City Express *m*

IHK Industrie- und Handelskammer *f*

ITB Internationale Tourismusbörse *f*

IWS Internationaler Währungsfonds *m*

KG Kommanditgesellschaft *f*

KISLS Kommunikations- und
Informationssystem *n* Luftverkehrssicherheit

LBA Luftfahrtbundesamt *n*

LZO Luftverkehrszulassungsordnung *f*

MEZ	Mitteleuropäische Zeit *f*	**TIN**	touristische Informations-
MFV	Mehrfrequenzwahlverfahren		norm *f*
	n	**TÜV**	Technischer Überwa-
NDS	Nachdiplomstudium *n*		chungsverein *m*
OHG	Offene Handelsgesellschaft *f*	**UVP**	Umweltverträglichkeits-
ÖPNV	Öffentlicher Personennah-		prüfung *f*
	verkehr *m*	**VDR**	Verband *m* Deutsches
PBefG	Personenbeförderungs-		Reisemanagement
	gesetz *n*	**VFF**	Verband *m* der Fährschiff-
Pkm	Personenkilometer *m*		fahrt & Fährtouristik
RA	Reiseanalyse *f*	**VGB**	Verwaltungsberufs-
RBB	Reisebüro-Bahn-Beirat *m*		genossenschaft *f*
	der DB-Agenturen	**VGR**	volkswirtschaftliche Ge-
RKA	Reisekostenabrechnung *f*		samtrechnung *f*
RL	Richtlinie *f*	**WA**	Warschauer Abkommen *n*
SBAO	Schiffsbesetzungs- und	**WEZ**	Westeuropäische Zeit *f*
	Ausbildungsordnung *f*	**WTO**	Welthandelsorganisation *f*
SES	Senior Experten Service *m*	**WTO**	Welttourismusorganisation
Snav	Französischer Reisebüro-		*f*
	und Veranstalterverband *m*	**ZAK**	zügige Abhilfe *f* und Kulanz
Stlb	Standardlinienbus *m*		*f*
Stülb	Standardüberlandlinienbus		
	m		

ISPS	International Ship and Port	Internationale Sicherheitsbestimmun-
	Facility Security Code	gen*fpl* für Häfen und Kreuzfahrtschiffe
ECC	European Cruise Council	Europäischer Kreuzfahrtenverband *m*
CTM	Certified Travel Manager	Berufsqualifikation *f* zur Führungs-
		kraft für Geschäftsreisen
GTA	German Tourism Academy	Deutsches Seminar *n* für Tourismus
		(DSFT)

Italienische Abkürzungen

AACST   Azienda *f* autonoma di cura, soggiorno e turismo / unabhängiges Unternehmen für Kur, Hotelwesen und Tourismus

AAPT   Azienda *f* autonoma provinciale turistica / Unternehmen für Tourismusinformation und -werbung

AAST   Azienda *f* autonoma di soggiorno e turismo / unabhängiges Unternehmen für Hotelwesen und Tourismus

AAPIT   Azienda *f* autonoma provinciale per l'incremento turistico / Provinzamt für Fremdenverkehrs förderung

APT   Azienda *f* di promozione turistica / Amt für Fremdenverkehrsförderung

ARPT   Azienda *f* regionale per la promozione del turismo / regionales Unternehmen für Tourismuswerbung

ACI   Automobile club *m* d'Italia / Italienischer Automobilclub

AIG   Associazione *f* Italiana ostelli della gioventù / Verband der italienischen Jugendherbergen

AZ   Alitalia, Linee Aeree Italiane / Italienische Linienfluggesellschaft

BIT   Borsa *f* Internazionale del Turismo Milano / Internationale Tourismusbörse Milano

CAI   Club *m* Alpino Italiano

C.E.E.   Comunità *f* Economica Europea / Europäische Wirtschaftsgemeinschaft

CISIM   Centro *m* internazionale di studi per l'insegnamento del mosaico / Internationales Studienzentrum für Unterricht zur Anfertigung von Mosaiken

C.I.P.   Comitato *m* Interministeriale dei Prezzi / Italienische interministerielle Preiskommission

CIT   Compagnia *f* Italiana Turismo / Italienische Fremdenverkehrsgesellschaft

CTS   Centro *m* Turistico Studen tesco / Studentenreisebürozentrale

D.O.C   Denominazione *f* di Origine Controllata *(vino, olio)* / Qualitätswein bzw. -öl aus bestimmten Anbaugebieten (*QbA*)

D.O.C.G   Denominazione *f* di Origine Controllata e Garantita *(vino, olio)* / Qualitätswein bzw. -öl mit Prädikat aus bestimmten Anbaugebieten (*QmPbA*)

ENIT,   Ente *m* nazionale Italia
E.N.I.T   no per il turismo / Staatliches italienisches Fremdenverkehrsamt

E.P.T.   Ente *m* provinciale per il turismo / Fremdenverkehrsamt der Provinz

EU	Unione f Europea / Europäische Union
FAITA	Federazione f delle associazioni Italiane dei complessi turisticorecettivi all'aria aperta / Föderation der italienischen Verbände der touristischen Freiluft-Unternehmen
FERRO-TRAN-VIERI	Federazione f Nazionale Lavoratori Autoferrotranvieri e Internavigatori / italienischer Gewerkschaftsbund der Angestellten des öffentlichen Verkehrs und der Binnenschifffahrt
F.I.A.V.E.T.	Federazione f Italiana Agenzie di Viaggio e Turismo / italienischer Reisebüro- und Reiseveranstalterverband
IASM	Istituto m per l'Assistenza allo Sviluppo del Mezzogiorno / Institut zur Förderung der wirtschaftlichen Entwicklung Süditaliens
IAT	Ufficio m informazioni e di accoglienza turistica / Informationsbüro und Touristenbetreuung
I.S.T.E.S.	Istituto m di Scienze Turistiche e Sociali, Arte e Restauro / Institut für Sozial- und Freizeitwissenschaften, Kunst und Restaurierung

ISTUR	Istituto m internazionale di scienze turistiche / Internationales Institut für Tourismuswissenschaften
I.V.A	Imposta f sul Valore Aggiunto / Mehrwertsteuer
MANN	Museo m archeologico nazionale Napoli / archäologisches Nationalmuseum in Neapel
MTM	Borsa f Internazionale di contrattazione di servizi turistici del Mediterraneo / Internationale Tourismusbörse, auf der touristische Leistungen aus dem Mittelmeerraum gehandelt werden
Progetto SLOT	Sistema m locale di offerta turistica / Projekt SLOT *(Lokalsystem für touristische Leistungen)*
S.p.A	Società f per Azioni / Aktiengesellschaft
SM/SMR	Repubblica f di San Marino / Republik San Marino
TCI	Touring Club m Italiano

Flugschein – Muster

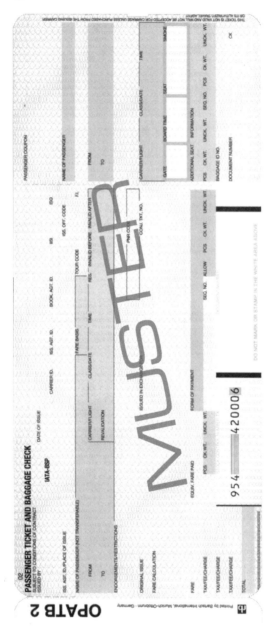

Flugschein – Bestandteile

Issued by	ausgestellt durch	emesso da
Date of Issue	Ausstellungsdatum	data di emissione
Carrier ID	Identifikation der Flug- gesellschaft	identificazione della com- pagnia aerea
Iss. Agt. ID	Identifikation der Ticket- ausstellenden Agentur	identificazione dell'agenzia di emissione
Book. Agt. ID	Identifikation der buchen- den Agentur	identificazione dell'agenzia di prenotazione
Iss. Agt ID./Place of Issue	ausstellende Agentur/ Ausstellungsort	agenzia di emissione/luogo di emissione
Name of passenger (not transferable)	Name des Passagiers (nicht übertragbar)	nome del passeggero (non trasferibile)
Fare Basis Tour Code	Tarifbasis Genehmigungsnummer von IT-Tarifen	tariffa base numero di licenza per le tariffe IT
from	von	da
to	nach	a
Carrier/Flight	Fluggesellschaft/Flug- nummer	compagnia aerea/volo numero
Class/Date	Reservierungsklasse/ Datum	classe/data
Time	Zeit	ora
Res invalid before	ungültig vor	non valido prima del
Res invalid after	ungültig nach	non valido dopo del
Endorsement/ Restrictions	Übertragungsvermerke/ Einschränkungen	girata/restrizioni
PNR Code	Reservierungsnummer	numero di prenotazione
Original Issue	Originaldaten des Flug- scheines (bei Umschreibungen)	data originale di emissione (in caso di modifiche)
Issued in exchange for	ausgestellt im Austausch für	emesso in cambio per

Conj. Tkt. No.	Verbindungsflugschein-nummer	biglietto di coincidenza numero
Fare Calculation	Tarifberechnung	calcolo della tariffa
Fare	Flugpreis	prezzo del volo
Equiv. Fare Paid	entsprechend bezahlter Flugpreis (in anderer Währung)	prezzo equivalente (in altra valuta)
Form of payment	Zahlungsart	forma di pagamento
Tax/Fee/Charge	Steuern/Gebühren	tassa
Total	Gesamtbetrag	totale
Passenger Coupon	Passagierschein	tagliando passeggero
Gate	Abflugsteig	porta di imbarco
Board Time	Einstiegszeit	ora di imbarco
Seat	Sitz	posto
Smoke	Raucher	fumatore
Additional Seat	zusätzlicher Sitz	posto addizionale
Information	Information	informazione
Baggage ID No.	Gepäckabschnittsnummer	codice del bagaglio
Document Number	Ticketnummer	numero di documento

Fraport – Terminal-Plan

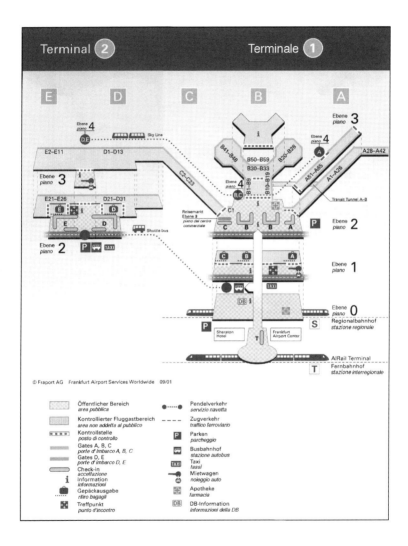

Umsatzsteuersätze in Europa bei Geschäftsreisen

Land	Regelsatz	Speisenverzehr an Ort und Stelle	Beherbergung	Lebensmittel	Landessprache
Belgien	21,0 %	21,0 %	6,0 %	6/12/21 %	taxe sur la valeur ajoutée (TVA) oder belasting over de toegevoegde waarde (BTW)
Dänemark	25,0 %	25,0 %	25,0 %	25,0 %	omsaetningsavgift (MOMS)
Deutschland	16,0 %	16,0 %	16,0 %	7,0 %	Mehrwertsteuer
Estland	18,0 %	18,0 %	18,0 %	18,0 %	Käibemaks
Finnland	22,0 %	22,0 %	8,0 %	17,0 %	arvonlisävero (AVL) oder mervärdesskatt (ML)
Frankreich	19,6 %	19,6 %	5,5 %	5,5 %	taxe sur la valeur ajoutée (TVA)
		Kantinen und Camping 5,5 %			
Griechenland	18,0 %	8,0 %	8,0 %	8,0 %	foros prostithemenis axias (FPA)
Großbritannien	17,5 %	17,5 %	17,5 %	0,0 %	value added tax (VAT)
Irland	21,0 %	12,5 %	13,5 %	0/12,5/20 %	value added tax (VAT)
Italien	20,0 %	10/20 %	10,0 %	4/10 %	imposta sul valore aggiunto (IVA)
Luxemburg	15,0 %	3,0 %	3,0 %	3,0 %	taxe sur la valeur ajoutée (TVA)
Niederlande	19,0 %	6,0 %	6,0 %	6,0 %	omzetbelasting (OB) oder belasting over de toegevoegde waarde (BTW)
Norwegen	24,0 %	23,0 %	0,0 %	23,0 %	merverdiavgift (MVA)
Österreich	20,0 %	14,0 %	10,0 %	10,0 %	Mehrwertsteuer
Polen	22,0 %		7,0 %		podatku od towarów i uslug
Portugal	19,0 %	12,0 %	5,0 %	17,0 %	imposto sobre o valor acrescentado (IVA)
Schweden	25,0 %	25,0 %	12,0 %	12,0 %	mervärdeskatt (ML)
Schweiz	7,6 %	7,6 %	3,6 %	2,4 %	Mehrwertsteuer (Mwst)
Spanien	16,0 %	7,0 %	7,0 %	4/7 %	impuesto sobre el valor anadido (IVA)
Tchechische Republik	22,0 %	5,0 %	5,0 %	5/22 %	den z pridanej hodnoty (DPH)
Ungarn	25,0 %	12,0 %	12,0 %	12,0 %	általános forgalmi-adó (AFA oder GTT)

(Quelle: HOTREC Survey) / S. H. Seit 1.1.2001 in Österreich 20 % auf alle Getränke

Entwicklung der Inlands- und Auslandsreisen

Basis: Urlaubsreisen der Deutschen ab fünf Tagen Dauer

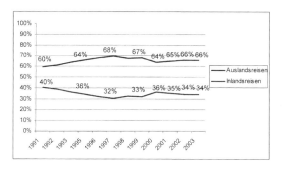

Quelle: TouristScope

Organisation der Urlaubsreisen

Basis: Urlaubsreisen der Deutschen ab fünf Tagen Dauer

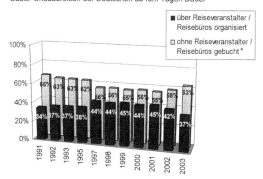

*) inklusive Direktbuchungen von Flug- und Bahntickets,   Quelle: TouristScope
   Mietwagen, Hotels und Ferienwohnungen

Verkehrsmittelnutzung bei Urlaubsreisen

Basis: Urlaubsreisen der Deutschen ab fünf Tagen Dauer

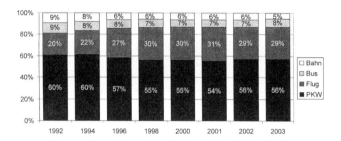

Quelle: TouristScope

Deutsche Ferienfluggesellschaften
Passagiere in Millionen

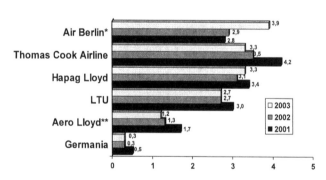

*) inklusive City-Shuttle

**) Flugbetrieb am 16. Oktober 2003 eingestellt   Quelle: FVW International

Reiseveranstalter
Marktanteil nach Umsatz 2003 der von der
Fachzeitschrift FVW erfassten Reiseveranstalter

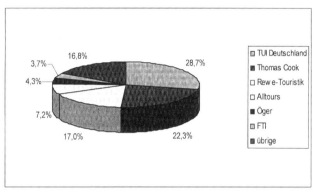

Quelle: FVW International

DIE BELIEBTESTEN DESTINATIONEN

Die Hauptreiseziele der Europäer 2003

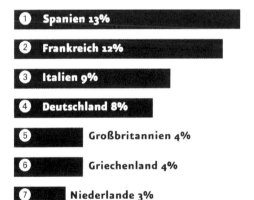

Quelle: IPK International
Grafik: TR.
Touristik report 8/c

Marktanteile der wichtigsten Urlaubsziele auf dem deutschen Markt

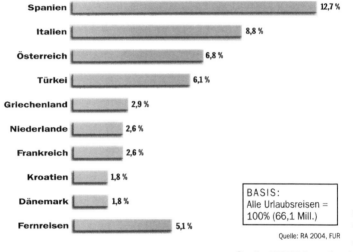

Spanien	12,7 %
Italien	8,8 %
Österreich	6,8 %
Türkei	6,1 %
Griechenland	2,9 %
Niederlande	2,6 %
Frankreich	2,6 %
Kroatien	1,8 %
Dänemark	1,8 %
Fernreisen	5,1 %

BASIS:
Alle Urlaubsreisen =
100% (66,1 Mill.)

Quelle: RA 2004, FUR

fvw-Grafik

Quelle: FVW International

ITALIEN UND SEINE REGIONEN

Quelle: ENIT

Europas größte Reisekonzerne
Umsätze in Milliarden Euro

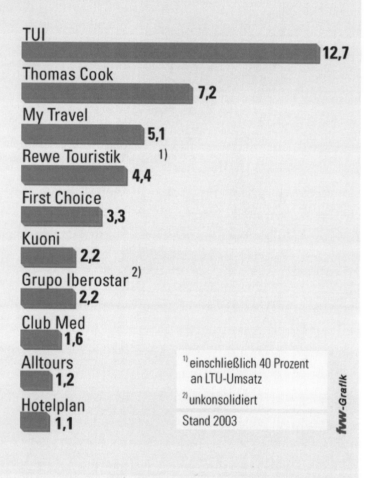

TUI
12,7

Thomas Cook
7,2

My Travel
5,1

Rewe Touristik [1]
4,4

First Choice
3,3

Kuoni
2,2

Grupo Iberostar [2]
2,2

Club Med
1,6

Alltours
1,2

Hotelplan
1,1

[1] einschließlich 40 Prozent an LTU-Umsatz

[2] unkonsolidiert

Stand 2003

fvw-Grafik

Quelle: FVW International